中华人民共和国成立70周年
The 70th Anniversary of the Founding of
The People's Republic of China

| 珍藏本 |

# HOW TO READ A BOOK

# 如何阅读一本书

〔美〕莫提默·J. 艾德勒 查尔斯·范多伦 著

郝明义 朱衣 译

2019年·北京

Mortimer J. Adler & Charles Van Doren
**HOW TO READ A BOOK**
The Classic Guide to Intelligent Reading

Simplified Chinese Translation copyright©2010 of first publication by The Commercial Press Ltd. Original English Language edition Copyright©1940 by Mortimer J. Adler. Copyright renewed 1967 by Mortimer J. Adler. Copyright©1972 by Mortimer J. Adler and Charles Van Doren.

All Rights Reserved.

Published by arrangement with the original publisher, Touchstone, a Division of Simon & Schuster, Inc.

本书中文简体字版根据Touchstone1972年英文版译出

# 译　序

　　我是在1999年春节期间，第一次读《如何阅读一本书》，离这本书的初版（1940年），有六十年了。

　　会知道这本书，极为偶然。

　　前一年，也就是1998年年底，我和一位译者讨论稿件之后，聊天聊到一部叫作《益智游戏》（*Quiz Show*）的电影。电影是真实故事，主角是1950年代美国哥伦比亚大学一位英姿焕发的年轻教授，查尔斯·范多伦（Charles Van Doren）。查尔斯·范多伦书香门第，父亲马克·范多伦（Mark Van Doren）不但是名教授，在美国文学史上也有其地位（《如何阅读一本书》里就提到他的一些著作）。查尔斯·范多伦由于博览群书，才气过人，就参加当年风行美国的电视益智节目，结果连续拿下十四周冠军（今天网络上还可以找到当年的题目，难度非同小可）。查尔斯·范多伦固然因而成了英雄，但是他终究不敌良知的煎熬，最后坦承主办单位提供了他一些问题的答案。电影在查尔斯·范多伦得知他被学校解聘的黯然中结束。

　　那天我在聊天中得知他后来如何又蒙艾德勒（Mortimer J.Adler）收留，以及他们两人后来的故事。

　　艾德勒在美国学界和出版界都是个传奇性的人物。早年因为想当记者，所以辍学去报社打工，后来为了改善写作，去上大学的夜间部课程。这时他读到了一本书，改变了他的一生。这本书就是19世纪英国重要的思想家密尔（John Stuart Mill）的自传。（有关密尔的一些生平介绍，请参阅本书第386页。）艾德勒读到密尔竟然是在五岁就读了柏拉图的书之后，不但从此为哲学所着迷，也开始了他在大学的正式求学。（不过因为他拒绝上体育课，所以没能拿到学士文凭。但是他留校任教，最后拿到了博士学位。）

艾德勒除了任教，写过第一版的《如何阅读一本书》之外，还以主编过《西方世界的经典》，以及担任1974年第十五版《大英百科全书》的编辑指导而闻名于世。

查尔斯·范多伦和艾德勒一起工作后，一方面襄助艾德勒编辑《大英百科全书》，一方面把《如何阅读一本书》原来内容大幅修编增写，因此，今天我们读到的《如何阅读一本书》，作者是由艾德勒和查尔斯·范多伦共同领衔的。（其间一些补充说明，请参考本书作者序。）

我因为对范多伦故事的好奇，而去买了《如何阅读一本书》。而最后满足的不只是我的好奇心，还有对阅读及出版的重新认识。

一气读完后，有两种强烈的感觉。

先是羞耻。我是个做出版工作的人，成日与书为伍，结果到那个春节前的两个月才知道这本书，到自己四十四岁这一年才读这本书，几乎可说无地自容。之外，也不免深感懊恼：如果在我初高中青少年时期，就能读到这本有关如何读书的书，那我会少走多少阅读的冤枉路？

但，另一个感触则是：何其有幸。在出版业工作了二十多年之后才读到这一本书，与其说是不幸，不如说是有幸。这么多年来，我在阅读的路上，思索固然很多，困惑也多，想清楚的有一些，想得模糊的更多。就如同书名《如何阅读一本书》所言，这本书帮我就读书这件事情的思索和困惑，作了许多印证和总结。如果没有经历这么多年的寻觅与颠簸，发现与失落，我读这本书的感受不会这么深刻，收获也不会这么丰富。因此不论就读者还是出版者的身份，我相信这本书都深远影响我的未来。

因此，我必须谢谢介绍这本书给我的汪怡先生。谢谢他那天下午在来来饭店的指点。

读这本书的时候，我还在台湾商务印书馆工作，所以一方面决定出版这本书，一方面也决定自己动手翻译。

但是一旦开始翻译之后，就知道实际的时间多么不够。尤其后来我的工作异动，有些新的计划要出发，再加上当时还在同时进行另一本《2001：太空漫游》的翻译，所以，另找一位译者，也就是朱衣来一起合作，成了不得不的选择。

事实上，这本书几乎全部都是朱衣翻译的。我的工作，则是把她的全部译稿再仔细校阅一遍。这样我们经过很长一段时间的琢磨，才完成了全部工作。如果读者发现翻译上的疏失（一定不免），责任由我们共同承担。

我进出版业的第一份文稿，就是朱衣帮我做的校阅。多年后能有机会和她一起合作这本书，觉得非常荣幸。而由于我们翻译的迟延，导致许多读者一再查询出书时间之不便，也在此一并致歉。

这本书的序言，是艾德勒在1972年《如何阅读一本书》新版出版时所写。三十一年后再读，仍然不能不叹服两位作者对教育阅读用心之深，视野之广。2003年3月31日亚马逊网络书店（Amazon）的排行榜上，《如何阅读一本书》排名第569名，历久弥新，由此可见。

现在，就请好好享受这顿知识的盛宴。

郝明义

# 目　　录

序言 / 1

## 第一篇　阅读的层次

第一章　阅读的活力与艺术 / 9
　　主动的阅读·阅读的目标：为获得资讯而读，以及为求得理解而读·阅读就是学习：指导型的学习，以及自我发现型的学习之间的差异·老师的出席与缺席

第二章　阅读的层次 / 23

第三章　阅读的第一个层次：基础阅读 / 28
　　学习阅读的阶段·阅读的阶段与层次·更高层次的阅读与高等教育·阅读与民主教育的理念

第四章　阅读的第二个层次：检视阅读 / 38
　　检视阅读一：有系统的略读或粗读·检视阅读二：粗浅的

阅读·阅读的速度·逗留与倒退·理解的问题·检视阅读的摘要

### 第五章　如何做一个自我要求的读者 / 52

主动的阅读基础：一个阅读者要提出的四个基本问题·如何让一本书真正属于你自己·三种做笔记的方法·培养阅读的习惯·由许多规则中养成一个习惯

## 第二篇　阅读的第三个层次：分析阅读

### 第六章　一本书的分类 / 67

书籍分类的重要性·从一本书的书名中你能学到什么·实用性vs.理论性作品·理论性作品的分类

### 第七章　透视一本书 / 84

结构与规划：叙述整本书的大意·驾驭复杂的内容：为一本书拟大纲的技巧·阅读与写作的互惠技巧·发现作者的意图·分析阅读的第一个阶段

### 第八章　与作者找出共通的词义 / 107

单字vs.词义·找出关键字·专门用语及特殊字汇·找出字义

## 第九章　判断作者的主旨 / 126

句子与主旨·找出关键句·找出主旨·找出论述·找出解答·分析阅读的第二个阶段

## 第十章　公正地评断一本书 / 149

受教是一种美德·修辞的作用·暂缓评论的重要性·避免争强好辩的重要性·化解争议

## 第十一章　赞同或反对作者 / 164

偏见与公正·判断作者的论点是否正确·判断作者论述的完整性·分析阅读的三阶段

## 第十二章　辅助阅读 / 180

相关经验的角色·其他的书可以当作阅读时的外在助力·如何运用导读与摘要·如何运用工具书·如何使用字典·如何使用百科全书

## 第三篇　阅读不同读物的方法

## 第十三章　如何阅读实用型的书 / 203

两种实用性的书·说服的角色·赞同实用书之后

## 第十四章　如何阅读想象文学 / 215

读想象文学的"不要"·阅读想象文学的一般规则

## 第十五章　阅读故事、戏剧与诗的一些建议 / 227

如何阅读故事书·关于史诗的重点·如何阅读戏剧·关于悲剧的重点·如何阅读抒情诗

## 第十六章　如何阅读历史书 / 248

难以捉摸的史实·历史的理论·历史中的普遍性·阅读历史书要提出的问题·如何阅读传记与自传·如何阅读关于当前的事件·关于文摘的注意事项

## 第十七章　如何阅读科学与数学 / 270

了解科学这一门行业·阅读科学经典名著的建议·面对数学的问题·掌握科学作品中的数学问题·关于科普书的重点

## 第十八章　如何阅读哲学书 / 285

哲学家提出的问题·现代哲学与传承·哲学的方法·哲学的风格·阅读哲学的提示·厘清你的思绪·关于神学的重点·如何阅读"经书"

## 第十九章　如何阅读社会科学 / 311

什么是社会科学？·阅读社会科学的容易处·阅读社会科学的困难处·阅读社会科学作品

## 第四篇　阅读的最终目标

**第二十章　阅读的第四个层次：主题阅读 / 323**
在主题阅读中，检视阅读所扮演的角色·主题阅读的五个步骤·客观的必要性·主题阅读的练习实例：进步论·如何应用主题工具书·构成主题阅读的原则·主题阅读精华摘要

**第二十一章　阅读与心智的成长 / 351**
好书能给我们什么帮助·书的金字塔·生命与心智的成长

附录一　建议阅读书目 / 361
附录二　四种层次阅读的练习与测验 / 382

索引 / 447

# 序　言

　　《如何阅读一本书》的第一版是在1940年初出版的。很惊讶，我承认也很高兴的是，这本书立刻成为畅销书，高踞全美畅销书排行榜首有一年多时间。从1940年开始，这本书继续广泛的印刷发行，有精装本也有平装本，而且还被翻译成其他语言——法文、瑞典文、德文、西班牙文与意大利文。所以，为什么还要为目前这一代的读者再重新改写、编排呢？

　　要这么做的原因，是近三十年来，我们的社会，与阅读这件事本身，都起了很大的变化。今天，完成高中教育及四年大学教育的年轻男女多了许多。尽管（或者说甚至因为）收音机及电视普及，识字的人也更多了。阅读的兴趣，有一种由小说类转移到非小说类的趋势。美国的教育人士都承认，教导年轻人阅读，以最基本的阅读概念来阅读，成了最重要的教育问题。曾经指出1970年代是阅读年代的现任健康、教育及福利部部长，提供了大笔大笔联邦政府经费，支持各式各样改进基本阅读技巧的努力，其中许多努力在启发儿童阅读的这种层次上也的确有了些成果。此外，许多成人则着迷于速读课程亮丽的保证——增进他们阅读理解与阅读速度的保证。

　　然而，过去三十年来，有些事情还是没有改变。其中一项是：要达到阅读的所有目的，就必须在阅读不同书籍的时候，运用适当的不同速度。不是所有的书都可以用最快的速度来阅读。法国学者帕斯卡尔（Pascal）在三百年前就说过："读得太快或太慢，都一无所获。"现在既然速读已经形成全国性的狂热，新版的《如何阅读一本书》就针对这个问题，提出不同速度的阅读法才是解决之道。我们的目标是要读得更好，永远更好，不过，有时候要读得慢一点，有时候要读得快一点。

很不幸的，另外有一件事也没有改变，那就是指导阅读的层次，仍然逗留在基本水平。我们教育体系里的人才、金钱与努力，大多花在小学六年的阅读指导上。超出这个范围，可以带引学生进入更高层次，需要不同阅读技巧的正式训练，则几乎少之又少。1939年，哥伦比亚大学教育学院的詹姆斯·墨塞尔（James Mursell）教授在《大西洋月刊》上发表了一篇文章：《学校教育的失败》。现在我引述他当时所写的两段话，仍然十分贴切：

学校是否有效地教导过学生如何阅读母语？可以说是，也可以说不是。到五六年级之前，整体来说，阅读是被有效地教导过，也学习过了。在这之前，我们发现阅读的学习曲线是稳定而普遍进步的，但是过了这一点之后，曲线就跌入死寂的水平。这不是说一个人到了六年级就达到个人学习能力的自然极限，因为证据一再显示，只要经过特殊的教导，成人及大一点的孩童，都能有显著的进步。同时，这也不表示大多数六年级学生在阅读各种实用书籍的时候，都已经有足够的理解能力。许许多多学生进入中学之后成绩很差，就是因为读不懂书中的意义。他们可以改进，他们也需要改进，但他们就不这么做。

中学毕业的时候，学生都读过不少书了。但如果他要继续念大学，那就得还要念更多的书，不过这个时候他却很可能像是一个可怜而根本不懂得阅读的人（请注意：这里说的是一般学生，而不是受过特别矫正训练的学生）。他可以读一点简单的小说，享受一下。但是如果要他阅读结构严谨的细致作品，或是精简扼要的论文，或是需要运用严密思考的章节，他就没有办法了。举例来说，有人证明过，要一般中学生掌握一段文字的中心思想是什么，或是论述文的重点及次要重点在哪里，简直就是难上加难。不论就哪一方面来说，就算进了大学，他的阅读能力也都只会停留在小学六年级的程度。

如果三十年前社会对《如何阅读一本书》有所需求，就像第一版所受到的欢迎的意义，那么今天就更需要这样的一本书了。但是，回应这些迫切的需求，并不是重写这本书的唯一动机，甚至也不是主要的动机。对于学习"如何阅读"这个问题的新观点；对于复杂的阅读艺术更深的理解与更完整的分析理念；对于如何弹性运用基本规则做不同形态的阅读（事实上可引申到所有种类的读物上）；对于新发明的阅读规则；对于读书应如金字塔——基础厚实，顶端尖锐等等概念，都是三十年前我写这本书时没有适当说明，或根本没提到的概念。所有这些，都在催促我加以阐述并重新彻底改写，呈现现在所完成，也出版的这个面貌。

《如何阅读一本书》出版一年后，出现了博君一粲的模仿书《如何阅读两本书》（*How to Read Two Books*），而I.A.理查兹教授（I.A.Richards）则写了一部严肃的著作《如何阅读一页书》（*How to Read a Page*）。提这些后续的事，是要指出这两部作品中所提到的一些阅读的问题，无论是好笑还是严肃的问题，都在我重写的书中谈到了，尤其是针对如何阅读一系列相关的书籍，并清楚掌握其针对同一主题相互补充与冲突的问题。

在重写《如何阅读一本书》的种种理由当中，我特别强调了阅读的艺术，也指出对这种艺术更高水准的要求。这是第一版中我们没有谈到或详细说明的部分。任何人想要知道增补了些什么，只要比较新版与原版的目录，很快就会明白。在本书的四篇之中，只有第二篇，详述"分析阅读"（Analytical Reading）规则的那一篇，与原版很相近，但事实上也经过大幅度的改写。第一篇，介绍四种不同层次的阅读——基础阅读（elementary reading）、检视阅读（inspectional reading）、分析阅读、主题阅读（syntopical reading）——是本书在编排与内容上最基本也最决定性的改变。第三篇是全书增加最多的部分，详加说明了以不同阅读方法接触不同读物之道——如何阅读实用性与理论性作品、想象的文学（抒情诗、史诗、小说、戏剧）、历史、科学与数学、社会科学与哲学，以及参考书、报章杂志，甚至广告。最后，第四篇，主题阅读的讨论，则是全新的章节。

在重新增订这本书时，我得到查尔斯·范多伦（Charles Van Doren）的帮助。他是我在哲学研究院（Institute for Philosophical Research）多年的同事。我们一起合写过其他的书，最为人知的是1969年由大英百科全书出版公司出版的二十册《美国编年史》（Annals of America）。至于我们为什么要合作，共同挂名来改写本书，也许有个更相关的理由是：过去八年来，我和范多伦共同密切合作主持过许多经典著作（great books）的讨论会，以及在芝加哥、旧金山、科罗拉多州的阿斯本举行的许多研讨会。由于这些经验，我们获得了许多新观点来重写这本书。

我很感激范多伦先生在我们合作中的贡献。对于建设性的批评与指导，他和我都想表达最深的谢意。也要谢谢我们的朋友，亚瑟·鲁宾（Arthur L. H. Rubin）的帮助——他说服我们在新版中提出许多重大的改变，使这本书得以与前一版有不同的生命，也成为我们所希望更好、更有用的一本书。

莫提默·J. 艾德勒
1972年3月26日写于波卡格兰德（Boca Grande）

第一篇

# 阅读的层次

# 第一章　阅读的活力与艺术

　　这是一本为阅读的人，或是想要成为阅读的人而写的书。尤其是想要阅读书的人。说得更具体一点，这本书是为那些想把读书的主要目的当作是增进理解能力的人而写。

　　这里所谓"阅读的人"（readers），是指那些今天仍然习惯于从书写文字中汲取大量资讯，以增进对世界了解的人，就和过去历史上每一个深有教养、智慧的人别无二致。当然，并不是每个人都能做到这一点。即使在收音机、电视没有出现以前，许多资讯与知识也是从口传或观察而得。但是对智能很高又充满好奇心的人来说，这样是不够的。他们知道他们还得阅读，而他们也真的身体力行。

　　现代的人有一种感觉，读书这件事好像已经不再像以往那样必要了。收音机，特别是电视，取代了以往由书本所提供的部分功能，就像照片取代了图画或艺术设计的部分功能一样。我们不得不承认，电视有部分的功能确实很惊人，譬如对新闻事件的影像处理，就有极大的影响力。收音机最大的特点在于当我们手边正在做某件事（譬如开车）的时候，仍然能提供我们资讯，为我们节省不少的时间。但在这中间还是有一个严肃的议题：到底这些新时代的传播媒体是否真能增进我们对自己世界的了解？

或许我们对这个世界的了解比以前的人多了，在某种范围内，知识（knowledge）也成了理解（understanding）的先决条件。这些都是好事。但是，"知识"是否那么必然是"理解"的先决条件，可能和一般人的以为有相当差距。我们为了"理解"（understand）一件事，并不需要"知道"（know）和这件事相关的所有事情。太多的资讯就如同太少的资讯一样，都是一种对理解力的阻碍。换句话说，现代的媒体正以压倒性的泛滥资讯阻碍了我们的理解力。

会发生这个现象的一个原因是：我们所提到的这些媒体，经过太精心的设计，使得思想形同没有需要了（虽然只是表象如此）。如何将知识分子的态度与观点包装起来，是当今最有才智的人在做的最活跃的事业之一。电视观众、收音机听众、杂志读者所面对的是一种复杂的组成——从独创的华丽辞藻到经过审慎挑选的资料与统计——目的都在让人不需要面对困难或努力，很容易就整理出"自己"的思绪。但是这些精美包装的资讯效率实在太高了，让观众、听众或读者根本用不着自己做结论。相反，他们直接将包装过后的观点装进自己的脑海中，就像录影机愿意接受录影带一样自然。他只要按一个"倒带"的钮，就能找到他所需要的适当言论。他根本不用思考就能表现得宜。

### 主动的阅读

我们在一开始就说过，我们是针对发展阅读书的技巧而写的。但是如果你真的跟随并锻炼这些阅读的技巧，你便可以将这些技巧应用在任何印刷品的阅读上——报纸、杂志、小册子、文章、短讯，甚至广告。

既然任何一种阅读都是一种活动，那就必须要有一些主动的活力。完全被动，就阅读不了——我们不可能在双眼停滞、头脑昏睡的状况下阅读。既然阅读有主动、被动之对比，那么我们的目标就是：第一提醒读者，阅读可以是一件多少主动的事。第二要指出的是，阅读越主动，效果越好。这个读者比另一个读者更主动一些，他在阅读世界里面的探索能力就更强一些，收获更多一些，因而也更高明一些。读者对他自己，以及自己面前的书籍，要求的越多，获得的就越多。

虽然严格说来，不可能有完全被动阅读这回事，但还是有许多人认为，比起充满主动的写跟说，读与听完全是被动的事。写作者及演说者起码必须要花一点力气，听众或读者却什么也不必做。听众或读者被当作是一种沟通接收器，"接受"对方很卖力地在"给予"、"发送"的讯息。这种假设的谬误，在认为这种"接收"类同于被打了一拳，或得到一项遗产，或法院的判决。其实完全相反，听众或读者的"接收"，应该像是棒球赛中的捕手才对。

捕手在接球时所发挥的主动是跟投手或打击手一样的。投手或打击手是负责"发送"的工作，他的行动概念就在让球动起来这件事上。捕手或外野手的责任是"接收"，他的行动就是要让球停下来。两者都是一种活动，只是方式有点不同。如果说有什么是被动的，就是那只球了。球是毫无感觉的，可以被投手投出去，也可以被捕手接住，完全看打球的人如何玩法。

作者与读者之间的关系也很类似。写作与阅读的东西就像那只球一样，是被主动、有活力的双方所共有的，是由一方开始，另一方终结的。

我们可以把这个类比的概念往前推。捕手的艺术就在能接住任何球的技巧——快速球、曲线球、变化球、慢速球等等。同样，阅读的艺术也在尽可能掌握住每一种讯息的技巧。

值得注意的是，只有当捕手与投手密切合作时，才会成功。作者与读者的关系也是如此。作者不会故意投对方接不到的球，尽管有时候看来如此。在任何案例中，成功的沟通都发生于作者想要传达给读者的讯息，刚好被读者掌握住了。作者的技巧与读者的技巧融合起来，便达到共同的终点。

事实上，作者就很像是一位投手。有些作者完全知道如何"控球"：他们完全知道自己要传达的是什么，也精准正确地传达出去了。因此很公平地，比起一个毫无"控球"能力的"暴投"作家，他们是比较容易被读者所"接住"的。

这个比喻有一点不恰当的是：球是一个单纯的个体，不是被完全接住，就是没接住。而一本作品，却是一个复杂的物件，可能被接受得多一点，可能少一点；从只接受到作者一点点概念到接受了整体意念，都有可能。读者想"接住"多少意念完全看他在阅读时多么主动，以及他投入不同心思来阅读的技巧如何。

主动的阅读包含哪些条件？在这本书中我们会反复谈到这个问题。此刻我们只能说：拿同样的书给不同的人阅读，一个人却读得比另一个人好这件事，首先在于这人的阅读更主动，其次，在于他在阅读中的每一种活动都参与了更多的技巧。这两件事是息息相关的。阅读是一个复杂的活动，就跟写作一样，包含了大量不同的活动。要达成良好的阅读，这些活动都是不可或缺的。一个人越能运作这些活动，阅读的效果就越好。

## 阅读的目标：为获得资讯而读，
## 　　　　　以及为求得理解而读

你有一个头脑。现在让我再假设你有一本想要读的书。这本书是某个人用文字书写的，想要与你沟通一些想法。你要能成功地阅读这本书，完全看你能接获多少作者想要传达的讯息。

当然，这样说太简单了。因为在你的头脑与书本之间可能会产生两种关系，而不是一种。阅读的时候有两种不同的经验可以象征这两种不同的关系。

这是书，那是你的头脑。你在阅读一页页的时候，对作者想要说的话不是很了解，就是不了解。如果很了解，你就获得了资讯（但你的理解不一定增强）。如果这本书从头到尾都是你明白的，那么这个作者跟你就是两个头脑却在同一个模子里铸造出来。这本书中的讯息只是将你还没读这本书之前，你们便共同了解的东西传达出来而已。

让我们来谈谈第二种情况。你并不完全了解这本书。让我们假设——不幸的是并非经常如此——你对这本书的了解程度，刚好让你明白其实你并不了解这本书。你知道这本书要说的东西超过你所了解的，因此认为这本书包含了某些能增进你理解的东西。

那你该怎么办？你可以把书拿给某个人，你认为他读得比你好的人，请他替你解释看不懂的地方。（"他"可能代表一个人，或是另一本书——导读的书或教科书。）或是你会决定，不值得为任何超越你头脑理解范围之外的书伤脑筋，你理解得已经够多了。不管是上述哪一种状况，你都不是本书所说的真正地在阅读。

只有一种方式是真正地在阅读。没有任何外力的帮助，你就是要读这本书。你什么都没有，只凭着内心的力量，玩味着眼前的字句，慢慢地提升自己，从只有模糊的概念到更清楚地理解为止。这样的一种提升，是在阅读时的一种脑力活动，也是更高的阅读技巧。这种阅读就是让一本书向你既有的理解力做挑战。

这样我们就可以粗略地为所谓的阅读艺术下个定义：这是一个凭借着头脑运作，除了玩味读物中的一些字句之外，不假任何外助，以一己之力来提升自我的过程。*你的头脑会从粗浅的了解推进到深入的理解。而会产生这种结果的运作技巧，就是由许多不同活动所组合成的阅读的艺术。

凭着你自己的心智活动努力阅读，从只有粗浅的了解推进到深入的体会，就像是自我的破茧而出。感觉上确实就是如此。这是最主要的作用。当然，这比你以前的阅读方式要多了很多活动，而且不只是有更多的活动，还有要完成这些多元化活动所需要的技巧。除此之外，当然，通常需要比较高难度阅读要求的读物，都有其相对应的价值，以及相对应水平的读者。

为获得资讯而阅读，与为增进理解而阅读，其间的差异不

---

\* 有一种情况是在阅读难读的书时，可以找外界帮助。这个例外我们将在第十八章时讨论到。

能以道里计。我们再多谈一些。我们必须要考虑到两种阅读的目的。因为一种是读得懂的东西，另一种是必须要读的东西，二者之间的界限通常是很模糊的。在我们可以让这两种阅读目的区分开来的范围内，我们可以将"阅读"这个词，区分成两种不同的意义。

第一种意义是我们自己在阅读报纸、杂志，或其他的东西时，凭我们的阅读技巧与聪明才智，一下子便能融会贯通了。这样的读物能增加我们的资讯，却不能增进我们的理解力，因为在开始阅读之前，我们的理解力就已经与他们完全相当了。否则，我们一路读下来早就应该被困住或吓住了——这是说如果我们够诚实、够敏感的话。

第二种意义是一个人试着读某样他一开始并不怎么了解的东西。这个东西的水平就是比阅读的人高上一截。这个作者想要表达的东西，能增进阅读者的理解力。这种双方水准不齐之下的沟通，肯定是会发生的，否则，无论是透过演讲或书本，谁都永远不可能从别人身上学习到东西了。这里的"学习"指的是理解更多的事情，而不是记住更多的资讯——和你已经知道的资讯在同一水平的资讯。

对一个知识分子来说，要从阅读中获得一些和他原先熟知的事物相类似的新资讯，并不是很困难的事。一个人对美国历史已经知道一些资料，也有一些理解的角度时，他只要用第一种意义上的阅读，就可以获得更多的类似资料，并且继续用原来的角度去理解。但是，假设他阅读的历史书不只是提供给他更多资讯，而且还在他已经知道的资讯当中，给他全新的或更高层次的启发。也就是说，他从中获得的理解超越了他原有的理解。如果他能试着掌握这种更深一层的理解，他就是在做第二种意义的阅读了。他透过阅读的活动间接地提升了自己，当然，不是作者有可以教他的东西也达不到这一点。

在什么样的状况下，我们会为了增进理解而阅读？有两种状况：第一是**一开始时不相等的理解程度**。在对一本书的理解力上，作者一定要比读者来得"高杆"，写书时一定要用可读的形式来传达他有而读者所无的洞见。其次，**阅读的人一定要把不相等的理解力克服到一定程度之内**，虽然不能说全盘了解，但总是要达到与作者相当的程度。一旦达到相同的理解程度，就完成了清楚的沟通。

简单来说，我们只能从比我们"更高杆"的人身上学习。我们一定要知道他们是谁，如何跟他们学习。有这种想法的人，就是能认知阅读艺术的人，就是我们这本书主要关心的对象。而任何一个可以阅读的人，都有能力用这样的方式来阅读。只要我们努力运用这样的技巧在有益的读物上，每个人都能读得更好，学得更多，毫无例外。

我们并不想给予读者这样的印象：事实上，运用阅读以增加资讯与洞察力，与运用阅读增长理解力是很容易区分出来的。我们必须承认，有时候光是听别人转述一些讯息，也能增进很多的理解。这里我们想要强调的是：本书是关于阅读的艺术，是为了增强理解力而写的。幸运的是，只要你学会了这一点，为获取资讯而阅读的另一点也就不是问题了。

当然，除了获取资讯与理解外，阅读还有一些其他的目标，就是娱乐。无论如何，本书不会谈论太多有关娱乐消遣的阅读。那是最没有要求，也不需要太多努力就能做到的事。而且那样的阅读也没有任何规则。任何人只要能阅读，想阅读，就能找一份读物来消遣。

事实上，任何一本书能增进理解或增加资讯时，也就同时有了消遣的效果。就像一本能够增进我们理解力的书，也可以纯粹只读其中所包含的资讯一样。（这个情况并不是倒过来也成立：并不是每一种拿来消遣的书，都能当作增进我们的理解力来读。）我们也绝不是在鼓励你绝不要阅读任何消遣的书。重点在于，如果你想要读一本有助于增进理解力的好书，那我们是可以帮得上忙的。因此，如果增进理解力是你的目标，我们的主题就是阅读好书的艺术。

## 阅读就是学习：指导型的学习，以及自我发现型的学习之间的差异

吸收资讯是一种学习，同样，对你以前不了解的事开始理解了，也是一种学习。但是在这两种学习当中，却有很重要的差异。

所谓吸收资讯，就只是知道某件事发生了。想要被启发，就是要去理解，搞清楚这到底是怎么回事：为什么会发生，与其他的事实有什么关联，有什么类似的情况，同类的差异在哪里等等。

如果用你记得住什么事情，和你解释得了什么事情之间的差异来说明，就会比较容易明白。如果你记得某个作者所说的话，就是你在阅读中学到了东西。如果他说的都是真的，你甚至学到了有关这个世界的某种知识。但是不管你学到的是有

这本书的知识或有关世界的知识，如果你运用的只是你的记忆力，其实你除了那些讯息之外一无所获。你并没有被启发。要能被启发，除了知道作者所说的话之外，还要明白他的意思，懂得他为什么会这么说。

当然，你可以同时记得作者所说的话，也能理解他话中的含义。吸收资讯是要被启发的前一个动作。无论如何，重点在不要止于吸收资讯而已。

蒙田说："初学者的无知在于未学，而学者的无知在于学后。"第一种的无知是连字母都没学过，当然无法阅读。第二种的无知却是读错了许多书。英国诗人亚历山大·蒲伯（Alexander Pope）称这种人是书呆子，无知的阅读者。总有一些书呆子读得太广，却读不通。希腊人给这种集阅读与愚蠢于一身的人一种特别称呼，这也可运用在任何年纪、好读书却读不懂的人身上。他们就叫"半瓶醋"（Sophomores）。

要避免这样的错误——以为读得多就是读得好的错误——我们必须要区分出各种不同的阅读形态。这种区分对阅读的本身，以及阅读与一般教育的关系都有很重大的影响。

在教育史上，人们总是将经由指导的学习，与自我发现的学习区别出来。一个人用言语或文字教导另一个人时，就是一种被引导的学习。当然，没有人教导，我们也可以学习。否则，如果每一位老师都必须要人教导过，才能去教导别人，就不会有求知的开始了。因此，自我发现的学习是必要的——这是经由研究、调查或在无人指导的状况下，自己深思熟虑的一种学习过程。

自我发现的学习方式就是没有老师指导的方式，而被引导的学习就是要旁人的帮助。不论是哪一种方式，只有真正学习到的人才是主动的学习者。因此，如果说自我发现的学习是主动的，指导性的学习是被动的，很可能会造成谬误。其实，任何学习都不该没有活力，就像任何阅读都不该死气沉沉。

这是非常真确的道理。事实上，要区分得更清楚一些的话，我们可以称指导型的学习是"辅助型的自我发现学习"。用不着像心理学家作深入的研究，我们也知道教育是非常特殊的艺术，与其他两种学术——农业与医学——一样，都有极为重要的特质。医生努力为病人做许多事，但最终的结论是这个病人必须自己好起来——变得健康起来。农夫为他的植物或动物做了许多事，结果是这些动植物必须长大，变得更好。同样，老师可能用尽了方法来教学生，学生却必须自己能学习才行。当他学习到了，知识就会在他脑中生根发芽。

指导型的学习与自我发现型的学习之间的差异——或是我们宁可说是在辅助型，及非辅助型的自我发现学习之间的差异——一个最基本的不同点就在学习者所使用的教材上。当他被指导时——在老师的帮助下自我发现时——学习者的行动立足于传达给他的讯息。他依照教导行事，无论是书写或口头的教导。他学习的方式就是阅读或倾听。在这里要注意阅读与倾听之间的密切关系。如果抛开这两种接收讯息方式之间的微小差异性，我们可以说阅读与倾听是同一种艺术——被教导的艺术。然而，当学习者在没有任何老师指导帮助下开始学习时，学习者则是立足于自然或世界，而不是教导来行动。这种学习的规范就构成了非辅助型的自我发现的学习。如果我们将"阅读"的含义放宽松一点，我们可以说自我发现型的学习——严格来说，非辅助型的自我发现学习——是阅读自我或世界的学习。就像指导型的学习（被教导，或辅助型的学习）是阅读一本书，包括倾听，从讲解中学习的一种艺术。

那么思考呢？如果"思考"是指运用我们的头脑去增加知识或理解力，如果说自我发现型的学习与指导型的学习是增加知识的惟二法门时，那么思考一定是在这两种学习当中都会出现的东西。在阅读与倾听时我们必须要思考，就像我们在研究时一定要思考。当然，这些思考的方式都不相同——就像两种学习方式之不同。

为什么许多人认为，比起辅助型学习，思考与非辅助型（或研究型）的自我发现学习更有关联，是因为他们假定阅读与倾听是丝毫不需要花力气的事。比起一个正在作研究发明的人，一个人在阅读资讯或消遣时，确实可能思考得较少一些。而这些都是比较被动的阅读方式。但对比较主动的阅读——努力追求理解力的阅读——来说，这个说法就不太正确了。没有一个这样阅读的人会说，那是丝毫不需要思考就能完成的工作。

思考只是主动阅读的一部分。一个人还必须运用他的感觉与想象力。一个人必须观察，记忆，在看不到的地方运用想象力。我们要再提一次，这就是在非辅助型的学习中经常想要强调的任务，而在被教导型的阅读，或倾听学习中被遗忘或忽略的过程。譬如许多人会假设一位诗人在写诗的时候一定要运用他的想象力，而他们在读诗时却用不着。简单地说，阅读的艺术包括了所有非辅助型自我发现学习的技巧：敏锐的观察、灵敏可靠的记忆、想象的空间，再者当然就是训练有素的分析、省思能力。这么说的理由在于：阅读也就是一种发现——虽然那是经过帮助，而不是未经帮助的一个过程。

## 老师的出席与缺席

一路谈来，我们似乎把阅读与倾听都当作是向老师学习的方式。在某种程度上，这确实是真的。两种方式都是在被指导，同样都需要被教导的技巧。譬如听一堂课就像读一本书一样，而听人念一首诗就跟亲自读到那首诗是一样的。在本书中所列举的规则跟这些经验都有关。但特别强调阅读的重要性，而将倾听当作第二顺位的考量，有很充分的理由。因为倾听是从一位出现在你眼前的老师学习——一位活生生的老师——而阅读却是跟一位缺席的老师学习。

如果你问一位活生生的老师一个问题，他可能会回答你。如果你还是不懂他说的话，你可以再问他问题，省下自己思考的时间。然而，如果你问一本书一个问题，你就必须自己回答这个问题。在这样的情况下，这本书就跟自然或世界一样。当你提出问题时，只有等你自己作了思考与分析之后，才会在书本上找到答案。

当然，这并不是说，如果有一位活生生的老师能回答你的问题，你就用不着再多做功课。如果你问的只是一件简单的事实的陈述，也许如此。但如果你追寻的是一种解释，你就必须去理解它，否则没有人能向你解释清楚。更进一步来说，一位活生生的老师出现在你眼前时，你从了解他所说的话，来提升理解力。而如果一本书就是你的老师的话，你就得一切靠自己了。

在学校的学生通常会跟着老师或指导者阅读比较困难的书籍。但对我们这些已经不在学校的人来说，当我们试着要读一本既非主修也非选修的书籍时，也就是我们的成人教育要完全依赖书籍本身的时候，我们就不能再有老师的帮助了。因此，如果我们打算继续学习与发现，我们就要懂得如何让书本来教导我们。事实上，这就是本书最主要的目的。

# 第二章　阅读的层次

　　在前一章里，我们说明了一些差异性的问题，这对接下来要说的事很重要。一位读者要追求的目标——为了消遣，获得资讯或增进理解力——会决定他阅读的方式。至于阅读的效果则取决于他在阅读上花了多少努力与技巧。一般来说，阅读的规则是：努力越多，效果越好。至少在阅读某些超越我们能力的书时，花一点力气就能让我们从不太了解进升到多一些了解的状态。最后，指导型与自我发现型学习（或辅助型与非辅助型自我发现学习）之间的区别之所以重要，因为我们大多数人在阅读时，都经常是没有人在旁边帮助的。阅读，就像是非辅助型的自我发现学习，是跟着一位缺席的老师在学习。只有当我们知道如何去读时，我们才可能真正读懂。

　　虽然这些差异性很重要，但是这一章我们着墨不多。本章所谈的重点在阅读的层次问题。想要增进阅读的技巧之前，一定要先了解阅读层次的不同。

　　一共有四种层次的阅读。我们称之为层次，而不称为种类的原因是，严格来说，种类是样样都不相同的，而层次却是再高的层次也包含了较低层次的特性。也就是说，阅读的层次是渐进的。第一层次的阅读并没有在第二层次的阅读中消失，第二层又包含在第三层中，第三层又在第四层中。事实上，第四层是最高的阅读层次，包括了所有的阅读层次，也超过了所有的层次。

第一层次的阅读，我们称之为**基础阅读**（elementary reading）。也可以用其他的名称，如初级阅读、基本阅读或初步阅读。不管是哪一种名称，都指出一个人只要熟练这个层次的阅读，就摆脱了文盲的状态，至少已经开始认字了。在熟练这个层次的过程中，一个人可以学习到阅读的基本艺术，接受基础的阅读训练，获得初步的阅读技巧。我们之所以喜欢"基础阅读"这个名称，是因为这个阅读层次的学习通常是在小学时完成的。

小孩子首先接触的就是这个层次的阅读。他的问题（也是我们开始阅读时的问题）是要如何认出一页中的一个个字。孩子看到的是白纸上的一堆黑色符号（或是黑板上的白色符号——如果他是从黑板上认字的话），而这些黑色符号代表着："猫坐在帽子上。"一年级的孩子并不真的关心猫是不是坐在帽子上，或是这句话对猫、帽子或整个世界有什么意义。他关心的只是写这句话的人所用的语言。

在这个层次的阅读中，要问读者的问题是："这个句子在说什么？"当然，这个问题也有复杂与困难的一面，不过，我们在这里所说的只是最简单的那一面。

对几乎所有阅读本书的读者来说，这个层次的阅读技巧应该在多年前就早已经学会了。但是，不论我们身为读者有多精通这样的阅读技巧，我们在阅读的时候还是一直会碰上这个层次的阅读问题。譬如，我们打开一本书想读的时候，书中写的却是我们不太熟悉的外国文字，这样的问题就发生了。这时我们要做的第一步努力就是去弄清楚这些字。只有当我们完全明白每个字的意思之后，我们才能试着去了解，努力去体会这些字到底要说的是什么。

其实就算一本书是用本国语言写的，许多读者仍然会碰上这个阅读层次的各种不同的困难。大部分的困难都是技术性的问题，有些可以追溯到早期阅读教育的问题。克服了这些困难，通常能让我们读得更快一些。因此，大部分的速读课程都着眼在这个层次的阅读上。在下一章我们会详细讨论基础阅读，而速读会在第四章谈到。

第二个层次的阅读我们称之为**检视阅读**（inspectional reading）。特点在强调时间。在这个阅读层次，学生必须在规定的时间内完成一项阅读的功课。譬如他可能要用十五分钟读完一本书，或是同样时间内念完两倍厚的书。

因此，用另一种方式来形容这个层次的阅读，就是在一定的时间之内，抓出一本书的重点——通常是很短，而且总是（就定义上说）过短，很难掌握一本书所有重点。

这个层次的阅读仍然可以用其他的称呼，譬如略读或预读。我们并不是说略读就是随便或随意浏览一本书。检视阅读是**系统化略读**（skimming systematically）的一门艺术。

在这个层次的阅读上，你的目标是从表面去观察这本书，学习到光是书的表象所教给你的一切。这笔交易通常是很划得来的。

如果第一层次的阅读所问的问题是："这个句子在说什么？"那么在这个层次要问的典型问题就是："这本书在谈什么？"这

是个表象的问题。还有些类似的问题是："这本书的架构如何？"或是："这本书包含哪些部分？"

用检视阅读读完一本书之后，无论你用了多短的时间，你都该回答得出这样的问题："这是哪一类的书——小说、历史，还是科学论文？"

第四章我们还会详细讨论这个层次的阅读，现在就不作进一步的说明了。我们想要强调的是，大多数人，即使是许多优秀的阅读者，都忽略了检视阅读的价值。他们打开一本书，从第一页开始读起，孜孜不倦，甚至连目录都不看一眼。因此，他们在只需要粗浅翻阅一本书的时候，却拿出了仔细阅读、理解一本书的时间。这就加重了阅读的困难。

第三种层次的阅读，我们称之为**分析阅读**（analytical reading）。比起前面所说的两种阅读，这要更复杂，更系统化。随内文难读的程度有所不同，读者在使用这种阅读法的时候，多少会相当吃力。

分析阅读就是全盘的阅读、完整的阅读，或是说优质的阅读——你能做到的最好的阅读方式。如果说检视阅读是在有限的时间内，最好也最完整的阅读，那么分析阅读就是在无限的时间里，最好也最完整的阅读。

一个分析型的阅读者一定会对自己所读的东西提出许多有系统的问题。我们并不想在这里强调这个问题，因为本书主要就是在谈这个层次的阅读：本书的第二篇就是告诉你如何这么做的一些规则。我们要在这里强调的是，分析阅读永远是一种专注的活动。在这个层次的阅读中，读者会紧抓住一本书——这个比喻蛮恰当的——一直要读到这本书成为他自己为止。弗兰西斯·培根曾经说过:"有些书可以浅尝即止,有些书是要生吞活剥,只有少数的书是要咀嚼与消化的。"分析阅读就是要咀嚼与消化一本书。

我们还要强调的是,如果你的目标只是获得资讯或消遣,就完全没有必要用到分析阅读。**分析阅读擅长于寻求理解**。相反,除非你有相当程度的分析阅读的技巧,否则你也很难从对一本书不甚了解,进步到多一点的理解。

第四种,也是最高层次的阅读,我们称之为**主题阅读**（syntopical reading）。这是所有阅读中最复杂也最系统化的阅读。对阅读者来说,要求也非常多,就算他所阅读的是一本很简单、很容易懂的书也一样。

也可以用另外的名称来形容这样的阅读,如比较阅读（comparative reading）。在做主题阅读时,阅读者会读很多书,而不是一本书,并列举出这些书之间相关之处,提出一个所有的书都谈到的主题。但只是书本字里行间的比较还不够。主题阅读涉及的远不止此。借助他所阅读的书籍,主题阅读者要能够架构出一个可能在哪一本书里都没提过的主题分析。因此,很显然的,主题阅读是最主动、也最花力气的一种阅读。

我们会在第四篇讨论主题阅读。此刻我们只粗浅地说,主题阅读不是个轻松的阅读艺术,规则也并不广为人知。虽然如此,主题阅读却可能是所有阅读活动中最有收获的。就是因为你会获益良多,所以绝对值得你努力学习如何做到这样的阅读。

# 第三章　阅读的第一个层次：
　　　　　基础阅读

　　我们生活在对阅读有很高的兴趣与关心的年代。官方宣称1970年代是"读书的年代"。畅销书告诉我们为什么强尼会念书或不会念书。在初步阅读的教学领域中，也有越来越多的人在作研究与实验。

　　我们的年代会产生这样的狂热，是因为三个历史性的趋势或演变刚好聚合起来了。第一是美国在继续推行全民教育，这就是说，当然，最少要做到全国没有文盲。多年来美国一直在作这样的努力，甚至从国家草创时期就开始，成为民主生活的基石，而且也成果显著。美国比任何其他国家都更早达到接近全民教育，因而也帮助美国成为今天高度开发的现代工业化社会。但是其中也产生了许多问题。总括而言，要教育少数具有高度学习动机的孩子阅读（通常他们的父母都是知识分子），和教育一些不管动机有多微弱，或家庭有多贫困的孩子阅读，是完全不同的两码事——一百年前如此，今天依然如此。

　　第二个历史趋向是阅读教育的本身起了变化。迟至1870年，大家所受的阅读教育，跟早期希腊或罗马学校没什么两样。

在美国，至少所谓的ABC教学法仍然掌控了整个19世纪。孩子要学着分别以每一个字母来发音——这也是这个教学法名称的由来——然后再组合成音节，先是第一、二个字母，再来是三跟四，而不管这样拼出来的字是否有意义。因此，那些想要精通语言的人，就会勤练像是ab、ac、ad、ib、ic这样的音节。当一个孩子能记住所有组合的音节时，他就可以说是懂得ABC了。

这样的阅读教学法在19世纪中叶受到严厉的批评，于是产生了两种变革。一种是ABC教学法的改变，变成了发音法（phonic method）。这样，认字不是由字母来认，而是由发音来辨识了。为了呈现某个字母所代表的各种发音，尤其是母音，得动用许多复杂又独创的印刷技术。如果你已经五十岁以上，在学校里所学的很可能就是这一类的发音法。

另外有一种完全不同，着重分析，而非人为的教学法。起源于德国，由霍拉斯·曼（Horace Mann）与其他的教育专家在1840年所提倡。这个教学法强调在注意到每一个字母或发音之前，先以视觉认知整个单字。后来，这种所谓的视觉法（sight method）先看整个句子与其中的含义，然后才学习认识单字，最后才是字母。这种方法在1920～1930年间非常盛行，那段时期也正是强调从口语阅读转变成默读的转变时期。研究发现，口语阅读的能力在默读时并非必要，因此如果是以默读为目标的话，口语阅读的教学法也不一定适用了。因此，从1920～1925年，默读理解的阅读法几乎成为一家独尊的潮流。不过，后来潮流又转向了，发音法又受到了重视——事实上，发音法从来没有遭到过淘汰。

所有这些不同的基础阅读教学法，对某些学生来说很有用，对另外一些学生却可能不管用。在过去的二三十年中，失败的案例总是引起更多的注意。结果第三次历史性的变动又兴起了。在美国，批判学校是一种传统。许多世纪以来，父母、自命专家的人与教育者都在攻击与控诉教育系统。在对学校所有的批评中，阅读教育受到最严厉的批评。现在所使用的教科书已经有长长的世系背景，而每次革新，都会带来一堆怀疑论者，与一些很难说服的观察者。

这些批评可能对，也可能不对。但是，不论如何，随着全民教育进入新的一页，高中和大专学生日益增多，问题也呈现了新的尖锐面貌。一个不懂得如何阅读的年轻男子或年轻女子，在他追求美国梦的途中就会受到阻碍。如果他不在学校里，那主要是他个人的大问题。但如果他还在高中或大专求学，那就会成为他的老师和同学都关心的问题。

因此，目前教育研究者非常活跃，他们的工作成果表现在许多新的阅读教学法上。在一些比较重要的新教学法中，包括了折衷教学法（eclectic approach）、个别阅读教学法（individualized reading approach）、语言经验教学法（language-experience approach），许多根据语言学原则而来的教学法，以及其他一些和某种特定教育计划多少挂钩的教学法。除此之外，一些新的媒介，如初期教学字母（Initial Teaching Alphabet）也被引进，有时候其中又包含了新的教学法。另外还有一些教学法如"全神贯注教学法"（total immersion method）、"外国语言学校教法"（foreign-language-school method），以及众所周知的"看说"（see-say）、"看与说"（look-say）或"看到就说"（look-and-say）等等。毫无疑问，这些教学法都被实验证明各有巧妙之处。要判断哪一种方法才是解决所有阅读问题的万能妙药，可能还言之过早。

## 学习阅读的阶段

最近有一项非常有用的研究，就是分析学习阅读的阶段。现在大家都广泛接受了这样的观念：在儿童具备纯熟的阅读能力之前，至少会经历大约四个截然不同的阶段。第一个阶段被称为"阅读准备阶段"（reading readiness）。专家指出，这一阶段从出生开始，直到六七岁为止。

阅读准备阶段包括了几种不同的学习阅读的准备工作。身体方面的准备，包括良好的视力与听力。智力方面的准备是要有起码的认知能力，以便孩子能吸收与记住一个字，与组成这个字的字母。语言上的准备包括口齿清晰，能说出一些正确的句子。个人的准备，则包括能与其他孩童一起学习的能力，保持注意力，服从等等。

阅读准备的总体是否成熟，要由测验来评定，也可以由一些经验丰富、眼光敏锐、很懂得判断小学生是否可以开始学习阅读的老师来作评估。最重要的是要记得，三级跳的做法通常会造成失败。一个孩子如果还没准备好就要教他阅读，他可能会不喜欢这样的学习经验，以后的学校教育甚至成人阶段都会受到影响。尽管有些父母会担心他们的孩子"反应迟钝"或"跟不上"同龄的孩子，超过阅读准备阶段，延后接受阅读指导，其实并不是太严重的事。

在第二个阶段，孩子会学习读一些简单的读物。至少在美国，阅读的开始是一些看图识字。第一年结束时，基本上会认识三百到四百个字。这个时期会介绍一些基本的技巧，像字句的使用，词句的含意，字句的发音等等。这个阶段要结束时，小学生应该就能自己阅读简单的书，而且很喜欢阅读了。

在这个阶段中，还有些附带的事情值得观察。那是在这个阶段发生的一些非常神秘，有点像是魔术一样的事情。在一个孩子发展过程中的某个时刻，面对着书本上一连串的符号，他会觉得毫无意义。但过不了多久——可能只是两三周之后——他却明白这些符号的意义了。他知道这是在说："猫坐在帽子上。"不论哲学家与心理学家花了超过二千五百年的时间来研究这个奇迹，还是没有人真的知道这是怎么发生的。这些字的意义是从何而来的？法国的小孩是如何读懂"Le chat asseyait sur le chapeau"（猫坐在帽子上）的？事实上，懂得发现一些符号的意义，是人类所表现出的最惊人的聪明技巧，而大多数人在七岁以前就已经表现出来这样的智能了。

第三个阶段的特征是快速建立字汇的能力，所用的方法是从上下文所提供的线索，"揭发"不熟悉的字眼。除此之外，孩子在这个阶段会学会不同目标与不同领域的阅读法，像科学、社会学、语言艺术等等。他们学习到除了在学校之外，阅读还是一项可以自己来做的事——他们可以因为好玩、满足好奇心，或只是要"扩大视野"而阅读。

最后，第四个阶段的特征是精练与增进前面所学的技巧。最重要的是，学生开始能消化他的阅读经验——从一本书所提出来的一个观点转化到另一个观点，在同一个主题上，对不同的作者所提出来的观点作比较。这是阅读的成熟阶段，应该是一个青少年就该达到的境界，也是终其一生都该持续下去的。

但是对许多父母与教育者来说，显然孩子们并没有达到这样的目标。失败的原因很多，范围也很广，从被剥夺的家庭环境——经济、社会，或是智能（包括双亲是文盲）——到个人的各种问题（包括对整个"体制"的反抗）都有。但是其中有一个失败的原因却不常被注意到。过分强调阅读的准备阶段，过分注重教导孩子初步阅读的方法，往往意味着其他更高层次的阅读可能遭到忽视。这是很可以理解的，想想在第一个层次所可能碰到的各种紧急状况与问题的程度就会明白了。然而，除非我们在所有的阅读层次都投下努力，否则我们社会里有关阅读的整体问题是不可能有效地解决的。

## 阅读的阶段与层次

我们已经形容过阅读的四个层次，也以很基础的方式列举了学习阅读的四个阶段。这些层次与阶段之间，到底有什么样的关联呢？

最重要的是，这里所列举的四个阶段，都属于我们在前一章所谈的、第一个层次的阅读。这些阶段，都是基础阅读，对区分小学教育中的课程很有帮助。基础阅读的第一个阶段——阅读准备阶段——相当于学前教育或幼稚园的学习经验。第二阶段——认字——相当于一年级学生典型的学习经验（尽管相当多正常的孩子在某方面来说并非都很"典型"）。这个阶段的成果是，孩子学会了我们称之为第二阶段的阅读技巧，或是一年级的阅读能力，或最初级的读写能力。基础阅读的第三个阶段——字汇的增长及对课文的运用——通常是（但非全面性，就算正常孩子也一样）在四年级结束时就学会的方法，这个阶段的成果可以称作是"四年级读写能力"（fourth grade literacy）或是"功能性读写能力"（functional literacy）——也就是有能力很轻易地阅读交通号志，或图片说明，填写政府的有关简单表格等等。基础阅读的第四个阶段，也就是最后一个阶段，到这个时期，学生要从小学或初中毕业了。这个阶段有时候称之为八年级、九年级或十年级的读写能力。在某方面来说，这个孩子已经是一个"成熟"的阅读者，他几乎可以阅读所有的读物了，但是却还不够老练。简单来说，他的成熟度是可以上高中的课程了。

无论如何，他还不是我们这本书中所说的"成熟的"阅读者。但他已经精通第一层次的阅读，如此而已。他可以自己阅读，也准备好要学习更多的阅读技巧。但是他还是不清楚要如何超越基础阅读，做更进一步的阅读。

我们提到这些，是因为这跟本书要传达的讯息有密切的关系。我们假设，我们也必须假设你——我们的读者——已经有九年级的读写能力，也熟练了基础阅读，换句话说，你已经成功地通过我们所形容的四个阅读阶段。如果你想到这一点，就会了解我们的假设并不离谱。除非一个人能阅读，否则没有人能从一本教他如何如何的书中学到东西。特别就一本教人如何阅读的书来说，它的读者必须有某种程度的阅读能力才行。

辅助型与非辅助型自我发现阅读的区别，在这里就有了关联。一般来说，基础阅读的四个阶段都有一位老师在旁指导。当然，每个孩子的能力并不相同，有些人需要比别人多一点的帮助。不过，在基础教育的几年当中，通常都会有一位老师出现在课堂，回答问题，消除在这个阶段会出现的难题。只有当一个孩子精通了基础阅读的四个阶段，才是他准备好往更高层次的阅读迈进的时候。只有当他能自己阅读时，才能够自己开始学习。也只有这样，他才能变成一个真正优秀的阅读者。

## 更高层次的阅读与高等教育

传统上，美国的高中教育只为学生提供一点点阅读的指导，至于大学，更是一无所有。最近几年来，情况已经有点改变了。大约两个世代以前，高中登记入学的人数在短期内大量增加，教育者也开始觉察到，不能再假设所有的学生都能做到有效的阅读。矫正阅读的指导教育因此出现，不时有高达75%以上的学生需要矫正。在最近的十年当中，大学又发生同样的状况。譬如在1971年秋季，大约四万名新人进入纽约市立大学，却有高达一半，也就是超过二万名年轻人需要接受某种阅读训练的矫正课程。

无论如何，这并不表示这些年来，许多美国大学都提供了基础阅读以上的教育指导课程。事实上，几乎可以说是完全没有。在更高层次的阅读中，矫正阅读的指导并不算指导。矫正阅读指导，只是要把学生带到一个他在小学毕业的时候所该具备的阅读能力程度。直到今天，大多数高等教育的指导者不是仍然不知道要如何指导学生超越基础阅读的层次，就是缺乏设备与人才来做这样的事。

尽管最近一些四年大学或技术学院设立了速读，或"有效阅读法",或"竞读"之类的课程,我们还是可以如此主张的。大体来说(虽然也有些例外),这些都是矫正阅读的课程。但这些课程都是为了克服初级教育的失败而设计的。这些课程不是为了要学生超越第一层次的阅读而设计的。也并不是在指导他们进入本书所主要强调的阅读层次与领域。

当然,正常情况应该不是这样的。一个人文素养优良的高中,就算什么也没做,也该培养出能达到分析阅读的读者。一个优秀的大学,就算什么也没贡献,也该培育出能进行主题阅读的读者。大学的文凭应该代表着一般大学毕业生的阅读水平,不但能够阅读任何一种普通的资料,还能针对任何一种主题做个人的研究(这就是在所有阅读中,主题阅读能让你做到的事)。然而,通常大学生要在毕业以后,再读三四年的时间才能达到这样的程度,并且还不见得一定达到。

一个人不应该花四年的时间留在研究所中只是为了学习如何阅读。四年研究所时间,再加上十二年的中、小学教育,四年的大学教育,总共加起来是整整二十年的学校教育。其实不该花这么长的时间来学习如何阅读。如果真是如此,这中间必然出了大问题。

事情错了,可以改正。许多高中与大学可以依照本书所提供的方法来安排课程。我们所提供的方法并不神秘,甚至也并非新创。大多数只是普通常识而已。

## 阅读与民主教育的理念

我们并不只想做个吹毛求疵的批评家。我们知道,不论我们要传达的讯息多么有道理，只要碰到成千上万的新人在学校的楼梯上踩得砰砰作响时，就什么也听不见了。看到这批新生当中有相当大的比率，或是大多数的人都无法达到有效阅读的基础水平时，我们应该警觉，当务之急是必须从最低层次的、最大公约数的阅读教起。

甚至，此刻我们也不想提是否需要另一种教育方式了。我们的历史一直强调，无限制的受教育机会是一个社会能提供给人民最有价值的服务——或说得正确一点，只有当一个人的自我期许，能力与需要受限制时，教育机会才会受到限制。我们还没有办法提供这种机会之前，不表示我们就有理由要放弃尝试。

但是我们——包括学生、老师与门外汉等——也要明白：就算我们完成了眼前的任务，仍然还没有完成整个工作。我们一定要比一个人人识字的国家更进一步。我们的国人应该变成一个个真正"有能力"的阅读者，能够真正认知"有能力"这个字眼中的涵义。达不到这样的境界，我们就无法应付未来世界的需求。

# 第四章　阅读的第二个层次：
## 检视阅读

　　检视阅读，才算是真正进入阅读的层次。这和前一个层次（基础阅读）相当不同，也跟自然而来的下一个层次（分析阅读）大有差异。但是，就像我们在第二章所强调的，阅读的层次是渐进累积的。因此，基础阅读是包含在检视阅读中的，而事实上，检视阅读又包含在分析阅读中，分析阅读则包含在主题阅读中。

　　事实上，除非你能精通基础阅读，否则你没法进入检视阅读的层次。你在阅读一位作者的作品时要相当顺手，用不着停下来检查许多生字的意思，也不会被文法或文章结构阻碍住。虽然不见得要每句每字都读得透彻，但你已经能掌握主要句子与章节的意义了。

　　那么，检视阅读中究竟包含了些什么？你要怎样才能培养检视阅读的能力呢？

　　首先要理解的是，检视阅读一共有两种。本来这是一体两面的事，但是对一个刚起步的阅读者来说，最好是将两者区别为不同的步骤与活动。有经验的阅读者已经学会同时运用两种步骤，不过此刻，我们还是将二者完全区分开来。

## 检视阅读一：有系统的略读或粗读

让我们回到前面曾经提过的一些基本状态。这是一本书，或任何读物，而那是你的头脑。你会做的第一件事是什么？

让我们再假设在这情况中还有两个相当常见的因素。第一，你并不知道自己想不想读这本书。你也不知道这本书是否值得做分析阅读。但你觉得，或只要你能挖掘出来，书中的资讯及观点就起码会对你有用处。

其次，让我们假设——常会有这样的状况——你想要发掘所有的东西，但时间却很有限。

在这样的情况下，你一定要做的就是"略读"（skim）整本书，或是有人说成是粗读（pre-read）一样。略读或粗读是检视阅读的第一个子层次。你脑中的目标是要发现这本书值不值得多花时间仔细阅读。其次，就算你决定了不再多花时间仔细阅读这本书，略读也能告诉你许多跟这本书有关的事。

用这种快速浏览的方式来阅读一本书，就像是一个打谷的过程，能帮助你从糠糠中过滤出真正营养的谷核。当你浏览过后，你可能会发现这本书仅只是对你目前有用而已。这本书的价值不过如此而已。但至少你知道作者重要的主张是什么了，或是他到底写的是怎样的一本书。因此，你花在略读这本书上的时间绝没有浪费。

略读的习惯应该用不着花太多时间。下面是要如何去做的一些建议：

（1）**先看书名页，然后如果有序就先看序**。要很快地看过去。特别注意副标题，或其他的相关说明或宗旨，或是作者写作本书的特殊角度。在完成这个步骤之前，你对这本书的主题已经有概念了。如果你愿意，你会暂停一下，在你脑海中将这本书归类为某个特定的类型。而在那个类型中，已经包含了哪些书。

（2）**研究目录页**，对这本书的基本架构做概括性的理解。这就像是在出发旅行之前，要先看一下地图一样。很惊讶的是，除非是真的要用到那本书了，许多人连目录页是看都不看一眼的。事实上，许多作者花了很多时间来创作目录页，想到这些努力往往都浪费了，不免让人伤心。

通常，一本书，特别是一些论说性的书都会有目录，但是有时小说或诗集也会写上一整页的纲要目录，分卷分章之后再加许多小节的副标，以说明题旨。譬如写作《失乐园》（*Paradise Lost*）的时候，弥尔顿（John Milton）为每一章都写了很长的标题，或他所称的"要旨"（arguments）。吉朋（Edward Gibbon）出版的《罗马帝国衰亡史》（*Decline and Fall of the Roman Empire*），为每一章都写了很长的分析性纲要。目前，虽然偶尔你还会看到一些分析性的纲要目录，但已经不普遍了。这种现象衰退的原因是，一般人似乎不再像以前一样喜欢阅读目录纲要了。同时，比起一本目录完全开诚布公的书，出版商也觉得越少揭露内容纲要，对读者越有吸引力。至于阅读者，他们觉得，一本书的章节标题有几分神秘性会更有吸引力——他们会想要阅读这本书以发现那些章节到底写了些什么。虽然如此，目录纲要还是很有价值的，在你开始阅读整本书之前，你应该先仔细阅读目录才对。

谈到这里，如果你还没看过本书的目录页，你可能会想翻回去看一下了，我们尽可能地将目录页写得完整又说明清楚。检视一下这个目录页，你就会明白我们想要做的是什么了。

（3）**如果书中附有索引，也要检阅一下**——大多数论说类的书籍都会有索引。快速评估一下这本书涵盖了哪些议题的范围，以及所提到的书籍种类与作者等等。如果你发现列举出来的哪一条词汇很重要，至少要看一下引用到这个词目的某几页内文。（我们会在第二篇谈到词汇的重要问题。暂时你必须先依靠自己的常识，根据前面所提的第一及第二步骤，判别出一本书里你认为重要的词汇。）你所阅读的段落很可能就是个要点——这本书的关键点——或是关系到作者意图与态度的新方法。

就跟目录页一样，现在你可能要检查一下本书的索引。你会辨认出一些我们已经讨论过的重要词目。那你能不能再找出其他一些也很重要的词目呢？——譬如说，参考一下词目底下所列被引用页数的多寡？

（4）如果那是本包着书衣的新书，不妨**读一下出版者的介绍**。许多人对广告文案的印象无非是些吹牛夸张的文字。但这往往失之偏颇，尤其是一些论说性的作品更是如此，大致来说，许多书的宣传文案都是作者在出版公司企宣部门的协助下亲自写就的。这些作者尽力将书中的主旨正确地摘要出来，已经不是稀奇的事了。这些努力不应该被忽视。当然，如果宣传文案什么重点也没写到，只是在瞎吹牛，你也可以很容易看穿。不过，这也有助于你对这本书多一点了解，或许这本书根本没什么重要的东西可谈——而这也正是他们宣传文案一无可取的原因。

完成这四个步骤，你对一本书已经有足够的资讯，让你判断是想要更仔细地读这本书，还是根本不想读下去了。不管是哪一种情况，现在你都可能会先将这本书放在一边一阵子。如果不是的话，现在你就准备好要真正地略读一本书了。

（5）从你对一本书的目录很概略，甚至有点模糊的印象当中，**开始挑几个看来跟主题息息相关的篇章来看**。如果这些篇章在开头或结尾有摘要说明（很多会有），就要仔细地阅读这些说明。

（6）**最后一步，把书打开来，东翻翻西翻翻，念个一两段，有时候连续读几页，但不要太多**。就用这样的方法把全书翻过一遍，随时寻找主要论点的讯号，留意主题的基本脉动。最重要的是，不要忽略最后的两三页。就算最后有后记，一本书最后结尾的两三页也还是不可忽视的。很少有作者能拒绝这样的诱惑，而不在结尾几页将自己认为既新又重要的观点重新整理一遍的。虽然有时候作者自己的看法不一定正确，但你不应该错过这个部分。

现在你已经很有系统地略读过一本书了。你已经完成了第一种形态的检视阅读。现在，在花了几分钟，最多不过一小时的时间里，你对这本书已经了解很多了。尤其，你应该了解这本书是否包含你还想继续挖掘下去的内容，是否值得你再继续投下时间与注意？你也应该比以前更清楚，在脑海中这本书该归类为哪一个种类，以便将来有需要时好作参考。

附带一提的是，这是一种非常主动的阅读。一个人如果不够灵活，不能够集中精神来阅读，就没法进行检视阅读。有多少次你在看一本好书的时候，翻了好几页，脑海却陷入了白日梦的状态中，等清醒过来，竟完全不明白自己刚看的那几页在说些什么？如果你跟随着我们提议的步骤来做，就绝不会发生这样的事——因为你始终有一个可以依循作者思路的系统了。

你可以把自己想成是一个侦探，在找寻一本书的主题或思想的线索。随时保持敏感，就很容易让一切状况清楚。留意我们所提出的建议，会帮助你保持这样的态度。你会很惊讶地发现自己节省了更多时间，高兴自己掌握了更多重点，然后轻松地发现原来阅读是比想象中还更要简单的一件事。

## 检视阅读二：粗浅的阅读

这一节的标题是故意要挑衅的。"粗浅"这两个字通常有负面的联想。但我们可是很认真在用这两个字。

我们每个人都有这样的经验：对一本难读的书抱着高度的期望，以为它能启发我们，结果却只是在徒劳无益地挣扎而已。很自然的，我们会下个结论：一开始想读这本书就是个错误。但这并不是错误，而只是打从开始就对阅读一本难读的书期望过高。只要找到对的方向，不论是多难读的书，只要原来就是想写给大众读者看的，那就不该有望之却步的理由。

什么叫对的方向？答案是一个很重要又有帮助的阅读规则，但却经常被忽略。这个规则很简单：头一次面对一本难读的书的时候，从头到尾先读完一遍，碰到不懂的地方不要停下来查询或思索。

只注意你能理解的部分，不要为一些没法立即了解的东西而停顿。继续读下去，略过那些不懂的部分，很快你会读到你看得懂的地方。集中精神在这个部分。继续这样读下去。将全书读完，不要被一个看不懂的章节、注解、评论或参考资料阻挠或泄气。如果你让自己被困住了，如果你容许自己被某个顽固的段落绑住了，你就是被打败了。在大多数情况里，你一旦和它纠缠，就很难脱困而出。在读第二遍的时候，你对那个地方的了解可能会多一些，但是在那之前，你必须至少将这本书先从头到尾读一遍才行。

你从头到尾读了一遍之后的了解——就算只有50%或更少——能帮助你在后来重读第一次略过的部分时，增进理解。就算你不重读，对一本难度很高的书了解了一半，也比什么都不了解来得要好些——如果你让自己在一碰上困难的地方就停住，最后就可能对这本书真的一无所知了。

我们大多数人所受的教育，都说是要去注意那些我们不懂的地方。我们被教导说，碰到生字，就去查字典。我们被教导说，读到一些不明白的隐喻或论说，就去查百科全书或其他相关资料。我们被教导说，要去查注脚、学者的注释或其他的二手资料以获得帮助。但是如果时候不到就做这些事，却只会妨碍我们的阅读，而非帮助。

譬如，阅读莎士比亚的戏剧，会获得极大的快乐。但是一代代的高中生被逼着要一幕一幕地念、一个生字接一个生字地查、一个学者注脚接一个注脚地读《裘利斯·恺撒》（*Julius Caesar*）、《皆大欢喜》（*As You Like It*）或《哈姆雷特》（*Hamlet*），这种快乐就被破坏了。结果是他们从来没有真正读过莎士比亚的剧本。等他们读到最后的时候，已经忘了开始是什么，也无法洞察全剧的意义了。与其强迫他们接受这种装模作样的做学问的读法，不如鼓励他们一次读完全剧，然后讨论他们在第一次快速阅读中所获得的东西。只有这样，他们才算是做好接下来仔细又专心研究这个剧本的准备。因为他们已经有了相当的了解，可以准备再学一点新的东西了。

这个规则也适用于论说性的作品。事实上，第一次看这样一本书的时候要粗浅阅读的这个规则，在你违反的时候正可以不证自明。拿一本经济学的基础书来说吧，譬如亚当·斯密（Adam Smith）的经典作品《国富论》（*The Wealth of Nations*）（我们会选这一本做例子，因为这不光只是一本教科书，或是为经济学家写的书，这也是一本为一般读者所写的书），如果你坚持要了解每一页的意义，才肯再往下读，那你一定读不了多少。在你努力去了解那些细微的重点时，就会错过斯密说得那么清楚的一些大原则：关于成本中包含的薪水、租金、利润与利息种种因素，市场在定价中的角色，垄断专卖的害处，自由贸易的理由等等。这样你在任何层次的阅读都不可能很好。

## 阅读的速度

在第二章，我们谈过检视阅读是一种在有限的时间当中，充分了解一本书的艺术。本章我们要更进一步谈这件事，没有理由去改变这个定义。检视阅读的两个方式都需要快速地阅读。一个熟练的检视阅读者想要读一本书时，不论碰到多难读或多长的书，都能够很快地运用这两种方式读完。

关于这个方式的定义，不可避免地一定会引起一个问题：那么速读又算什么呢？现在不论是商业界或学术界都有速读的课程，那么在阅读的层次与众多速读课程之间有什么关联呢？

我们已经谈过那些课程基本上是为了矫正用的——因为他们所提供的就算不是全部，也主要都是基础阅读层次的指导。不过这要再多谈一点。

首先我们要了解的是，我们都同意，大多数人应该有能力比他们现在读的速度还更快一点。更何况有很多东西根本不值得我们花那么多时间来读。如果我们不能读快一点，简直就是在浪费时间。的确没错，许多人阅读的速度太慢，应该要读快一点。但是，也有很多人读得太快了，应该要把速度放慢才行。一个很好的速读课程应该要教你不同的阅读速度，而不是一味求快，而忽略了你目前能掌握的程度。应该是依照读物的性质与复杂程度，而让你用不同的速度来阅读。

我们的重点真的很简单。许多书其实是连略读都不值得的，另外一些书只需要快速读过就行了。有少数的书需要用某种速度，通常是相当慢的速度，才能完全理解。一本只需要快速阅读的书却用很慢的速度来读，就是在浪费时间，这时速读的技巧就能帮你解决问题。但这只是阅读问题中的一种而已。要了解一本难读的书，其间的障碍，非一般所谓生理或心理障碍所能比拟甚或涵盖。会有这些障碍，主要是因为阅读者在面对一本困难——值得读——的书时，完全不知道如何是好。他不知道阅读的规则，也不懂得运用心智的力量来做这件事。不论他读得多快，也不会获得更多，因为事实上，他根本不知道自己在寻找什么，就算找到了，也不清楚是不是自己想要的东西。

所谓阅读速度，理想上来说，不只是要能读得快，还要能用不同的速度来阅读——要知道什么时候用什么样的速度是恰当的。检视阅读是一种训练有素的快速阅读，但这不只是因为你读的速度快——虽然你真的读得很快——而是因为在检视阅读时，你只读书中的一小部分，而且是用不同的方式来读，不一样的目标来读。分析阅读通常比检视阅读来得慢一些，但就算你拿到一本书要做分析阅读，也不该用同样的速度读完全书。每一本书，不论是多么难读的书，在无关紧要的间隙部分就可以读快一点。而一本好书，总会包含一些比较困难，应该慢慢阅读的内容。

## 逗留与倒退

半个多世纪以来，速读的课程让我们有了一个最重大的发现：许多人会从最初学会阅读之后，多年一直使用"半出声"（sub-vocalize）的方式来阅读。此外，拍摄下来的眼睛在活动时的影片，显示年轻或未受过训练的阅读者，在阅读一行字的时候会在五六个地方发生"逗留"（fixate）现象。（眼睛在移动时看不见，只有停下来时才能看见。）因此，他们在读这一行字的时候，只能间隔着看到一个个单字或最多两三个字的组合。更糟的是，这些不熟练的阅读者在每看过两三行之后，眼睛就自然地"倒退"（regress）到原点——也就是说，他们又会倒退到先前读过的句子与那一行去了。

所有这些习惯不但浪费而且显然降低了阅读的速度。之所以说是浪费，因为我们的头脑跟眼睛不一样，并不需要一次只

"读"一个字或一个句子。我们的头脑是个惊人的工具，可以在"一瞥"之间掌握住一个句子或段落——只要眼睛能提供足够的资讯。因此，主要的课题——所有的速读课程都需要认知这一点——就是要矫正许多人在阅读时会"逗留"，会"倒退"，因而使他们的速度慢下来的习惯。幸运的是，要矫正这样的习惯还蛮容易的。一旦矫正过了，学生就能跟着脑部运作的快速度来阅读，而不是跟着眼部的慢动作来阅读了。

要矫正眼睛逗留于一点的工具有很多种，有些很复杂又很昂贵。无论如何，任何复杂的工具其实都比不上你的一双手来得有用，你可以利用双手训练自己的眼睛，跟着章节段落移动得越来越快。你可以自己做这样的训练：将大拇指与食指、中指合并在一起，用这个"指针"顺着一行一行的字移动下去，速度要比你眼睛感觉的还要快一点。强迫自己的眼睛跟着手部的动作移动。一旦你的眼睛能跟着手移动时，你就能读到那些字句了。继续练习下去，继续增快手的动作，等到你发觉以前，你的速度已经可以比以前快两三倍了。

## 理解的问题

不过，在你明显地增进了阅读的速度之后，你到底获得了什么呢？没错，你是省下了一些时间，但是理解力（comprehension）呢？同样增进了，还是在这样的进展中一无所获？

就我们所知，没有一种速读课程不是声明在阅读速度加快时，理解力也同时增进。整体来说，这样的声明确实是有点根据的。我们的手（或其他工具）就像是个计时器，不只负责增进你的阅读速度，也能帮助你专注于你所阅读的东西上。一旦你能跟随自己的手指时，就很难打瞌睡或做白日梦，胡思乱想。到目前为止，一切都很不错。专心一致也就是主动阅读的另一种称呼。一个优秀的阅读者就是读得很主动，很专心。

但是专心并不一定等于理解力——如果大家对"理解力"并没有误解的话。理解力，是比回答书本内容一些简单问题还要多一点的东西。那种有限的理解力，不过是小学生回答"这是在说什么？"之类问题的程度而已。一个读者要能够正确地回答许多更进一步的问题，才表示有更高一层的理解力，而这是速读课程所不要求的东西，也几乎没有人指导要如何回答这类的问题。

为了说得更清楚一些，用一篇文章来做例子。我们用《独立宣言》为例。你手边可能有这篇文章，不妨拿出来看看。这篇文章印出来还不到三页的篇幅。你能多快读完全文？

《独立宣言》的第二段结尾写着："为了证明这一点，提供给这个公正的世界一些事实吧。"接下来的两页是一些"事实"。看起来有些部分似乎还蛮可疑的，不妨快一点读完。我们没有必要去深入了解杰斐逊所引述的事实到底是些什么，当然，除非你是个学者，非常在意他所写的历史环境背景如何，自然又另当别论。就算是最后一段，结尾是著名的公正的声明，几位歌者"互诵我们的生命，财富与神圣的荣耀。"这也可以快快地读过。那是一些修辞学上的华丽词藻，就只值得在修辞学上的注意力。但是，读《独立宣言》的前两段，需要的却绝不只是快速地阅读一遍。

我们怀疑有人能以超过一分钟二十个字的速度来阅读前两段文字。的确，在著名的第二段里的一些字句，如"不可剥夺的"、"权利"、"自由"、"幸福"、"同意"、"正义的力量"，值得再三玩味、推敲、沉思。要完全了解《独立宣言》的前两段，正确的读法是需要花上几天，几星期，甚至好几年的时间。

　　这么说来，速读的问题就出在理解力上。事实上，这里所谓的理解力是超越基础阅读层次以上的理解力，也是造成问题的根源。大多数的速读课程都没有包括这方面的指导。因此，有一点值得在这里强调的是，本书之所以想要改进的，正是这一种阅读的理解力。没有经过分析阅读，你就没法理解一本书。正如我们前面所言，分析阅读，是想要理解（或了解）一本书的基本要件。

## 检视阅读的摘要

　　以下简短的几句话是本章的摘要。阅读的速度并非只有单一的一种，重点在如何读出不同的速度感，知道在阅读某种读物时该用什么样的速度。超快的速读法是引人怀疑的一种成就，那只是表现你在阅读一种根本不值得读的读物。更好的秘方是：在阅读一本书的时候，慢不该慢到不值得，快不该快到有损于满足与理解。不论怎么说，阅读的速度，不论是快还是慢，只不过是阅读问题一个微小的部分而已。

　　略读或粗读一本书总是个好主意。尤其当你并不清楚手边的一本书是否值得细心阅读时（经常发生这种情况），必须先略读一下。略读过后，你就会很清楚了。一般来说，就算你想要仔细阅读的书也要先略读一下，从基本架构上先找到一些想法。

最后，在第一次阅读一本难读的书时，不要企图了解每一个字句。这是最最重要的一个规则。这也是检视阅读的基本概念。不要害怕，或是担忧自己似乎读得很肤浅。就算是最难读的书也快快地读一遍。当你再读第二次时，你就已经准备好要读这本书了。

我们已经完整地讨论过第二层次的阅读——检视阅读。我们会在第四篇时再讨论同一个主题，我们会提到检视阅读在主题阅读中占有多么重要的角色。主题阅读是第四层次，也是最高层次的阅读。

无论如何，你应该记住，当我们在本书第二篇讨论第三层次的阅读——分析阅读时，检视阅读在那个层次中仍然有很重要的功能。检视阅读的两个步骤都可以当作是要开始做分析阅读之前的预备动作。第一阶段的检视阅读——我们称作有系统的略读或粗读——帮助阅读者分析在这个阶段一定要回答的问题。换句话说，有系统略读，就是准备要了解本书的架构。第二阶段的检视阅读——我们称之为粗浅的阅读——帮助阅读者在分析阅读中进入第二个阶段。粗浅的阅读，是阅读者想要了解全书内容的第一个必要步骤。

在开始讨论分析阅读之前，我们要暂停一下，再想一下阅读的本质是一种活动。想要读得好，一个主动、自我要求的读者，就得采取一些行动。下一章，我们会谈。

# 第五章　如何做一个自我要求的读者

在阅读的时候，让自己昏昏入睡比保持清醒要容易得多。爬上床，找个舒适的位置，让灯光有点昏暗，刚好能让你的眼睛觉得有点疲劳，然后选一本非常困难或极端无聊的书——可以是任何一个主题，是一本可读可不读的书——这样几分钟之后，你就会昏昏入睡了。

不幸的是，要保持清醒并不是采取相反的行动就会奏效。就算你坐在舒适的椅子里，甚至躺在床上，仍然有可能保持清醒。我们已经知道许多人因为深夜还就着微弱的灯光阅读，而伤害了眼睛的事。到底是什么力量，能让那些秉烛夜读的人仍然保持清醒？起码有一点是可以确定的——他们有没有真正在阅读手中的那本书，造成了其间的差异，而且是极大的差异。

在阅读的时候想要保持清醒，或昏昏入睡，主要看你的阅读目标是什么。如果你的阅读目标是获得利益——不论是心灵或精神上的成长——你就得保持清醒。这也意味着在阅读时要尽可能地保持主动，同时还要做一番努力——而这番努力是会有回馈的。

好的书，小说或非小说，都值得这样用心阅读。把一本好书当作是镇静剂，完全是极度浪费。不论睡着，还是花了好几小时的时间想要从书中获得利益——主要想要理解这本书——最后却一路胡思乱想，都绝对无法达成你原来的目标。

不过悲哀的是，许多人尽管可以区分出阅读的获益与取乐之不同——其中一方是理解力的增进，另一方则是娱乐或只是满足一点点的好奇心——最后仍然无法完成他们的阅读目标。就算他们知道那本书该用什么样的方式来阅读，还是失败。原因就在他们不知道如何做个自我要求的阅读者，如何将精神集中在他们所做的事情上，而不会一无所获。

## 主动的阅读基础：一个阅读者要提出的四个基本问题

本书已经数度讨论过主动的阅读。我们说过，主动阅读是比较好的阅读，我们也强调过检视阅读永远是充满主动的。那是需要努力，而非毫不费力的阅读。但是我们还没有将主动阅读的核心作个简要的说明，那就是：**你在阅读时要提出问题来——在阅读的过程中，你自己必须尝试去回答的问题。**

有问题吗？没有。只要是超越基础阅读的阅读层次，阅读的艺术就是要以适当的顺序提出适当的问题。关于一本书，你一定要提出四个主要的问题。*

---

\* 这四个问题接下来会逐步讨论，对论说性或非小说类的书特别有用。无论如何，一旦你掌握住提问题的技巧后，用在小说或诗集上也一样有用。我们会在第十四章与第十五章再讨论应用这些技巧的条件。

（1）整体来说，这本书到底在谈些什么？你一定要想办法找出这本书的主题，作者如何依次发展这个主题，如何逐步从核心主题分解出从属的关键议题来。

（2）作者细部说了什么，怎么说的？你一定要想办法找出主要的想法、声明与论点。这些组合成作者想要传达的特殊讯息。

（3）这本书说得有道理吗？是全部有道理，还是部分有道理？除非你能回答前两个问题，否则你没法回答这个问题。在你判断这本书是否有道理之前，你必须先了解整本书在说些什么才行。然而，等你了解了一本书，如果你又读得很认真的话，你会觉得有责任为这本书做个自己的判断。光是知道作者的想法是不够的。

（4）这本书跟你有什么关系？如果这本书给了你一些资讯，你一定要问问这些资讯有什么意义。为什么这位作者会认为知道这件事很重要？你真的有必要去了解吗？如果这本书不只提供了资讯，还启发了你，就更有必要找出其他相关的、更深的含意或建议，以获得更多的启示。

在本书的其他篇章我们还会再回到这四个问题，做更深入的讨论。换句话说，这四个问题是阅读的基本规则，也是本书第二篇要讨论的主要议题。这四个重点以问题的方式出现在这里有一个很好的理由。任何一种超越基础阅读的阅读层次，核心就在你要努力提出问题（然后尽你可能地找出答案）。这是绝不可或忘的原则。这也是有自我要求的阅读者，与没有自我要求的阅读者之间，有天壤之别的原因。后者提不出问题——当然也得不到答案。

前面说的四个问题，概括了一个阅读者的责任。这个原则适用于任何一种读物——一本书、一篇文章，甚至一个广告。检视阅读似乎对前两个问题要比对后两个更能提出正确的答案，但对后两个问题一样会有帮助。而除非你能回答后面两个问题，否则即使用了分析阅读也不算功德圆满——你必须能够以自己的判断来掌握这本书的整体或部分道理与意义，才算真正完成了阅读。尤其最后一个问题——这本书跟你有什么关系？——可能是主题阅读中最重要的一个问题。当然，在想要回答最后一个问题之前，你得先回答前三个问题才行。

光是知道这四个问题还不够。在阅读过程中，你要记得去提出这些问题。要养成这样的习惯，才能成为一个有自我要求的阅读者。除此之外，你还要知道如何精准、正确地回答问题。如此训练而来的能力，就是阅读的艺术。

人们在读一本好书的时候会打瞌睡，并不是他们不想努力，而是因为他们不知道要如何努力。你挂念着想读的好书太多了。（如果不是挂念着，也算不上是你觉得的好书。）而除非你能真正起身接触到它们，把自己提升到同样的层次，否则你所挂念的这些好书只会使你厌倦而已。并不是起身的本身在让你疲倦，而是因为你欠缺有效运用自我提升的技巧，在挫败中产生了沮丧，因而才感到厌倦。要保持主动的阅读，你不只是要有意愿这么做而已，还要有技巧——能战胜最初觉得自己能力不足部分，进而自我提升的艺术。

## 如何让一本书真正属于你自己

如果你有读书时提出问题的习惯，那就要比没有这种习惯更能成为一个好的阅读者。但是，就像我们所强调的，仅仅提出问题还不够。你还要试着去回答问题。理论上来说，这样的过程可以在你脑海中完成，但如果你手中有一支笔会更容易做到。在你阅读时，这支笔会变成提醒你的一个讯号。

俗话说："你必须读出言外之意，才会有更大的收获。"而所谓阅读的规则，就是用一种比较正式的说法来说明这件事而已。此外，我们也鼓励你"写出言外之意"。不这么做，就难以达到最有效的阅读的境界。

你买了一本书，就像是买了一项资产，和你付钱买衣服或家具是一样的。但是就一本书来说，付钱购买的动作却不过是真正拥有这本书的前奏而已。要真正完全拥有一本书，必须把这本书变成你自己的一部分才行，而要让你成为书的一部分最好的方法——书成为你的一部分和你成为书的一部分是同一件事——就是要去写下来。

为什么对阅读来说，在书上做笔记是不可或缺的事？第一，那会让你保持清醒——不只是不昏睡，还是非常清醒。第二，阅读，如果是主动的，就是一种思考，而思考倾向于用语言表达出来——不管是用讲的还是写的。一个人如果说他知道他在想些什么，却说不出来，通常是他其实并不知道自己在想些什么。第三，将你的感想写下来，能帮助你记住作者的思想。

阅读一本书应该像是你与作者之间的对话。有关这个主题，他知道的应该比你还多，否则你根本用不着去跟这本书打交道了。但是了解是一种双向沟通的过程，学生必须向自己提问题，也要向老师提问题。一旦他了解老师的说法后，还要能够跟老师争辩。在书上做笔记，其实就是在表达你跟作者之间相异或相同的观点。这是你对作者所能付出的最高的敬意。

做笔记有各式各样，多彩多姿的方法。以下是几个可以采用的方法：

（1）**画底线**——在主要的重点，或重要又有力量的句子下画线。

（2）**在画底线处的栏外再加画一道线**——把你已经画线的部分再强调一遍，或是某一段很重要，但要画底线太长了，便在这一整段外加上一个记号。

（3）**在空白处做星号或其他符号**——要慎用，只用来强调书中十来个最重要的声明或段落即可。你可能想要将做过这样记号的地方每页折一个角，或是夹一张书签。这样你随时从书架上拿起这本书，打开你做记号的地方，就能唤醒你的记忆。

（4）**在空白处编号**——作者的某个论点发展出一连串的重要陈述时，可以做顺序编号。

（5）**在空白处记下其他的页码**——强调作者在书中其他部分也有过同样的论点，或相关的要点，或是与此处观点不同的地方。这样做能让散布全书的想法统一集中起来。许多读者会用Cf这样的记号，表示比较或参照的意思。

（6）**将关键字或句子圈出来**——这跟画底线是同样的功能。

（7）**在书页的空白处做笔记**——在阅读某一章节时，你可能会有些问题（或答案），在空白处记下来，这样可以帮你回想起你的问题或答案。你也可以将复杂的论点简化说明在书页的空白处。或是记下全书所有主要论点的发展顺序。书中最后一页可以用来作为个人的索引页，将作者的主要观点依序记下来。

对已经习惯做笔记的人来说，书本前面的空白页通常是非常重要的。有些人会保留这几页以盖上藏书印章。但是那不过表示了你在财务上对这本书的所有权而已。书前的空白页最好是用来记载你的思想。你读完一本书，在最后的空白页写下个人的索引后，再翻回前面的空白页，试着将全书的大纲写出来，用不着一页一页或一个重点一个重点地写（你已经在书后的空白页做过这件事了），试着将全书的整体架构写出来，列出基本的大纲与前后篇章秩序。这个大纲是在测量你是否了解了全书，这跟藏书印章不同，却能表现出你在智力上对这本书的所有权。

## 三种做笔记的方法

在读一本书时，你可能会有三种不同的观点，因此做笔记时也会有三种不同的方式。你会用哪一种方式做笔记，完全依你阅读的层次而定。

你用检视阅读来读一本书时，可能没有太多时间来做笔记。检视阅读，就像我们前面所说过的，所花的时间永远有限。虽然如此，你在这个层次阅读时，还是会提出一些重要的问题，而且最好是在你记忆犹新时，将答案也记下来——只是有时候不见得能做得到。

在检视阅读中，要回答的问题是：第一，这是什么样的一本书？第二，整本书在谈的是什么？第三，作者是借着怎样的整体架构，来发展他的观点或陈述他对这个主题的理解？你应该做一下笔记，把这些问题的答案写下来。尤其如果你知道终有一天，或许是几天或几个月之后，你会重新拿起这本书做分析阅读时，就更该将问题与答案先写下来。要做这些笔记最好的地方是目录页，或是书名页，这些是我们前面所提的笔记方式中没有用到的页数。

在这里要注意的是，这些笔记主要的重点是全书的架构，而不是内容——至少不是细节。**因此我们称这样的笔记为结构笔记（structural note-making）**。

在检视阅读的过程中，特别是又长又难读的书，你有可能掌握作者对这个主题所要表达的一些想法。但是通常你做不到这一点。而除非你真的再仔细读一遍全书，否则就不该对这本书立论的精确与否、有道理与否遽下结论。之后，等你做分析阅读时，关于这本书准确性与意义的问题，你就要提出答案了。在这个层次的阅读里，你做的笔记就不再是跟结构有关，而是跟概念有关了。这些概念是作者的观点，而当你读得越深越广时，便也会出现你自己的观点了。

结构笔记与**概念笔记（conceptual note-making）**是截然不同的。而当你同时在读好几本书，在做主题阅读——就同一个主题，阅读许多不同的书时，你要做的又是什么样的笔记呢？同样的，这样的笔记也应该是概念性的。你在书中空白处所记下的页码不只是本书的页码，也会有其他几本书的页码。

对一个已经熟练同时读好几本相同主题书籍的专业阅读者来说，还有一个更高层次的记笔记的方法。那就是**针对一场讨论情境的笔记**——这场讨论是由许多作者所共同参与的，而且他们可能根本没有觉察自己的参与。在第四篇我们会详细讨论这一点，我们喜欢称这样的笔记为**辩证笔记（dialectical note** making）。因为这是从好多本书中摘要出来的，而不只是一本，因而通常需要用单独的一张纸来记载。这时，我们会再用上概念的结构——就一个单一主题，把所有相关的陈述和疑问顺序而列。我们会在第二十章时再回来讨论这样的笔记。

## 培养阅读的习惯

所谓艺术或技巧，只属于那个能养成习惯，而且能依照规则来运作的人。这也是艺术家或任何领域的工匠与众不同之处。

要养成习惯，除了不断地运作练习之外，别无他法。这也就是我们通常所说的，从实际去做中学习到如何去做的道理。在你养成习惯的前后，最大的差异就在于阅读能力与速度的不同。经过练习后，同一件事，你会做得比刚开始时要好很多。这也就是俗话说的熟能生巧。一开始你做不好的事，慢慢就会得心应手，像是自然天生一样。你好像生来就会做这件事，就跟你走路或吃饭一样自然。这也是为什么说习惯是第二天性的道理。

知道一项艺术的规则，跟养成习惯是不同的。我们谈到一个有技术的人时，并不是在说他知道该如何去做那件事，而是他已经养成去做那件事的习惯了。当然，对于规则是否了解得够清楚，是能不能拥有技巧的关键。如果你不知道规则是什么，就根本不可能照规则来行事了。而你不能照规则来做，就不可能养成一种艺术，或任何技能的习惯。艺术就跟其他有规则可循的事一样，是可以学习、运作的。就跟养成其他事情的习惯一样，只要照着规则练习，就可以培养出习惯来。

顺便一提，并不是每个人都清楚做一个艺术家是要照规则不断练习的。人们会指着一个具有高度原创性的画作或雕塑说："他不按规矩来。他的作品原创性非常高，这是前人从没有做过的东西，根本没有规矩可循。"其实这些人是没有看出这个艺术家所遵循的规则而已。严格来说，对艺术家或雕塑家而言，世上并没有最终的、不可打破的规则。但是准备画布，混合颜料，运用颜料，压模黏土或焊接钢铁，绝对是有规则要遵守的。画家或雕塑家一定要依循这些规则，否则他就没办法完成他想要做的作品了。不论他最后的作品如何有原创性，不论他淘汰了多少传统所知的"规则"，他都必须有做出这样成品的技巧。这就是我们在这里所要谈论的艺术——或是说技巧或手艺。

## 由许多规则中养成一个习惯

阅读就像滑雪一样，做得很好的时候，像一个专家在做的时候，滑雪跟阅读一样都是很优美又和谐的一种活动。但如果是一个新手上路，两者都会是笨手笨脚、又慢又容易受挫的事。

学习滑雪是一个成人最难堪的学习经验（这也是为什么要趁年轻时就要学会）。毕竟，一个成人习惯于走路已经很长一段时间。他知道如何落脚，如何一步一步往某个方向走。但是他一把雪橇架在脚上，就像他得重新学走路一样。他摔倒又滑倒，跌倒了还很难站起来。等好不容易站起来，雪橇又打横了，又跌倒了。他看起来——或感觉——自己就像个傻瓜。

就算一个专业教练，对一个刚上路的新手也一筹莫展。滑雪教练滑出的优美动作是他口中所说的简单动作，而对一个新学者来说不只是天方夜谭，更近乎侮辱了。你要怎样才能记住教练所说的每一个动作？屈膝，眼睛往下面的山丘看，重心向下，保持背部挺直，还得学着身体往前倾。要求似乎没完没了——你怎能记住这么多事，同时还要滑雪呢？

当然，滑雪的重点在不该将所有的动作分开来想，而是要连贯在一起，平滑而稳定地转动。你只要顾着往山下看，不管你会碰撞到什么，也不要理会其他同伴，享受冰凉的风吹在脸颊上，往山下滑行时身体流动的快感。换句话说，你一定要学会忘掉那些分开的步骤，才能表现出整体的动作，而每一个单一的步骤都还要确实表现得很好。但是，**为了要忘掉这些单一的动作，一开始你必须先分别学会每一个单一的动作**。只有这样，你才能将所有的动作连结起来，变成一个优秀的滑雪高手。

这就跟阅读一样，或许你已经阅读了很长一段时间，现在却要一切重新开始，实在有点难堪。但是阅读就跟滑雪一样，除非你对每一个步骤都很熟练之后，你才能将所有不同的步骤连结起来，变成一个复杂却和谐的动作。你无法压缩其中不同的部分，好让不同的步骤立刻紧密连结起来。你在做这件事时，每一个分开来的步骤都需要你全神贯注地去做。在你分别练习过这些分开来的步骤后，你不但能放下你的注意力，很有效地将每个步骤做好，还能将所有的动作结合起来，表现出一个整体的顺畅行动。

这是学习一种复杂技巧的基本知识。我们会这么说，仅仅是因为我们希望你知道学习阅读，至少跟学习滑雪、打字或打网球一样复杂。如果你能回想一下过去所学习的经验，就比较能忍受一位提出一大堆阅读规则的指导者了。

一个人只要学习过一种复杂的技巧，就会知道要学习一项新技巧，一开始的复杂过程是不足为惧的。也知道他用不着担心这些个别的行动，因为只有当他精通这些个别的行动时，才能完成一个整体的行动。

规则的多样化，意味着要养成一个习惯的复杂度，而非表示要形成许多个不同的习惯。在到达一个程度时，每个分开的动作自然会压缩、连结起来，变成一个完整的动作。当所有相关动作都能相当自然地做出来时，你就已经养成做这件事的习惯了。然后你就能想一下如何掌握一个专家的动作，滑出一个你从没滑过的动作，或是读一本以前你觉得对自己来说很困难的书。一开始时，学习者只会注意到自己与那些分开来的动作。等所有分开的动作不再分离，渐渐融为一体时，学习者便能将注意力转移到目标上，而他也具备了要达成目标的能力了。

我们希望在这几页中所说的话能给你一些鼓励。要学习做一个很好的阅读者并不容易。而且不单单只是阅读，还是分析式的阅读。那是非常复杂的阅读技巧——比滑雪复杂多了。那更是一种心智的活动。一个初学滑雪的人必须先考虑到身体的动作，之后他才能放下这些注意力，做出自然的动作。相对来说，考虑到身体的动作还是比较容易做到的。考虑到心智上的活动却困难许多，尤其是在刚开始做分析阅读时更是如此，因为他总是在想着自己的想法。大多数人都不习惯这样的阅读。虽然如此，但仍然是可以训练出来的。而一旦学会了，你的阅读技巧就会越来越好。

第二篇

# 阅读的第三个层次：分析阅读

# 第六章　一本书的分类

在本书的一开头，我们就已经说过了，这些阅读的规则适用于任何你必须读或想要读的读物。然而，在说明分析阅读，也就是这第二篇的内容中，我们却似乎要忽略这个原则。我们所谈的阅读，就算不全是，也经常只是指"书"而言。为什么呢？

答案很简单。阅读一整本书，特别是又长又难读的一本书，要面对的是一般读者很难想象，极为艰困的问题。阅读一篇短篇故事，总比读一本小说来得容易。阅读一篇文章，总比读一整本同一个主题的书籍来得轻松。但是如果你能读一本史诗或小说，你就能读一篇抒情诗或短篇故事。如果你能读一本理论的书——一本历史、哲学论述或科学理论——你就可以读同一个领域中的一篇文章或摘要。

因此，我们现在要说的阅读技巧，也可以应用在其他类型的读物上。你要了解的是，当我们提到读书的时候，所说明的阅读规则也同样适用于其他比较易于阅读的资料。虽然这些规则程度不尽相当，应用在后者身上时，有时候作用不尽相同，但是只要你拥有这些技巧，懂得应用，总可以比较轻松。

## 书籍分类的重要性

分析阅读的第一个规则可以这么说：**规则一，你一定要知道自己在读的是哪一类书，而且要越早知道越好。最好早在你开始阅读之前就先知道。**

譬如，你一定要知道，在读的到底是虚构的作品——小说、戏剧、史诗、抒情诗——还是某种论说性的书籍？几乎每个读者在看到一本虚构的小说时都会认出来，所以就会认为要分辨这些并不困难——其实不然。像《波特诺的牢骚》（*Portnoy's Complaint*），是小说还是心理分析的论著？《赤裸的午餐》（*Naked Lunch*）是小说，还是反对药物泛滥的劝导手册，像那些描述酒精的可怕，以帮助读者戒酒之类的书？《飘》（*Gone With The Wind*）是爱情小说，还是美国内战时期的南方历史？《大街》（*Main Street*）与《愤怒的葡萄》（*The Grapes of Wrath*），一本都会经验，一本农村生活，到底是纯文学，还是社会学的论著？

当然，这些书都是小说，在畅销书排行榜上，都是排在小说类的。但是问这些问题并不荒谬。光是凭书名，像《大街》或《中城》，很难猜出其中写的是小说，还是社会科学论述。在当代的许多小说中，有太多社会科学的观点，而社会科学的论著中也有很多小说的影子，实在很难将二者区别开来。但是还有另一些科学——譬如物理及化学——出现在像是科幻小说《安珠玛特病毒》（*The Andromeda Strain*），或是罗伯特·海莱因（Robert Heinlein）、亚瑟·克拉克（Arthur C.Clarke）的书中。而像《宇宙与爱因斯坦博士》（*The Universe and Dr.Einstein*）

这本书，明明不是小说，却几乎跟有"可读性"的小说一模一样。或许就像福克纳（William Faulkner）所说的，这样的书比其他的小说还更有可读性。

一本论说性的书的主要目的是在传达知识。"知识"在这样的书中被广泛地解说着。任何一本书，如果主要的内容是由一些观点、理论、假设、推断所组成，并且作者多少表示了这些主张是有根据的，有道理的，那这种传达知识的书，就是一本论说性（expository）的书。就跟小说一样，大多数人看到论说性的书也一眼就能辨识出来。然而，就像要分辨小说与非小说很困难一样，要区别出如此多样化的论说性书籍也并非易事。我们要知道的不只是哪一类的书带给我们指导，还要知道是用什么方法指导。历史类的书与哲学类的书，所提供的知识与启发方式就截然不同。在物理学或伦理学上，处理同一个问题的方法可能也不尽相同。更别提各个不同作者在处理这么多不同问题时所应用的各种不同方法了。

因此，分析阅读的第一个规则，虽然适用于所有的书籍，却特别适合用来阅读非小说，论说性的书。你要如何运用这个规则呢？尤其是这个规则的最后那句话？

之前我们已经建议过，一开始时，你要先检视这本书——用检视阅读先浏览一遍。你读读书名、副标题、目录，然后最少要看看作者的序言、摘要介绍及索引。如果这本书有书衣，要看看出版者的宣传文案。这些都是作者在向你传递讯号，让你知道风朝哪个方向吹。如果你不肯停、看、听，那也不是他的错。

## 从一本书的书名中你能学到什么

对于作者所提出的讯号视而不见的读者，比你想象中还要多得多。我们跟学生在一起，就已经一再感觉如此了。我们问他们这本书在说些什么？我们要他们用最简单的通常用语，告诉我们这本书是哪一类的书。这是很好的，也是要开始讨论一本书几乎必要的方式。但是，我们的问题，却总是很难得到任何答案。

我们举一两个这种让人困扰的例子吧！1859年，达尔文（Charles Darwin）出版了一本很有名的书。一个世纪之后，所有的英语国家都在庆贺这本书的诞生。这本书引起无止境的争论，不论是从中学到一点东西，还是没学到多少东西的评论者，一致肯定其影响力。这本书谈论的是人类的进化，书名中有个"种"（species）字。到底这个书名在说些什么？

或许你会说那是《物种起源》（The Origin of Species），这样说你就对了。但是你也可能不会这样说，你可能会说那是《人种起源》（The Origin of the Species）。最近我们问了一些年纪在25岁左右，受过良好教育的年轻人，到底达尔文写的是哪一本书，结果有一半以上的人说是《人种起源》。出这样的错是很明显的，他们可能从来没有读过那本书，只是猜想那是一本谈论人类种族起源的书。事实上，这本书跟这个主题只有一点点关联，甚至与此毫无关系。达尔文是在后来才又写了一本与此有关的书《人类的由来》（The Descent of Man）。《物种起源》，就像书名所说的一样，书中谈的是自然世界中，大量的植物、动物一开始是从少量的族群繁衍出来的，因此他声明了

"物竞天择"的原理。我们会指出这个普遍的错误，是因为许多人以为他们知道这本书的书名，而事实上只有少之又少的人真的用心读过书名，也想过其中的含意。

再举一个例子。在这个例子中，我们不要你记住书名，但去想想其中的含意。吉朋写了一本很有名的书，而且还出名地长，是一本有关罗马帝国的书，他称这本书为《罗马帝国衰亡史》。几乎每个人拿到那本书都会认得这个书名，还有很多人即使没看到书，也知道这个书名。事实上，"衰亡"已经变成一个家喻户晓的用语了。虽然如此，当我们问到同样一批二十五岁左右，受过良好教育的年轻人，为什么第一章要叫作《安东尼时代的帝国版图与武力》时，他们却毫无头绪。他们并没有看出整本书的书名既然叫作"衰亡史"，叙事者当然就应该从罗马帝国极盛时期开始写，一直到帝国衰亡为止。他们无意识地将"衰亡"两个字转换成"兴亡"了。他们很困惑于书中并没有提到罗马共和国，那个在安东尼之前一个半世纪就结束的时代。如果他们将标题看清楚一点，就算以前不知道，他们也可以推断安东尼时代就是罗马帝国的巅峰时期。阅读书名，换句话说，可以让阅读者在开始阅读之前，获得一些基本的资讯。但是他们不这么做，甚至更多人连不太熟悉的书也不肯看一下书名。

许多人会忽略书名或序言的原因之一是，他们认为要将手边阅读的这本书做分类是毫无必要的。他们并没有跟着分析阅读的第一个规则走。如果他们试着跟随这个规则，那就会很感激作者的帮忙。显然，作者认为，让读者知道他在写的是哪一类的书是很重要的。这也是为什么他会花那么多精神，不怕麻烦地在前言中做说明，通常也试着想要让他的书名——

至少副标题——是让人能理解的。因此，爱因斯坦与英费尔德（Infeld）在他们所写的《物理之演进》（The Evolution of Physics）一书的前言中告诉读者，他们写的是一本"科学的书，虽然很受欢迎，但却不能用读小说的方法来读"。他们还列出内容的分析表，提醒读者进一步了解他们概念中的细节。总之，列在一本书前面那些章节的标题，可以进一步放大书名的意义。

如果读者忽略了这一切，却答不出"这是一本什么样的书"的问题，那他只该责怪自己了。事实上，他只会变得越来越困惑。如果他不能回答这个问题，如果他从没问过自己这个问题，他根本就不可能回答随之而来的，关于这本书的其他问题。

阅读书名很重要，但还不够。除非你能在心中有一个分类的标准，否则世上再清楚的书名，再详尽的目录、前言，对你也没什么帮助。

如果你不知道心理学与几何学都是科学，或者，如果你不知道这两本书书名上的"原理"与"原则"是大致相同的意思（虽然一般而言不尽相同），你就不知道欧几里得（Euclid）的《几何原理》（Elements of Geometry）与威廉·詹姆斯（William James）的《心理学原理》（Principles of Psychology）是属于同一种类的书——此外，除非你知道这两本书是不同类型的科学，否则就也无法进一步区分其间的差异性。同样，以亚里士多德的《政治学》（The Politics）与亚当·斯密的《国富论》为例，除非你了解一个现实的问题是什么，以及到底有多少不同的现实问题，否则你就无法说出这两本书相似与相异之处。

书名有时会让书籍的分类变得比较容易一些。任何人都会知道欧几里得的《几何原理》、笛卡尔的《几何学》（Geometry）

与希尔伯特（Hilbert）的《几何基础》（*Foundations of Geometry*）都是数学的书，彼此多少和同一个主题相关。但这不是百试百中。光是从书名，也可能并不容易看出奥古斯丁的《上帝之城》（*The City of God*）、霍布斯的《利维坦》（*Leviathan*）与卢梭的《社会契约论》（*Social Contract*）都是政治的论述——虽然，如果仔细地阅读这三本书的章名，会发现它们都想探讨的一些共同问题。

再强调一次，光是将书籍分类到某一个种类中还是不够的。要跟随第一个阅读步骤，你一定要知道这个种类的书到底是在谈些什么？书名不会告诉你，前言等等也不会说明，有时甚至整本书都说不清楚，只有当你自己心中有一个分类的标准，你才能做明智的判断。换句话说，如果你想简单明白地运用这个规则，那就必须先使这个规则更简单明白一些。只有当你在不同的书籍之间能找出区别，并且定出一些合理又经得起时间考验的分类时，这个规则才会更简单明白一些。

我们已经粗略地谈过书籍的分类了。我们说过，主要的分类法，一种是虚构的小说类，另一种是传达知识，说明性的论说类。在论说性的书籍中，我们可以更进一步将历史从哲学中分类出来，也可以将这二者从科学与数学中区分出来。

到目前为止，我们都说得很清楚。这是一个相当清楚的书籍分类法，大多数人只要想一想这个分类法，就能把大多数书都做出适当的分类了。但是，并不是所有的书都可以。

问题在于我们还没有一个分类的原则。在接下来更高层次的阅读中，我们会谈更多有关分类的原则。现在，我们要确定的是一个基本的分类原则，这个原则适用于所有的论说性作品。

这也就是用来区分理论性与实用性作品的原则。

## 实用性 vs. 理论性作品

所有的人都会使用"实用"跟"理论"这两个字眼，但并不是每个人都说得出到底是什么意思——像那种既现实又坚决的人，当然就更如此，他们最不信任的就是理论家，特别是政府里的理论家。对这样的人来说，"理论"意味着空想或不可思议，而"实用"代表着某种有效的东西，可以立即换成金钱回来。这里面确实有一些道理。实用是与某种有效的做法有关，不管是立即或长程的功效。而理论所关注的却是去明白或了解某件事。如果我们仔细想想这里所提出来的粗略的道理，就会明白知识与行动之间的区别，正是作者心目中可能有的两种不同的概念。

但是，你可能会问，我们在看论说性的作品时，不就是在接受知识的传递吗？这样怎么会有行动可言？答案是，当然有，明智的行动就是来自知识。知识可以用在许多方面，不只是控制自然，发明有用的机器或工具，还可以指导人类的行为，在多种技术领域中校正人类的运作技巧。这里我们要举的例子是纯科学与应用科学的区别，或是像通常非常粗糙的那种说法，也就是科学与科技之间的区别。

有些书或有些老师，只对他们要传达的知识本身感兴趣。这并不是说他们否定知识的实用性，或是他们坚持只该为知识而知识。他们只是将自己限制在某一种沟通或教学方式中，而让其他人去用别的方式。其他这些人的兴趣则在追求知识本身以外的事上，他们关切的是哪些知识能帮忙解决的人生问题。他们也传递知识，但永远带着一种强调知识的实际应用的观点。

要让知识变成实用，就要有操作的规则。我们一定要超越**"知道这是怎么回事"**，进而明白**"如果我们想做些什么，应该怎么利用它"**。概括来说，这也就是知与行的区别。理论性的作品是在教你这是什么，实用性的作品在教你如何去做你想要做的事，或你认为应该做的事。

本书是实用的书，而不是理论的书。任何一本指南类的书都是实用的。任何一本书告诉你要该做什么，或如何去做，都是实用的书。因此，你可以看出来，所有说明某种艺术的学习技巧，任何一个领域的实用手册，像是工程、医药或烹饪，或所有便于分类为"教导性"（moral）的深奥论述，如经济、伦理或政治问题的书，都是实用的书。我们在后面会说明为什么这类书，一般称作"规范性"（normative）的书，会在实用类的书中作一个很特别的归类。

或许没有人会质疑我们将艺术的学习技巧，或实用手册、规则之类的书归类为论说性的书籍。但是我们前面提过的那种现实型的人，可能会反对我们将伦理，或经济类的书也归类为实用的书。他会说那样的书并不实用，因为书中所说的并没有道理，或者行不通。

事实上，就算一本经济的书没有道理，是本坏书，也不影响这一点。严格来说，任何一本教我们如何生活，该做什么，不该做什么，同时说明做了会有什么奖赏，不做会有什么惩罚的伦理的书，不论我们是否同意他的结论，都得认定这是一本实用的书。（有些现代的社会学研究只提供人类的行为观察，而不加以批判，既非伦理也无关实用，那就是理论型的书——科学作品。）

在经济学中也有同样的状况。经济行为的研究报告，数据分析研究，这类工作是理论性的，而非实用的。除此之外，一些通常教导我们如何认知经济生活环境（个别的或社会整体的），教导我们该做不该做的事，如果不做会有什么惩罚等，则是实用的书。再强调一次，我们可能不同意作者的说法，但是我们的不同意，并不能将这类书改变为非实用的书。

康德写了两本有名的哲学著作，一本是《纯粹理性批判》（*The Critique of Pure Reason*），另一本是《实践理性批判》（*The Critique of Practical Reason*）。第一本是关于知，我们何以知（不是指如何知，而是我们为何就是知），以及什么是我们能知与不能知的事。这是一本精彩绝伦的理论性书籍。《实践理性批判》则是关于一个人应该如何自我管理，而哪些是对的、有道德的品行。这本书特别强调责任是所有正确行为的基础，而他所强调的正是现代许多读者所唾弃的想法。他们甚至会说，如果相信责任在今天仍然是有用的道德观念，那是"不实际的"想法。当然，他们的意思是，从他们看来，康德的基本企图就是错误的。但是从我们的定义来看，这并不有损于这是一本实用的书。

除了实用手册与（广义的）道德论述之外，另一种实用型的作品也要提一下。任何一种演说，不论是政治演说或道德规劝，都是想告诉你该做些什么，或你该对什么事有什么样的反应。任何人就任何一个题目写得十分实用的时候，都不只是想要给你一些建议，而且还想说服你跟随他的建议。因此在每一种道德论述的文字中，都包含了雄辩或规劝的成分。这样的状况也出现在教导某种艺术的书本中，如本书便是。因此，除了想要教你如何读得更好之外，我们试着，也将一直继续尝试说服你作这样的努力。

虽然实用的书都是滔滔雄辩又忠告勉励，但是滔滔雄辩又忠告勉励的书却不见得都实用。政治演说与政治论文大有不同，而经济宣传文告与经济问题的分析也大有出入。《共产党宣言》（*The Communist Manifesto*）是一篇滔滔雄文，但马克思的《资本论》（*Capital*）却远不止于此。

有时你可以从书名中看出一本书是不是实用的。如果标题有"……的技巧"或"如何……"之类的字眼，你就可以马上归类。如果书名的领域你知道是实用的，像是伦理或政治，工程或商业，还有一些经济、法律、医学的书，你都可以相当容易地归类。

书名有时能告诉你的资讯还不止于此。洛克（John Locke）写了两本书名很相近的书：《人类理解论》（*An Essay Concerning Human Understanding*）及《论政府的起源、范围和目的》（*A Treatise Concerning the Origin, Extent, and End of Civil Government*），哪一本是理论的，哪一本又是实用的书呢？

从书名，我们可以推论说第一本是理论的书，因为任何分析讨论的书都是理论的书，第二本则是实用的书，因为政府的问题就是他们的实际问题。但是运用我们所建议的检视阅读，一个人可以超越书名来作判断。洛克为《人类理解论》写了一篇前言介绍，说明他企图探索的是"人类知识的起源、真理与极限"，和另一本书的前言很相似，却有一个重要的不同点。在第一本书中，洛克关心的是知识的确实性或有效性，另一本书所关心的却是政府的终点或目的。质疑某件事的有效性是理论，而质疑任何事的目的，却是实用。

在说明检视阅读的艺术时，我们提醒过你在读完前言或索引之后，不要停下来，要看看书中的重点摘要部分。此外也要看看这本书的开头跟结尾，以及主要的内容。

有时候，从书名或前言等还是无法分辨出一本书的类型时，就很必要从一本书的主要内容来观察。这时候，你得倚赖在主体内文中所能发现的蛛丝马迹。只要注意内容的文字，同时将分类的基本条件放在心中，你不必读太多就应该能区分出这是哪一类的书了。

一本实用的书会很快就显露它的特质，因为它经常会出现"应该"和"应当"、"好"和"坏"、"结果"和"意义"之类的字眼。实用书所用到的典型陈述，是某件事应该做完（或做到）；这样做（或制造）某个东西是对的；这样做会比那样做的结果好；这样选择要比那样好，等等。相反的，理论型的作品却常常说"是"，没有"应该"或"应当"之类的字眼。那是在表示某件事是真实的，这些就是事实，不会说怎样换一个样子更好，或者按照这个方法会让事情变得更好等等。

在谈论有关理论性书籍的话题之前，让我们先提醒你，那些问题并不像你分辨该喝咖啡或牛奶那样简单。我们只不过提供了一些线索，让你能开始分辨。等你对理论与实用的书之区别懂得越多，你就越能运用这些线索了。

首先，你要学习去怀疑一切。在书籍分类上，你要有怀疑心。我们强调过经济学的书基本上通常是实用性的书，但仍然有些经济学的书是纯理论的。同样的，虽然谈理解力的书基本上通常是理论性的书，仍然有些书（大部分都很恐怖）却要教你"如何思想"。你也会发现很多作者分不清理论与实用的区别，就像一个小说家搞不清楚什么是虚构故事，什么是社会学。你也会发现一本书有一部分是这一类，另一部分却是别一类，斯宾诺莎的《伦理学》(*Ethics*)就是这样。然而，这些都在提醒你身为一个读者的优势，透过这个优势，你可以发现作者是如何面对他要处理的问题。

## 理论性作品的分类

照传统的分法，理论性的作品会被分类为历史、科学和哲学等等。所有的人都约略知道其间的差异性。但是，如果你要作更仔细的划分与更精确的区隔时，困难就来了。此刻，我们先避过这样的危险，作一个大略的说明吧。

以历史书来说，秘诀就在书名。如果书名中没有出现"历史"两个字，其他的前言等等也会告诉我们这本书所讲的东西是发生在过去——不一定是远古时代，当然，也很可能是发生在昨天的事。历史的本质就是口述的故事，历史是某个特殊事件的知识，不只存在于过去，而且还历经时代的不同有一连串的演变。历史家在描述历史时，通常会带有个人色彩——个人的评论、观察或意见。

历史就是纪事（Chronotopic）。在希腊文中，*chronos*的意思是时间，*topos*的意思是地点。历史就是在处理一些发生在特定时间，特定地点的真实事件。"纪事"这两个字就是要提醒你这一点。

科学则不会太在意过去的事，它所面对的是可能发生在任何时间、地点的事。科学家寻求的是定律或通则。他要知道在所有的情况或大多的情况中，事情是如何发生的，而不像历史学家要知道为什么某个特定的事件，会发生在过去某个特定的时间与地点。

科学类的书名所透露的讯息，通常比历史类的书要少。有时会出现"科学"两个字，但大部分出现的是心理学、几何学或物理学之类的字眼。我们必须要知道这本书所谈论的主题是哪一类的，像几何学当然就是科学，而形上学就是哲学的。问题在很多内容并不是一清二楚的，在很多时候，许多科学家与哲学家都将物理学与心理学纳入自己研究的范围。碰到"哲学"与"科学"这两个词时，麻烦就会出现了，因为他们已经被运用得太广泛了。亚里士多德称自己的作品《物理学》（*Physics*）是科学论述，但如果以目前的用法，我们该归类为哲学类。牛顿将自己伟大的作品定名为《自然哲学的数学原理》（*Mathematical Principles of Natural Philosophy*），而我们却认为是科学上的伟大著作。

哲学比较像科学，不像历史，追求的是一般的真理，而非发生在过去的特定事件，不管那个过去是近代或较远的年代。但是哲学家所提出的问题跟科学家又不一样，解决问题的方法也不相同。

既然书名或前言之类的东西并不能帮助我们确定一本书是哲学或科学的书，那我们该怎么办？有一个判断依据我们认为永远有效，不过你可能要把一本书的内容读了相当多之后才能应用。如果一本理论的书所强调的内容，超乎你日常、例行、正常生活的经验，那就是科学的书。否则就是一本哲学的书。

这样的区别可能会让你很惊讶。让我们说明一下。（记住，这只适用于科学或哲学的书，而不适用于其他类型的书。）伽利略的《两种新科学》(*Two New Sciences*)要你发挥想象力，或在实验室中以斜面重复某种实验。牛顿的《光学》(*Opticks*)则提到以棱镜、镜面与特殊控制的光线，在暗室中做实验。这些作者所提到的特殊经验，可能并不是他们自己真的在实验室中完成的。达尔文所写的《物种起源》是他自己经过多年实地观察才得到的报告。虽然这些事实可以，也已经由其他的观察家在作过同样的努力之后所证实，但却不是一般人在日常生活中所能查证的。

相对而言，哲学家所提出来的事实或观察，不会超越一般人的生活经验。一个哲学家对读者所提及的事，都是自己正常及普通的经验，以证明或支持他所说的话。因此，洛克的《人类理解论》是心理学中的哲学作品。而弗洛伊德的作品却是科学的。洛克所讨论的重点都来自我们生活中所体验的心路历程，而弗洛伊德提出的却是报告他在精神分析诊所中所观察到的临床经验。

另一个伟大的心理学家，威廉·詹姆斯，采取的是有趣的中间路线。他提出许多细节，只有受过训练的细心的专家才会注意到，但他也常向读者查证，由他们自己的经验来看，他的理论是否正确。所以詹姆斯的作品《心理学原理》是科学也是哲学的，虽然基本上仍然以科学为主。

如果我们说科学家是以实验为基础，或仰赖精确的观察研究，而哲学家只是坐在摇椅上的思考者，大部分人都能接受这样的差异比较，不会有什么意见。这种对比的说法，应该不致令人不快。确实有某些问题，非常重要的问题，一个懂得如何利用人类共通经验来思考的人，可以坐在摇椅上就想出解决的方案。也有些其他的问题，却绝不是坐在摇椅中思考就能解决的。要解决那样的问题必须要作研究调查——在实验室中作实验或作实地考察——要超越一般例行的生活经验才行。在这样的情况中，特殊的经验是必要的。

这并不是说哲学家就是纯粹的思考者，而科学家只是个观察者。他们都同样需要思考与观察，只是他们会就不同的观察结果来思考。不论他们如何获得自己想要证明的结论，他们证明的方法就是各不相同：科学家会从他特殊经验的结果作举证，哲学家却会以人类的共通性作例证。

哲学或科学的书中，经常会出现这种方法的差异性，而这也会让你明白你在读的是什么样的书。如果你能把书中所提到的经验类别当作了解内容的条件，那么你就会明白这本书是哲学或科学的作品了。

明白这一点是很重要的。因为哲学家与科学家除了所依赖的经验不同之外，他们思考的方式也并不全然相同。他们论证问题的方式也不同。你一定要有能力在这些不同种类的论证中，看得出是哪些关键的词目或命题构成了其间的差异——这里我们谈得有点远了。

在历史书方面的状况也类似。历史学家的说法跟科学家、哲学家也不相同。历史学家论证的方式不同，说明事实的方式也不一样。何况典型的历史书都是以说故事的形态出现。不管说的是事实或小说，说故事就是说故事。历史学家的文词必须要优美动人，也就是说他要遵守说一个好故事的规则。因此，无论洛克的《人类理解论》或牛顿的《自然哲学的数学原理》有多杰出伟大，却都不是很好的故事书。

你可能会抗议我们对书籍的分类谈得太琐碎了，至少，对一个还没开始读的人来说太多了。这些事真的有那么重要吗？

为了要消除你的抗议，我们要请你想一件事情。如果你走进一间教室，老师正在讲课或指导学生，你会很快地发现这间教室是在上历史、科学或哲学课。这跟老师讲课的方式有关，他使用的词句，讨论的方式，提出的问题，期望学生作出的答案，都会表现出他隶属的是哪个学科。如果你想继续很明白地听下去，先了解这一点是很重要的。

简单来说，不同的课程有不同的教法，任何一个老师都知道这一点。因为课程与教法的不同，哲学老师会觉得以前没有被其他哲学老师教过的学生比较好教，而科学老师却会希望学生已经被其他科学老师有所训练过。诸如此类。

就像不同的学科有不同的教法一样，不同的课程也有不同的学习方法。学生对老师的教法，多少要有一些相对的回应。书本与阅读者之间的关系，跟老师和学生之间的关系是相同的。因此，既然书本所要传达给我们的知识不同，对我们的指导方式也会不同。如果我们要跟随这些书本的指导，那就应该学习以适当的态度来阅读不同的书。

# 第七章　透视一本书

　　每一本书的封面之下都有一套自己的骨架。作为一个分析阅读的读者，你的责任就是要找出这个骨架。

　　一本书出现在你面前时，肌肉包着骨头，衣服裹着肌肉，可说是盛装而来。你用不着揭开它的外衣，或是撕去它的肌肉，才能得到在柔软表皮下的那套骨架。但是你一定要用一双X光般的透视眼来看这本书，因为那是你了解一本书，掌握其骨架的基础。

　　知道掌握一本书的架构是绝对需要的，这能带引你发现阅读任何一本书的第二及第三个规则。我们说的是"任何一本书"。这些规则适用于诗集，也适用于科学书籍，或任何一种论说性作品。当然，根据书本的不同，这些规则在应用时会各不相同。一本小说和一本政治论述的书，整体结构不同，组成的篇章不同，次序也不同。但是，任何一本值得读的书，都会有一个整体性与组织架构。否则这本书会显得乱七八糟，根本没法阅读。而烂书就是如此。

　　我们会尽量简单地叙述这两个规则。然后我们会加以说明及解释。

　　分析阅读的第二个规则是：**使用一个单一的句子，或最多**

**几句话（一小段文字）来叙述整本书的内容。**

　　这就是说你要尽量简短地说出整本书的内容是什么。说出整本书在干什么，跟说出这本书是什么类型是不同的（这在规则一已经说明过了）。"干什么"这个字眼可能会引起误解。从某一方面来说，每一本书都有一个"干什么"的主题，整本书就是针对这个主题而展开。如果你知道了，就明白了这是什么样的书。但"干什么"还有另一个层面的意思，就是更口语化的意义。我们会问一个人是干什么的，他想做什么等等。所以，我们也可以揣测一个作者想要干什么，想要做什么。找出一本书在干什么，也就是在发现这本书的主题或重点。

　　一本书是一个艺术作品。（我们又要提醒你了，不要将"艺术"想得太狭隘。我们不想、也不只是在强调"纯艺术"。一本书是一个有特别技巧的人所做的成品，他创作的就是书，而其中一本我们正在这里受益。）就一本书就是一件艺术品的立场来说，书除了要外观的精致之外，相对应地，还要有更接近完美、更具有渗透力的整体内容。这个道理适用于音乐或美术，小说或戏剧，传递知识的书当然也不例外。

　　对于"整体内容"这件事，光是一个模糊的认知是不够的，你必须要确切清楚地了解才行。只有一个方法能知道你是否成功了。你必须能用几句话，告诉你自己，或别人，这整本书在说的是什么。（如果你要说的话太多，表示你还没有将整体的内容看清楚，而只是看到了多样的内容。）不要满足于"感觉上的整体"，自己却说不出口。如果一个阅读者说："我知道这本书在谈什么，但是我说不出来。"应该是连自己也骗不过的。

　　第三个规则可以说成是：**将书中重要篇章列举出来，说明**

**它们如何按照顺序组成一个整体的架构。**

这个规则的理由很明显。如果一个艺术作品绝对简单,当然可能没有任何组成部分。但这从来就不可能存在。人类所知的物质,或人类的产品中,没有一样是绝对简单的。所有的东西都是复杂的组合体。当你看一个整体组成复杂的东西的时候,如果只看出它"怎样呈现一体"的面貌,那是还没有掌握精髓,你还必须要明白它"怎样呈现多个"的面貌——但不是各自为政,互不相干的"多个",而是互相融合成有机体的"多个"。如果组成的各个部分之间没有有机的关联,一定不会形成一个整体。说得严格一点,根本不会有整体,只是一个集合体而已。

这就像是一堆砖头,跟一栋由砖头建造起来的房子是有区别的。而一栋单一的房子,与一整组的房子也不相同。一本书就像一栋单一的房子。那是一栋大厦,拥有许多房间,每层楼也都有房间,有不同的尺寸与形状,不同的外观,不同的用途。这些房间是独立的,分离的。每个房间都有自己的架构与装潢设计,但却不是完全独立与分离的。这些房间是用门、拱门、走廊、楼梯串连起来的,也就是建筑师所谓的"动线"(traffic pattern)架构。因为这些架构是彼此连结的,因此每个部分在整体的使用功能上都要贡献出一己的力量。否则,这栋房子便是不适于居住的。

这样的比喻简直是接近完美了。一本好书,就像一栋好房子,每个部分都要很有秩序地排列起来。每个重要部分都要有一定的独立性。就像我们看到的,每个单一部分有自己的室内架构,装潢的方式也可能跟其他部分不同。但是却一定要跟其他部分连接起来——这是与功能相关——否则这个部分便无法对整体的智能架构作出任何贡献了。

就像一栋房子多少可以居住一样，一本书多少也可以阅读一下。可读性最高的作品是作者达到了建筑学上最完整的整体架构。最好的书都有最睿智的架构。虽然他们通常比一些差一点的书要复杂一些，但他们的复杂也是一种单纯，因为他们的各个部分都组织得更完善，也更统一。

这也是为什么最好的书，也是可读性最高的书的理由之一。比较次级的作品，在阅读时真的会有一些比较多的困扰。但是要读好这些书——就它们原本所值得的程度读好——你就要从中找出它们的规划，当初如果这些作者自己把规划弄得更清楚一些，这些书都可能再更好一些。但只要大致还可以，只要内容不仅是集合体，还够得上是某种程度的整体组合，那其中就必然有一个架构规划，而你一定要找出来才行。

## 结构与规划：叙述整本书的大意

让我们回到第二个规则，也就是要你说出整本书的大意。对这个规则的运用再作一些说明，或许能帮助你确实用上这个技巧。

让我们从最出名的一个例子来说吧！你在学校大概听过荷马的《奥德赛》(*Odyssey*)。就算没有，你一定也听过奥德赛——或尤利西斯，罗马人这么叫他——的故事。这个男人在特洛伊围城之战之后，花了十年时间才回到家乡，却发现忠心的妻子佩尼洛普被一些追求者包围着。就像荷马所说的，这是一个精致而复杂的故事，充满了兴奋刺激的海上、陆上冒险，有各种不同的插曲与复杂的情节。但整个故事仍然是一个整体，一个主要的情节牵扯着所有的事情连结在一起。

亚里士多德在他的《诗学》（*Poetics*）中，坚称这是非常好的故事、小说或戏剧的典范。为了支持他的观点，他说他可以用几句话将《奥德赛》的精华摘要出来：

> 某个男人离家多年。海神嫉妒他，让他一路尝尽孤独和悲伤。在这同时，他的家乡也濒临险境。一些企图染指他妻子的人尽情挥霍他的财富，对付他的儿子。最后在暴风雨中，他回来了，他让少数几个人认出他，然后亲手攻击那些居心不良的人，摧毁了他们之后，一切又重新回到他手中。

亚里士多德说，"这就是情节的真正主干，其他的都是插曲。"

你用这样的方式来了解一个故事之后，透过整体调性统一的叙述，就能将不同的情节部分放入正确的位置了。你可能会发现这是很好的练习，可以用来重新看你以前看过的小说。找一些好书来看，像是菲尔丁（Fielding）的《汤姆·琼斯》（*Tom Jones*）、陀思妥耶夫斯基（Dostoevsky）的《罪与罚》（*Crime and Punishment*）或乔伊斯（Joyce）的现代版《尤利西斯》（*Ulysses*）等。以《汤姆·琼斯》的情节为例，可以简化为一个熟悉的公式：男孩遇到女孩，男孩失掉女孩，男孩又得到女孩。这真的是每一个罗曼史的情节。认清这一点，也就是要明白，为什么所有的故事情节不过那几个的道理。同样的基本情节，一位作者写出来的是好故事或坏故事，端看他如何装点这副骨架。

你用不着光靠自己来发掘故事的情节。作者通常会帮助你。有时候，光读书名就好了。在18世纪，作者习惯列出详细的书名，告诉读者整本书在说些什么。杰瑞米·科利尔（Jeremy Collier），一位英国的牧师，用了这样一个书名来攻击王权复兴时期的戏剧之猥亵——或许我们该说是色情——《英国戏剧的不道德与亵渎之一瞥——从古典的观点来探讨》（*A Short View of the Immorality and Profaneness of the English Stage, together with the Sense of Antiquity upon this Argument*）。比起今天许多人的习惯性反应，他的抨击倒真的是学养甚佳。从这个书名你可以想象得出来，科利尔一定在书中引述了许多恶名昭彰的不道德的例子，而且从古人的争论当中找出许多例子来支持他的观点。譬如柏拉图说的，舞台使年轻人腐败堕落，或是早期教会里的神父所说的，戏剧是肉体与魔鬼的诱惑。

有时候作者会在前言说明他整体内容的设计。就这一点而言，论说性的书籍不同于小说。一位科学或哲学的作者没有理由让你摸不着头脑。事实上，他让你的疑虑减到越少，你就会越乐意继续努力阅读他的思想。就像报纸上的新闻报导一样，论说性的书开宗明义就会将要点写在第一段文字中。

如果作者提供帮助，不要因为太骄傲而拒绝。但是，也不要完全依赖他在前言中所说的话。一个作者最好的计划，就像人或老鼠经常在作的计划一样，常常会出错。你可以借着作者对内容提示的指引来读，但永远要记得，最后找出一个架构是读者的责任，就跟当初作者有责任自己设定一个架构一样。只有当你读完整本书时，才能诚实地放下这个责任。

希罗多德（Herodotus）所写有关希腊民族与波斯民族战争的《历史》中，有一段引言介绍，可说是相当精华的摘要：

> 这本书是希罗多德所作的研究。他出版这本书是希望提醒人们，前人所做的事情，以免希腊人与异邦人伟大的事迹失去了应得的光荣，此外还记录下他们在这些夙怨中的领土状态。

对一个读者来说，这是很棒的开头，简要地告诉了你整本书要说的是什么。

但是你最好不要就停在那里。在你读完希罗多德九个部分的历史之后，你很可能会发现这段说明需要再丰富一些，才能把全书的精神呈现出来。你可能想要再提一下那些波斯国王——居鲁士（Cyrus）、大流士（Darius）与薛西斯（Xerxes），以地米斯托克利（Themistocles）为代表的那些希腊英雄，以及许多动人心魄的事件，诸如达达尼尔海峡（Hellespont）之横越，还有像温泉关之役（Thermopylae）及萨拉米斯之役（Salamis）那些战役。

其他所有精彩绝伦的细节，都是希罗多德为了烘托他的高潮而给你准备的，在你的结构大纲中，大可删去。注意，在这里，整个历史才是贯穿全体的主要脉络，这跟小说有点相像。既然关心的是整体的问题，在阅读历史时跟小说一样，阅读的规则在探索的都是同样的答案。

还要再补充一些说明。让我们以一本实用的书做例子。亚里士多德的《伦理学》可以简述为：

这本书是在探索人类快乐的本质，分析在何种状态下，人类会获得或失去快乐，并说明在行为与思想上该如何去做，才能变得快乐或避免不幸。虽然其他美好的事物也被认可为幸福快乐的必要条件，像是财富、健康、友谊与生活在公正的社会中，但原则上还是强调以培养道德与心智上的善行为主。

另一本实用的作品是亚当·斯密的《国富论》。一开始，作者就写了一篇"本书计划"的声明来帮助读者。但这篇文章有好几页长。整体来说可以缩简为以下的篇幅：

本书在探讨国家财富的资源。任何一个以劳力分工为主的经济体制，都要考虑到薪资的给付，资本利润的回收，积欠地主的租金等关系，这些就是物品价格的基本因素。本书讨论到如何更多元化地有效运用资本，并从金钱的起源与使用，谈到累积资本及使用资本。本书借着检验不同国家在不同状况下的富裕发展，比较了不同的政经系统，讨论了自由贸易的好处。

如果一个读者能用这样的方法掌握住《国富论》的重点，并对马克思的《资本论》作同样的观察，他就很容易看出，过去两个世纪以来最有影响力的这两本书之间有什么关联了。

达尔文的《物种起源》是另一个好例子，可以帮我们看到科学类理论作品的整体性。这本书可以这么说：

这本书所叙述的是，生物在数不清世代中所产生的变化，以及新种类的动物或植物如何从其中演变出来。本书讨论了动物在畜养状态下的变化，也讨论了动物在自然状态下的变化，进而说明"物竞天择，适者生存"之类的原理，如何形成并维持一个个族群。此外，本书也主张，物种并不是固定、永恒不变的族群，而是在世代交替中，由比较小的转变成比较明显的、固定的特征。有一些地层中的绝种动物，以及胚胎学与解剖学的比较证据，可以支持这些论点。

这段说明看来好像很难一口消化，但是对许多19世纪的读者来说，那本书的本身才更难消化——部分原因，是他们懒得花精神去找出书中真正的意旨。

最后，让我们以洛克的《人类理解论》当作哲学类理论性作品的例子。你大概还记得我们谈到洛克自己说他的作品是"探讨人类知识的起源、真理与极限，并同时讨论信仰、观点与核准的立场与程度"。作者对自己作品的规划说明得这么精彩，我们当然不会和他争辩什么，不过，我们想要再加两点附带的补充说明，以便把这篇论文第一部分和第三部分的精神也表达清楚。我们会这么加一段话：本书显示出人类没有与生俱来的观念，人类所有的知识都是由经验而来的。本书并论及语言是一个传递思想的媒介——适当的使用方法与最常出现的滥用，在本书中都有指证。

在继续讨论之前，我们要提醒你两件事。首先，一位作者，特别是好的作者，会经常想要帮助你整理出他书中的重点。尽管如此，当你要求读者择要说出一本书的重点时，大多数人都会一脸茫然。一个原因是今天的人们普遍不会用简明的语言表达自己,另一个原因,则是他们忽视了阅读的这一条规则。当然,这也说明太多读者根本就不注意作者的前言,也不注意书名,才会有这样的结果。

其次,是要小心,不要把我们提供给你的那些书的重点摘要,当作是它们绝对又唯一的说明。一本书的整体精神可以有各种不同的诠释,没有哪一种一定对。当然,某些诠释因为够精简、准确、容易理解,就是比另一些诠释好。不过,也有些南辕北辙的诠释,不是高明得不相上下,就是烂得不相上下。

我们在这里谈的一些书的整体重点,跟作者的解释大不一样,但并不觉得需要道歉。你的摘要也可以跟我们的大不一样。毕竟,虽然是同一本书,但对每个阅读者来说都是不同的。如果这种不同透过读者的诠释来表达,毫不足为奇。但,这也不是说就可以爱怎么说就怎么说。虽然读者不同,书的本身还是一样的,不论是谁作摘要,还是有一个客观的标准来检验其正确与真实性。

## 驾驭复杂的内容:为一本书拟大纲的技巧

现在我们来谈另一个结构的规则,这个规则要求我们将一本书最重要的部分照秩序与关系,列举出来。这是第三个规则,与第二个规则关系很密切。一份说明清楚的摘要会指出全书最重要的构成部分。你看不清楚这些构成部分,就没法理解全书。同样的,除非你能掌握全书各个部分之间的组织架构,否则你也无法理解全书。

那么，为什么要弄两个规则，而不是一个？主要是为了方便。用两个步骤来掌握一个复杂又未划分的架构，要比一个步骤容易得多。第二个规则在指导你注意一本书的整体性，第三个则在强调一本书的复杂度。要这样区分还有另一个理由。当你掌握住一本书的整体性时，便会立刻抓住其中一些重要的部分。但是这每个部分的本身通常是很复杂，各有各的内在结构需要你去透视。因此第三个规则所谈的，不只是将各个部分排列出来，而且要列出各个部分的纲要，就像是各个部分自成一个整体，各有各的整体性与复杂度。

根据第三个规则，可以有一套运用的公式。这个公式是可以通用的。根据第二个规则，我们可以说出这本书的内容是如此这般。做完这件事之后，我们可以依照第三个规则，将内容大纲排列如下：（1）作者将全书分成五个部分，第一部分谈的是什么，第二部分谈的是什么，第三部分谈的是别的事，第四部分则是另外的观点，第五部分又是另一些事。（2）第一个主要的部分又分成三个段落，第一段落为X，第二段落为Y，第三段落为Z。（3）在第一部分的第一阶段，作者有四个重点，第一个重点是A，第二个重点是B，第三个重点是C，第四个重点是D等等。

你可能会反对这样列大纲。照这样阅读岂不是要花上一辈子的时间才能读完一本书了？当然，这只是一个公式而已。这个规则看起来似乎要你去做一件不可能做到的事。但事实上，一个优秀的阅读者会习惯性地这么做，而且轻而易举。他可能不会全部写出来，在阅读时也不会在口头上说出来。但是如果你问他这本书的整体架构时，他就会写出一些东西来，而大概就跟我们所说的公式差不多。

"大概"这两个字可以舒解一下你的焦虑。一个好的规则总是会将最完美的表现形容出来。但一个人可以做一个艺术家，却不必做个理想的艺术家。如果他大概可以依照这个规则，就会是个很好的练习者了。我们所说明的规则是个理想的标准。如果你能作出一个草稿来，跟这里所要求的很类似，就该感到满足了。

就算你已经很熟练阅读技巧了，你也不一定读每本书都要用上同样的力气。你会发现在某些书上运用这些技巧是个浪费。就是最优秀的阅读者也只会选少数相关的几本书，依照这个规则的要求做出近似的大纲来。在大多数情况下，他们对一本书的架构有个粗浅的了解已经很满意了。你所做的大纲与规则相近的程度，是随你想读的书的特质而变化的。但是不管千变万化，规则本身还是没有变。不论你是完全照做，或是只掌握一个形式，你都得了解要如何跟着规则走才行。

你要了解，影响你执行这个规则的程度的因素，不光是时间和力气而已。你的生命是有限的，终有一死。一本书的生命也是有限的，就算不死，也跟所有人造的东西一样是不完美的。因为没有一本书是完美的，所以也不值得为任何一本书写出一个完美的纲要。你只要尽力而为就行了。毕竟，这个规则并没有要你将作者没有放进去的东西加在里面。你的大纲是关于作品本身的纲要，而不是这本书要谈的主题的纲要。或许某个主题的纲要可以无限延伸，但那却不是你要为这本书写的纲要——你所写的纲要对这个主题多少有点规范。不过，你可不要觉得我们在鼓励你偷懒。因为就算你真想跟随这个规则，也还是不可能奋战到底的。

　　用一个公式将一本书各个部分的秩序与关系整理出来，是非常艰难的。如果举几个实例来说明，或许会觉得容易些，不过，要举例来说明这个规则，还是比举例说明另一个抓出重点摘要的规则要难多了。毕竟，一本书的重点摘要可以用一两个句子，或是几段话就说明清楚了。但是对一本又长又难读的书，要写出仔细又适当的纲要，将各部分，以及各部分中不同的段落，各段落中不同的小节，一路细分到最小的结构单位都写清楚，可是要花上好几张纸才能完成的工作。

　　理论上来说，这份大纲可以比原著还要长。中世纪有些对亚里士多德作品的注释，都比原著还长。当然，他们所包含的是比大纲还要多的东西，因为他们是一句一句地解释作者的想法。有些现代的注释也是如此，像一些对康德《纯粹理性批判》一书所作的注释便是一个例子。莎士比亚的注释剧本集也是如此，其中包括了详尽无比的纲要与其他的论述，往往有原著的好几倍长——甚或十倍之长。如果你想要知道照这条规则可以做到多详尽的地步，不妨找一些这类的注释来看看。阿奎那（Aquinas）在注解亚里士多德的书时，每个注释的起头都要针对亚里士多德在他作品中表达的某个重点，拟一份漂亮的纲要，然后不厌其烦地说明这个重点如何与亚里士多德的全书融为一体，这个重点和前后文又有多么密切的关系。

　　让我们找一些比亚里士多德的论述要简单一点的例子。亚里士多德的文章是最紧凑简洁的，要拿他的作品来拟大纲，必然费时又困难。为了要举一个适当的例子，让我们都同意一点：就算我们有很长的篇幅可以用，我们还是放弃把这个例子举到尽善尽美程度的想法吧。

美国联邦宪法是很有趣又实用的文献，也是组织整齐的文字。如果你检验一下，会很容易找出其中的重要部分来。这些重要部分本来就标示得很清楚，不过你还是得下点功夫作些归纳。以下是这份大纲的建议写法：

第一：前言，声明宪法的目的。
第二：第一条，关于政府立法部门的问题。
第三：第二条，关于政府行政部门的问题。
第四：第三条，关于政府司法部门的问题。
第五：第四条，关于州政府与联邦政府之间的关系。
第六：第五、六、七条，关于宪法修正案的问题，宪法有超越所有法律、提供认可之地位。
第七：宪法修正案的前十条，构成人权宣言。
第八：其他持续累积到今天的修正案。

这些是主要的归纳。现在就用其中的第二项，也就是宪法第一条为例，再列一些纲要。就跟其他的条一样，这一条（Article）也区分为几个款（Section）。以下是我们建议的纲要写法：

二之一：第一款，制定美国国会的立法权，国会分成两个部分，参议院与众议院。
二之二：第二、三款，个别说明参议院与众议院的组成架构，与成员的条件。此外，唯有众议院有弹劾的权力，唯有参议院有审理弹劾的权力。

　　二之三：第四、五款，关于国会两院的选举，内部的组织与事务。

　　二之四：第六款，关于两院所有成员的津贴与薪金的规定，并设定成员使用公民权的限制。

　　二之五：第七款，设定政府立法与行政部门之间的关系，说明总统的否决权。

　　二之六：第八款，说明国会的权力。

　　二之七：第九款，说明第八款国会权力的限制。

　　二之八：第十款，说明各州的权力限制，以及他们必须要把某些权力交给国会的情况。

　　然后，我们可以将其他要项也都写出类似的纲要。都完成之后，再回头写每一个小款的纲要。其中有些小款，像是第一条的第八款，需要再用许多不同的主题与次主题来确认。

　　当然，这只是其中一种方法。还有很多其他拟定纲要的方法。譬如前三项可以合并归纳为一个题目，或者，不要将宪法修正案区分为两项来谈，而是根据所处理问题的性质，将修正案划分为更多项来谈。我们建议你自己动手，用你的观点将宪法区分为几个主要的部分，列出大纲。你可以做得比我们更详细，在小款中再区分出小点来。你可能读过宪法很多次了，但是以前可能没用过这种方法来读，现在你会发现用这样的方法来阅读一份文献，会看到许多以前你没看到的东西。

　　接下来是另外一个例子，也是很短的例子。我们已经将亚里士多德的《伦理学》做过重点摘要，现在让我们首次试着将全书的结构作一个近似的说明。全书可以区分为以下的几个重要部分：一，把快乐当作是生命的终极目标，讨论快乐与其他善行的关系。二，讨论天生自然的行为，与养成好习惯、坏习惯的关系。三，讨论伦理与智性中各种不同的善行与恶行。四，讨论非善非恶的道德状态。五，讨论友谊。六，也是最后一个，讨论喜悦，并完成一开始所谈有关人类快乐的主题。

这个大纲显然与《伦理学》的十卷内容并不完全相符合。因为第一部分是第一卷中所谈论的内容。第二部分包含了第二卷及第三卷的前半部内容。第三部分则从第三卷后半部一直延伸到第六卷。讨论享乐的最后一部分则是包含了第七卷的结尾与第十卷的开头。

我们要举出这个例子，是要让你明白，你用不着跟着书上所出现的章节来归纳一本书的架构。当然，原来的结构可能比你区分的纲要好，但也很可能比不上你的纲要。无论如何，你得自己拟纲要就对了。作者拟定了纲要，以写出一本好书。而你则要拟定你的纲要，才能读得明白。如果他是个完美的作家，而你是个完美的读者，那你们两个人所列的纲要应该是相同的。如果你们两人之中有人偏离了朝向完美的努力，那结果就免不了产生许多出入。

这并不是说你可以忽略作者所设定的章节与段落的标题，我们在做美国宪法的纲要时，并没有忽略这些东西，但我们也没有盲从。那些章节是想要帮助你，就跟书名与前言一样。不过你应该将这些标题当作是你自己活动的指南，而不是完全被动地仰赖它们。能照自己所列的纲要执行得很完美的作者，寥寥无几。但是在一本好书里，经常有许多作者的规划是你一眼看不出来的。表象可能会骗人的。你一定要深入其间，才能发现真正的架构。

找出真正的架构到底有多重要呢？我们认为非常重要。用另一种方法来说，就是除非你遵循规则三——要求你说明组成整体的各个部分——否则就没有办法有效地运用规则二——要求你作全书的重点摘要。你可能有办法粗略地瞄一本书，就用一两个句子说出全书的重点摘要，而且还挺得体。但是你却无法真的知道到底得体在哪里。另一个比你仔细读过这本书的人，就可能知道得体在哪里，因而对你的说法给予很高的评价。但是对你来说，那只能算是你猜对了，运气很好罢了。因此说，要完成第二个规则，第三个规则是绝对必要的。

我们会用一个简单的例子向你说明我们的想法。一个两岁的孩子，刚开始说话，可能会说出："二加二等于四"这样的句子。的确，这句话是千真万确的，但我们可能会因此误下结论，认为这个孩子懂数学。事实上，这个孩子可能根本不知道自己在说些什么。因此，虽然这句话是正确的，这个孩子还是需要接受这方面的训练。同样的，你可能猜对了一本书的主题重点，但你还是需要自我训练，证明你是"如何"，又"为什么"这么说。因此，要求你将书中的重要部分列出纲要，并说明这些部分如何印证、发展出全书的主题，就有助于你掌握全书的重点摘要。

## 阅读与写作的互惠技巧

乍看之下，我们前面讨论的两个阅读规则，看起来就跟写作规则一样。的确没错。写作与阅读是一体两面的事，就像教书与被教一样。如果作者跟老师无法将自己要传达的东西整理出架构，不能整合出要讲的各个部分的顺序，他们就无法指导读者和学生去找出他们要讲的重点，也没法发现全书的整体架构。

尽管这些规则是一体两面，但实行起来却不相同。读者是要"发现"书中隐藏着的骨架。而作者则是以制造骨架为开始，但却想办法把骨架"隐藏"起来。他的目的是，用艺术的手法将骨架隐藏起来，或是说，在骨架上添加血肉。如果他是个好作者，就不会将一个发育不良的骨架埋藏在一堆肥肉里，同样的，也不会瘦得皮包骨，让人一眼就看穿。如果血肉匀称，也没有松弛的赘肉，那就可以看到关节，可以从身体各个部位的活动中看出其中透露的言语。

为什么这么说呢？为什么论说性的书，这种本来就想条理井然地传达一种知识的书，不能光是把主题纲要交待清楚便行？原因是，不仅大多数人都不会读纲要，而且对一位自我要求较高的读者来说，他并不喜欢这样的书，他会认为他可以做自己分内的事，而作者也该做他自己分内的事。还有更多的原因。对一本书来说，血肉跟骨架是一样重要的。书，真的就跟人或动物是一模一样的。——血肉，就是为纲要所作的进一步详细解释，或是我们有时候所说的"解读"（read out）。血肉，为全书增添了必要的空间与深度。对动物来说，血肉就是增加了生命。因此，根据一个纲要来写作一本书，不论这个纲要详尽的程度如何，都在给予这本书一种生命，而这种效果是其他情况所达不到的。

我们可以用一句老话来概括以上所有的概念，那就是一个作品应该有整体感，清楚明白，前后连贯。这确实是优秀写作的基本准则。我们在本章所讨论的两个规则，都是跟随这个写作准则而来的。如果这本书有整体的精神，那我们就一定要找出来。如果全书是清楚明白又前后一贯的，我们就要找出其间的纲要区隔，与重点的秩序来当作回报。所谓文章的清楚明白，就是跟纲要的区隔是否清楚有关，所谓文章的前后一贯，就是能把不同的重点条理有序地排列出来。

这两个规则可以帮助我们区分好的作品与坏的作品。如果你运用得已经成熟了，却不论花了多少努力来了解一本书的重点，还是没法分辨出其间的重点，也找不出彼此之间的关系，那么不管这本书多有名，应该还是一本坏书。不过你不该太快下这样的结论，或许错误出在你身上，而不是书的本身。无论如何，千万不要在读不出头绪的时候，就总以为是自己的问题。事实上，无论你身为一个读者的感受如何，通常问题还是出在书的本身。因为大多数的书——绝大多数——的作者，都没有依照这些规则来写作，因而就这一点来说，都可以说是很糟。

我们要再强调的是，这两个规则不但可以用来阅读一整本论说性的书，也可以用来阅读其中某个特别重要的部分。如果书中某个部分是一个相当独立又复杂的整体，那么就要分辨出这部分的整体性与复杂性，才能读得明白。传达知识的书，与文学作品、戏剧、小说之间，有很大的差异。前者的各个部分可以是独立的，后者却不能。如果一个人说他把那本小说已经"读到够多，能掌握主题了"，那他一定根本不知道自己在说些什么。这句话一定不通，因为一本小说无论好坏都是一个整体，所有的概念都是一个整体的概念，不可能只读了一部分就说懂得了整体的概念。但是你读亚里士多德的《伦理学》或达尔文的《物种起源》，却可以光是仔细地阅读某一个部分，就能得到整体的概念。不过，在这种情况下，你就做不到规则三所说的了。

## 发现作者的意图

在这一章，我们还想再讨论另一条阅读规则。这个规则可以说得简短一点，只需要一点解释，不需要举例。如果你已经在运用规则二跟规则三了的话，那这一条规则就不过是换种说法而已。但是重复说明这个规则很有帮助，你可以借此用另一个角度来了解全书与各个重要部分。

这第四个规则可以说是：**找出作者要问的问题**。一本书的作者在开始写作时，都是有一个问题或一连串的问题，而这本书的内容就是一个答案，或许多答案。

作者可能会，也可能不会告诉你他的问题是什么，就像他可能会，也可能不会给你他工作的果实，也就是答案。不论他会不会这么做——尤其是不会的情况——身为读者，你都有责任尽可能精确地找出这些问题来。你应该有办法说出整本书想要解答的问题是什么。如果主要的问题很复杂，又分成很多部分，你还要能说出次要的问题是什么。你应该不只是有办法完全掌握住所有相关的问题，还要能明智地将这些问题整合出顺序来。哪一个是主要的，哪个是次要的？哪个问题要先回答，哪些是后来才要回答的？

从某方面来说，你可以看出这个规则是在重复一些事情，这些事情在你掌握一本书的整体精神和重要部分的时候已经做过了。然而，这个规则的确可以帮你做好这些事。换句话说，遵守规则四，能让你和遵守前两条规则产生前后呼应的效果。

虽然你对这个规则还不像其他两个规则一样熟悉，但这个规则确实能帮助你应对一些很困难的书。但我们要强调一点：我们不希望你落入批评家所认为的"意图谬误"（intentional fallacy）。这种谬误就是你认为自己可以从作者所写的作品中看透他的内心。这样的状况特别会出现在文学作品中。譬如，想从《哈姆雷特》来分析莎士比亚的心理，就是一个严重的错误。然而，就真是一本诗集，这个规则也能极有助于你说出作者想要表达的是什么。对论说性的书来说，这个规则的好处当然就更明显。但是，大多数读者不论其他技巧有多熟练，还是会忽略这个规则。结果，他们对一本书的主题或重点就可能很不清楚，当然，所列出的架构也是一团混乱。他们看不清一本书的整体精神，因为他们根本不知道整本书为什么要有这样的整体精神。他们所理解的整本书的骨架，也欠缺这个骨架最后想说明的目的。

如果你能知道每个人都会问的一些问题，你就懂得如何找出作者的问题。这个可以列出简短的公式：某件事存在吗？是什么样的事？发生的原因是什么？或是在什么样的情况下存在？或为什么会有这件事的存在？这件事的目的是什么？造成的影响是什么？特性及特征是什么？与其他类似事件，或不相同事件的关联是什么？这件事是如何进行的？以上这些都是**理论性的问题**。有哪些结果可以选择？应该采取什么样的手段才能获得某种结果？要达到某个目的，应该采取哪些行动？以什么顺序？在这些条件下，什么事是对的，或怎样才会更好，而不是更糟？在什么样的条件下，这样做会比那样做好一些？以上这些都是**实用的问题**。

这些问题还不够详尽，但是不论阅读理论性还是实用性的书，这些都是经常会出现的典型问题。这会帮助你发现一本书想要解决的问题。在阅读富有想象力的文学作品时，这些问题要稍作调整，但还是非常有用。

## 分析阅读的第一个阶段

我们已经说明也解释了阅读的前四个规则。这些是分析阅读的规则。如果在运用之前能先做好检视阅读，会更能帮助你运用这些规则。

最重要的是，要知道这前四个规则是有整体性，有同一个目标的。这四个规则在一起，能提供读者对一本书架构的认识。当你运用这四个规则来阅读一本书，或任何又长又难读的书时，你就完成了分析阅读的第一个阶段。

除非你是刚开始练习使用分析阅读，否则你不该将"阶段"一词当作一个前后顺序的概念。因为你没有必要为了要运用前四个规则，而将一本书读完，然后为了要运用其他的规则，再重新一遍又一遍地读。真正实际的读者是一次就完成所有的阶段。不过，你要了解的是，在分析阅读中，要明白一本书的架构是有阶段性的进展的。

换一种说法是，运用这前四个规则，能帮助你回答关于一本书的一些基本问题。你会想起第一个问题是：**整本书谈的是什么？** 你也会想起，我们说这是要找出整本书的主题，以及作者是如何运用一些根本性的次要主题或议题，按部就班来发展这个主题。很明显的，运用这前四个阅读规则，能提供你可以回答这个问题的大部分内容——不过这里要指出一点，等你可以运用其他规则来回答其他问题的时候，你回答这个问题的精确度会提高许多。

既然我们已经说明了分析阅读的第一个阶段，让我们暂停一下，将这四个规则按照适当的标题，顺序说明一下：

分析阅读的第一阶段，或，找出一本书在谈些什么的四个规则：

（1）依照书本的种类与主题作分类。

（2）用最简短的句子说出整本书在谈些什么。

（3）按照顺序与关系，列出全书的重要部分。将全书的纲要拟出来之后，再将各个部分的纲要也一一列出。

（4）找出作者在问的问题，或作者想要解决的问题。

# 第八章　与作者找出共通的词义

　　如果你运用了前一章结尾时所谈到的前四个规则，你就完成了分析阅读的第一个阶段。这四个规则在告诉你一本书的内容是关于什么，要如何将架构列成纲要。现在你准备好要进行第二个阶段了。这也包括了四个阅读规则。第一个规则，我们简称为"找出共通的词义"。

　　在任何一个成功的商业谈判中，双方找出共同的词义，也就是达成共识（coming to terms），通常是最后一个阶段。剩下唯一要做的就是在底线上签字。但是在用分析阅读阅读一本书时，找出共通的词义却是第一个步骤。除非读者与作者能找出共通的词义，否则想要把知识从一方传递到另一方是不可能的事。因为词义（term）是可供沟通的知识的基本要素。\*

## 单字 vs. 词义

　　词义和单字（word）不同——至少，不是一个没有任何进

---

　　\*　本章章名 Coming to terms, 是双关语，一个意思是"找出共通的词义"，一个意思是"达成共识"。接下来的内文碰到这句话的时候，在两者之中视情况而择一而译。term 这个字的本身，本书则视情况译为"词义"或"词汇"。

　　　　　　　　　　　　　　　　　　　　　　——译者

一步定义的单字。如果词义跟单字完全相同，你只需要找出书中重要的单字，就能跟作者达成共识了。但是一个单字可能有很多的意义，特别是一个重要的单字。如果一个作者用了一个单字是这个意义，而读者却读成其他的意义，那这个单字就在他们之间擦身而过，他们双方没有达成共识。只要沟通之中还存有未解决的模糊地带，就表示没有达成沟通，或者顶多说还未达成最好的沟通。

看一下"沟通"（communication）这个字，字根来自"共通"（common）。我们谈一个社群（community），就是一群有共通性的人。而沟通是一个人努力想要跟别人（也可能是动物或机器）分享他的知识、判断与情绪。只有当双方对一些事情达成共识，譬如彼此对一些资讯或知识都有分享，沟通才算成功。

当知识沟通的过程中产生模糊地带时，双方唯一共有的是那些在讲在写、在听在读的单字。而只要模糊地带还存在，就表示作者和读者之间对这些单字的意义还没有共识。为了要达成完全的沟通，最重要的是双方必须要使用意义相同的单字——简单来说，就是，找出共通的词义达成共识。双方找出共通的词义时，沟通就完成了，两颗心也奇迹似地拥有了相同的想法。

词义可以定义为没有模糊地带的字。这么说并非完全正确，因为严格来说，没有字是没有模糊地带的。我们应该说的是：当一个单字使用得没有模糊意义的时候，就是一个词义了。字典中充满了单字。就这些单字都有许多意义这一点而言，它们几乎都意义模糊。但是一个单字纵然有很多的意义，每一次使用却只能有一种意义。当某个时间，作者与读者同时在使用同一个单字，并采取唯一相同的意义时，在那种毫无模糊地带的状态中，他们就是找出共通的词义了。

你不能在字典中找到词义，虽然那里有制造词义的原料。词义只有在沟通的过程中才会出现。当作者尽量避免模糊地带，读者也帮助他，试着跟随他的字义时，双方才会达成共识。当然，达成共识的程度有高下之别。达成共识是作者与读者要一起努力的事。因为这是阅读与写作的艺术要追求的终极成就，所以我们可以将达成共识看作是一种**使用文字的技巧，以达到沟通知识**的目的。

在这里，如果我们专就论说性作家或论说性的作品来举例子，可能会更清楚一些。诗与小说不像论说性的作品——也就是我们所说的传达广义知识的作品——那么介意文字的模糊地带。有人说，最好的诗是含有最多模糊地带的。也有人很公允地说，一个优秀的诗人，不时会故意在作品中造成一些模糊。这是关于诗的重要观点，我们后面会再讨论这个问题。这是诗与其他论说性、科学性作品最明显的不同之处。

我们要开始说明第五个阅读规则了（以论说性的作品为主）。简略来说就是：你必须抓住书中重要的单字，搞清楚作者是如何使用这个单字的。不过我们可以说得更精确又优雅一些：**规则五，找出重要单字，透过它们与作者达成共识**。要注意到这个规则共分两个部分，第一个部分是找出重要单字，那些举足轻重的单字。第二部分是确认这些单字在使用时的最精确的意义。

这是分析阅读第二阶段的第一个规则，目标不是列出一本书的架构纲要，而是诠释内容与讯息。这个阶段的其他规则将会在下一章讨论到，意义也跟这个规则一样。那些规则也需要你采取两个步骤：第一个步骤是处理语言的问题。第二个步骤是超越语言，处理语言背后的思想涵义。

如果语言是纯粹又完美的思想媒介，这些步骤就用不着分开来了。如果每个单字只有一个意义，如果使用单字的时候不会产生模糊地带，如果，说得简短一点，每个单字都有一个理想的共识，那么语言就是个透明的媒介了。读者可以直接透过作者的文字，接触到他内心的思想。如果真是如此，分析阅读的第二个阶段就完全用不上了。对文字的诠释也毫无必要了。

当然，实际情况并非如此。不必难过，想刻意制造一个不可能实现的理想语言的方案——像是哲学家莱布尼兹和他学生想要做的事——也是枉然。事实上，如果他们成功了，这世上就不再有诗了。因此，在论说性的作品中，唯一要做的事就是善用语言。想要做到这一点，唯一的路就是当你在传递、接受知识时，要尽可能巧妙地运用语言的技巧。

因为语言并不是完美的传递知识的媒介，因而在沟通时也会有形成障碍的作用。追求具备诠释能力的阅读，规则就在克服这些障碍。我们可以期望一个好作者尽可能穿过语言所无法避免形成的障碍，和我们接触，但是我们不能期望只由他一个人来做这样的工作。我们应该在半途就跟他相会。身为读者，我们应该从我们这一边来努力打通障碍。两个心灵想透过语言来接触，需要作者与读者双方都愿意共同努力才行。就像教学，除非被教的学生产生**呼应的活力**，否则光靠老师是行不通的。作者也是一样，不论他写作技巧如何，如果读者没有**呼应**的技巧，双方就不可能达成沟通。如果不是这样，双方不论付出多大的努力，各行其是的阅读和写作技巧终究不会将两个心灵联系在一起。就像在一座山的两边分头凿隧道一样，不论花了多少力气，如果双方不是照着同样的工程原理来进行计算，就永远不可能相遇。

就像我们已经指出的，每一种具备诠释能力的阅读都包含两个步骤。暂且用些术语吧，我们可以说这些规则是具有文法与逻辑面向的。文法面向是处理单字的。逻辑面向是处理这些单字的意义，或说得更精确一点，是处理词义的。就沟通而言，每个步骤都不可或缺。如果在运用语言时毫无思想，就没有任何沟通可言。而没有了语言，思想与知识也无法沟通。文法与逻辑是艺术，它们和语言有关；语言与思想有关，而思想又与语言有关。这也是为什么透过这些艺术，阅读与写作的技巧会增进的原因。

语言与思想的问题——特别是单字与词义之间的差异——是非常重要的。因此我们宁愿冒着重复的风险，也要确定这个重点被充分了解。这个重点就是，一个单字可能代表许多不同的词义，而一个词义可以用许多不同的单字来解释。让我们以下面的例子来做说明。在我们的讨论中，"阅读"这两个字已经出现过许多不同的意义。让我们挑出其中三个意义：当我们谈到"阅读"时，可能是指（1）为娱乐而阅读；（2）为获得资讯而阅读；（3）为追求理解力而阅读。

让我们用X来代表"阅读"这两个字，而三种意义以a、b、c来代替。那么Xa、Xb、Xc代表什么？那不是三个不同的单字，因为X始终并没有改变。但那是三种不同的词义——如果你身为读者，我们身为作者，都知道X在这里指的是什么意思的话。如果我们在一个地方写了Xa，而你读起来却是Xb,那我们写的，你读的都是同一个单字，却是不同的意义。这个模糊的意义会中止，或至少妨碍我们的沟通。只有当你看到这个单字的时候所想的字义跟我们想的一样，我们之间才有共同的思想。我们的思想不会在X中相遇，而只会在Xa、Xb或Xc中相遇。这样我们才算找出共通的词义。

## 找出关键字

现在我们准备要为找出共通词义的这个规则加点血肉了。怎样才能找出共通词义？在一本书中，要怎样才能找出那些重要的字，或所谓的关键字来？

有一件事你可以确定：并不是作者所使用的每一个字都很重要。更进一步说，作者所使用的字大多数都不重要。只有当他以特殊的方法来运用一些字的时候，那些字对他来说，对身为读者的我们来说，才是重要的。当然，这并不是百分之百的，总有程度之不同。或许文字多少都有重要性，但我们所关心的只是在一本书中，哪些字要比其他的字更重要一些。在某种极端情况下，一个作者所用的字可能就和街坊邻居的遣词用字是一模一样的。由于作者所用的这些字跟一般人日常谈话是相同的，读者应该不难理解才对。他很熟悉这些字眼的模糊地带，也习惯于在上下文不同的地方看出不同的含义来。

譬如爱丁顿（A.S.Eddington）的《物理世界的本质》（*The Nature of the Physical World*）一书出现"阅读"这个字的时候，

他谈的是"仪表阅读"（pointer-readings），专门以科学仪器上的指针与仪表为对象的阅读。他在这里所用的"阅读"，是一般常用的意思之一。对他来说那不是特殊的专业用语。他用一般的含义，就可以说明他要告诉读者的意思。就算他在这本书其他地方把"阅读"作为其他不同的意义来用——譬如说，他用了个"阅读本质"（reading nature）的句子——他还是相信读者会注意到在这里一般的"阅读"已经转换为另一个意义了。读者做不到这一点的话，他就没法跟朋友谈话，也不能过日常生活了。

但是爱丁顿在使用"原因"（cause）这个字的时候就不能如此轻松了。这可能是个很平常的字眼，但是当他在讨论因果论的时候用到这个字，肯定是用在一个非常特别的意义上。这个字眼如果被误解了，他和读者之间一定会产生困扰。同样的，在本书中，"阅读"这个字眼是非常重要的。我们不能只以一般的看法来运用。

一个作者用字，泰半和一般人谈话时的用字差不多——这些字都有不同的意义，讲话的人也相信随着上下文的变化，对方可以自动就找出其不同的意义。知道这一点，有助于找出那些比较重要的字眼。然而，我们不要忘了，在每天的日常谈话中，不同的时间、地点下，同一个熟悉的字也可能变得没那么熟悉。当代作者所使用的字，大多都是今天日常生活中所使用的含义。你会懂，是因为你也活在今天。但是阅读一些过去人所写的书，要找出作者在当时时空背景下照大多数人习惯而使用的那些字眼的意思，就可能困难许多了。加上有些作者会故意用古字，或是陈旧的含义，就更增加了复杂度。这问题就跟翻译外文书是一样的。

尽管如此，任何一本书中的泰半字句，都可以像是跟朋友说话中的遣字用词那样阅读。打开我们这本书，翻到任何一页，用这样的方法算算我们使用了哪些词：介词、连接词、冠词，以及几乎全部的动词、名词、副词与形容词。在这一章，到目前为止其实只出现了几个重要的关键词："单字"、"词义"、"模糊"、"沟通"，或顶多再加一两个其他重要的词。当然，"词义"显然是最重要的词，其他的字眼都跟它有关。

如果你不想办法了解这些关键字所出现的那些段落的意思，你就没法指出哪些字是关键字了。这句话听起来有点矛盾。如果你了解那些段落的意思，当然会知道其中哪几个字是非常重要的。如果你并不完全了解那些段落的意思，很可能是因为你并不清楚作者是如何使用一些特定的字眼。如果你把觉得有困扰的字圈出来，很可能就找出了作者有特定用法的那些字了。之所以会如此，是因为如果作者所用的都只是一般日常用语的含义，对你来说就根本不存在有困扰的问题了。

因此，从一个读者的角度来看，最重要的字就是**那些让你头痛的字**。这些字很可能对作者来说也很重要。不过，有时也并非如此。

也很可能，对作者来说很重要的字，对你却不是问题——因为你已经了解了这些字。在这种状况下，你与作者就是已经找出共通的词义，达成共识了。只有那些还未达成共识的地方，还需要你的努力。

## 专门用语及特殊字汇

到目前为止,我们谈的都是消极地排除日常用语的方法。事实上,你也会发现一些对你来说并不是日常用语的字,因而发现那是一些重要的字眼。这也是为什么这些字眼会困扰到你。但是,是否有其他方法能找出重要的字眼?是否有更积极的方法能找出这些关键字?

确实有几个方法。第一个,也是最明显的信号是,作者开诚布公地强调某些特定的字,而不是其他的字。他会用很多方法来做这件事。他会用不同的字体来区分,如加括号,斜体字等记号以提醒你。他也会明白地讨论这些字眼不同的意义,并指出他是如何在书中使用这些不同的字义,以引起你对这些字的注意。或是他会借着这个字来命名另外一个东西的定义,来强调这个字。

如果一个人不知道在欧几里得的书中,"点"、"线"、"面"、"角"、"平行线"等是最重要的字眼,他就无法阅读欧几里得的书了。这些字都是欧几里得为几何学所定义的一些东西的名称。还有另外一些重要的字,像是"等于"、"整体"、"部分"等,但这些字都不是任何定义的名称。你因为从定理中看到这些字眼而知道是重要的字。欧几里得在一开始就详述了这些主要的定理,以便帮助你了解书的内容。你可以猜到描述这些定理的词义都是最根本的,而那些底下划了线的单字,就是这些词义。你对这些单字可能不会有什么问题,因为都是一般口语里使用的单字,而欧几里得似乎就是想这样使用这些字的。

你可能会说,如果每个作者都像欧几里得一样,阅读这件事没什么困难嘛！当然，这是不可能的——尽管有人认为任何主题都能用几何的方法来详细叙述。在数学上行得通的步骤——叙述和证明的方法——不一定适用于其他领域的知识。但无论如何，我们只要能指出各种论述的共通点是什么就够了。那就是**每一个知识领域都有独特的专门用语**（technical vocabulary）。欧几里得一开头就将这些用语说明得一清二楚。其他用几何方法写作的作者，像伽利略或牛顿也都是如此。其他领域，或用其他不同写法写的书，专门用语就得由读者自己找出来了。

如果作者自己没有指出来，读者就要凭以往对这个主题的知识来寻找。如果他在念达尔文或亚当·斯密的作品之前，有一些生物学或经济学的知识，当然比较容易分辨出其中的专门用语。分析一本书的架构的规则，这时可能帮得上忙。如果你知道这是什么种类的书，整本书在谈的主题是什么，有哪些重要的部分，将大大帮助你把专门用语从一般用语中区分出来。作者的书名、章节的标题、前言，在这方面也都会有些帮助。

举例来说，这样你就可以明白对亚当·斯密而言，"财富"就是专门用语，"物种"则是达尔文的专门用语。因为一个专门用语会带出另一个专门用语，你只能不断地发现同样形式的专门用语。你很快就能将亚当·斯密所使用的重要字眼列出来了：劳工、资本、土地、薪资、利润、租金、商品、价格、交易、成品、非成品、金钱等等。有些字则是在达尔文的书中你一定不会错过的：变种、种属、天择、生存、适应、杂种、适者、宇宙。

某些知识领域有一套完整的专门用语，在一本这种主题的书中找出重要的单字，相形之下就很容易了。**就积极面来说，**

只要熟悉一下那个领域，你就能找出这些专门的单字；**就消极面来说**，你只要看到不是平常惯见的单字，就会知道那些字一定是专门用语。遗憾的是，许多领域都并未建立起完善的专门用语系统。

哲学家以喜欢使用自己特有的用语而闻名。当然，在哲学领域中，有一些字是有着传统涵义的。虽然不见得每个作者使用这些字的时候意思都相同，但这些字讨论某些特定问题的时候，还是一些专门用语。可是哲学家经常觉得需要创造新字，或是从日常用语中找出一些字来**当作是专门用语**。后者常会误导读者，因为他会以为自己懂得这个字义，而把它当作是日常用语。不过，大多数好的作者都能预见这样的困扰，只要出现这样的字义时，都会事先做详尽的说明解释。

另外一个线索是，作者与其他作者争执的某个用语就是重要的字。当你发现一位作者告诉你某个特定的字曾经被其他人如何使用，而他为什么选择不同的用法时，你就可以知道这个字对他来说意义非凡。

在这里我们强调的是专门用语的概念，但你绝不要把它看得太狭隘了。作者还有些用来阐述自己主旨及重要概念，数量相对而言比较少的特殊用语（special vocabulary）。这些字眼是他要作分析与辩论时用的。如果他想要作最初步的沟通，其中有一些字他会用很特殊的方法来使用，而另外一些字则会依照这个领域中传统的方法来运用。不论是哪一种情况，这些字对他来说都重要无比。而对身为读者的你来说，应该也同样重要才对。除此之外，任何其他字义不明的字，对你也很重要。

大多数读者的问题，在于他们根本就不太注意文字，找不出他们的困难点。他们区分不出自己很明白的字眼与不太明白的字眼。除非你愿意努力去注意文字，找出它们所传递的意义，否则我们所建议帮助你在一本书里找出重要字句的方法就一点用也没有了。如果读者碰到一个不了解的字不愿意深思，或至少作个记号，那他不了解的这个字就一定会给他带来麻烦。

如果你在读一本有助于增进理解力的书，那你可能无法了解这本书里的每一个字，是很合理的。如果你把它们都看作是日常用语，像是报纸新闻那样容易理解的程度，那你就无法进一步了解这本书了。你会变成看书就像在看报纸一样——如果你不试着去了解一本书，这本书对你就一点启发也没有了。

大多数人都习惯于没有主动的阅读。没有主动的阅读或是毫无要求的阅读，最大的问题就在读者对字句毫不用心，结果自然无法跟作者达成共识了。

## 找出字义

找出重要的关键字只是开始的工作。那只是在书中标明了你需要努力的地方而已。这第五个阅读规则还有另一个部分。让我们来谈谈这个部分的问题吧！假设你已经将有问题的字圈出来了，接下来怎么办？

有两种主要的可能：一是作者在全书每个地方用到这个字眼的时候都只有单一的意义，二是同一个字他会使用两三种意义，在书中各处不断地变换字义。第一种情况，这个单字代表着单一的词义。使用关键字都局限于单一意义的例子，最出名的就是欧几里得。第二种情况，那些单字就代表着不同的词义。

要了解这些不同的状况，你就要照下面的方法做：首先，要判断这个字是有一个还是多重意义。如果有多重意义，要看这些意义之间的关系如何。最后，要注意这些字在某个地方出现时，使用的是其中哪一种意义。看看上下文是否有任何线索，可以让你明白变换意义的理由。最后这一步，能让你跟得上字义的变化，也就是跟作者在使用这些字眼时一样变化自如。

但是你可能会抱怨，这样什么都清楚了，可是什么也不清楚了。你到底要怎样才能掌握这许多不同的意思呢？答案很简单，但你可能不满意。耐心与练习会让你看到不同的结果。答案是：**你一定要利用上下文自己已经了解的所有字句，来推敲出你所不了解的那个字的意义。**不论这个方法看起来多么像是在绕圈子，但却是唯一的方法。

要说明这一点，最简单的方法就是看定义的例子。定义是许多字组合起来的。如果你不了解其中任何一个字，你就无法了解为这些定义内容而取名的那个字的意思了。"点"是几何学中基本的字汇，你可以认为自己知道这个字的用法（在几何学中），但欧几里得想要确定你只能以唯一的意义来使用这个字。他为了让你明白他的意思，一开始就把接下来要取名为"点"的这个东西详加定义。他说："点，不含有任何部分。"（A point is that which has no part.）

这会怎样帮助你与他达成共识呢？他假设，你对这句话中的其他每一个字都了解得非常清楚。你知道任何含有"部分"的东西，都是一个复杂的"整体"（whole）。你知道复杂的相反就是简单。要简单就是不要包含任何部分，你知道因为使用了"是"（is）和"者"（that which）这些字眼，所指的东西一定是某种"个体"（entity）。顺便一提的是，依此类推，如果没有任何一样实体东西是没有"部分"的，那么欧几里得所谈的"点"，就不可能是物质世界中的个体。

以上的说明，是你找出字义的一个典型过程。你要用自己已经了解的一些字义来运作这个过程。如果一个定义里的每个字都还需要去定义时，那没有任何一个东西可以被定义了。如果书中每个字对你来说都陌生无比，就像你在读一本完全陌生的外文书一样的话，你会一点进展也没有。

这就是一般人所说的，这本书读起来就像是希腊文的意思。如果这本书真的是用希腊文写的，可能这样说还公平一些。但他们只是不想去了解这本书，而不是真的看到了希腊文。任何一本书中的字，大部分都是我们所熟悉的。这些熟悉的字围绕着一些陌生的字，一些专门用语，一些可能会给读者带来困扰的字。这些围绕着的字，就是用来解读那些不懂的字的上下文。读者早就有他所需要的材料来做这件事了。

我们并不是要假装这是一件很容易的事。我们只是坚持这并不是做不到的事。否则，没有任何人能借着读书来增进理解力。事实上，一本书之所以能给你带来新的洞察力或启发，就是因为其中有一些你不能一读即懂的字句。如果你不能自己努力去了解这些字，那就不可能学会我们所谈的这种阅读方法。你也不可能作到自己阅读一本书的时候，从不太了解进展到逐渐了解的境界。

要做到这件事，没有立竿见影的规则。整个过程有点像是在玩拼图时尝试错误的方法。你所拼起来的部分越多，越容易找到还没拼的部分，原因只不过剩下的部分减少了。一本书出现在你面前时，已经有一堆各就各位的字。**一个就位的字就代表一个词义**。当你和作者用同样一个意思来使用这个字的时候，这个字就因为这个意思而被定位了。剩下的那些字也一定要找到自己的位置。你可以这样试试，那样试试，帮它们找到自己的定位。你越了解那些已经就位的文字所局部透露的景象，就越容易和剩余的文字找出共通的词义来拼好全景。每个字都找到定位，接下来的调整就容易多了。

当然，这当中你一定会出错的。你可能以为自己已经找到某个字的归属位置与意义，但后来才发现另外一个字更适合，因而不得不整体重作一次调整。错误一定会被更正的，因为只要错误还没有被发现，整个全图就拼不出来。一旦你在这样的努力中有了找出共通词义的经验后，你很快就有能力检验自己了。你会知道自己成功了没有。当你还不了解时，你再也不会漫不经心地自以为已经了解了。

将一本书比作拼图，其中有一个假设其实是不成立的。当然，一个好的拼图是每个部分都吻合全图的。整张图形可以完全拼出来。理想上一本好书也该是如此，但世界上并没有这样一本书。只能说如果是好书，作者会把所有的词义都整理得很清楚，很就位，以便读者能充分理解。这里，就像我们谈过的其他阅读规则一样，坏书不像好书那样有可读性。除了显示它们有多坏之外，怎么阅读它们这些规则完全帮不上。如果作者用字用得模糊不清，你根本就搞不清楚他说的是什么。你只会发现他并不知道自己说的是什么。

但是你会问了，如果一个作者使用一个字的多重意义，难道就不是用字用得模糊不清吗？作者使用一个字，特别是非常重要的字时，包含多重意义不是很平常的事吗？

第一个问题的答案是：不是。第二个答案是：没错。所谓用字模糊不清，是使用这个字的多重意义时，没有区别或指出其中相关的意义。（譬如我们在这一章使用"重要"这个词的时候可能就有模糊不清的现象，因为我们并没有清楚强调这是对作者来说很重要，还是对读者来说很重要。）作者这么做，就会让读者很难与他达成共识，但是作者在使用某个重要的字眼时，如果能区别其中许多不同的意义，让读者能据以辨识，那就是和读者达成共识了。

你不要忘了一个单字是可以代表许多不同词义的。记住这件事的一个方法，是区分作者的用语（vocabulary）与**专业术语**（terminology）之间的不同。如果你把重要的关键字列出一张清单，再在旁边一栏列出这些字的重要意义，你就会发现用语与专业术语之间的关系了。

另外还有一些更复杂的情况。首先，一个可以有许多不同意义的字，在使用的时候可以只用其中一个意义，也可以把多重意义合起来用。让我们再用"阅读"来当例子。在本书某些地方，我们用来指阅读任何一种书籍。在另一些地方，我们指的是教导性的阅读，而非娱乐性的阅读。还有一些其他地方，我们指的更是启发性的阅读，而非只是获得资讯。

现在我们用一些符号来比喻，就像前面所做的，这三种不同意思的阅读，就分别是Xa、Xb及Xc。第一个地方所指的阅读是Xabc，第二个地方是Xbc，第三个是Xc。换句话说，如果这几个意思是相关的，那我们可以用一个字代表所有的状况，也可以代表部分的状况，或只是一种状况。只要把每一种用法都区分清楚，每次使用这个字就有一个不同的词义。

其次，还有同义字的问题。除非是数学的作品，否则一个同样的字使用了一遍又一遍，看起来很别扭又无趣。因此许多好作者会在书中使用一些意义相同或是非常相似的不同的字，来代替行文中那些重要的字眼。这个情况跟一个字能代表多重意义的状况刚好相反，在这里，同一个词义，是由两个以上的同义字所代表的。

接下来我们要用符号来解释这个问题。假设X跟Y是不同的两个字，譬如说是"启发"与"领悟"。让a代表这两个字都想表达的一个意思，譬如说"理解力的增进"，那么Xa与Ya虽然字面不同，代表的却是同样的词义。我们说阅读让我们"领悟"，或说阅读给我们"启发"，说的是同样的一种阅读。因为这两个句子说的是同样的意义。字面是不同的，但你要掌握的词义却只有一种。

当然，这是非常重要的。如果你以为作者每次更换字眼就更换了词义，那就和你以为他每次使用同一个字都用的是同一个词义一样，犯了大错。当你将作者的用语与专业术语分别记下来的时候，要把这一点放在心上。你会发现两种关系。一种是单一个字可能与好几个词义有关，而一个词义也可能与好几个字有关。

第三点，也是最后一点，就是片语（phrase）的问题。如果一个片语是个独立的单位，也就是说它完整，可以当一个句子的"主语"（subject）或"谓语"（predicate），那就可以把它当一个单一的字来看。这个片语就像单一的字一样可以用来形容某件事。

因此，一个词义，可以只用一个字，也可以用一个片语来表达。所有单字与词义之间的关系，都成立于片语与词义之间的关系。两个片语所代表的可能是同一个词义，一个片语也可能表达好几个词义，这完全要看组成片语的字是如何应用的。

一般说来，一个片语比较不会像单一的字那么容易产生模糊不清的情况。因为那是一堆字的组合，上下文的字都互相有关联，因而单个的字的意思都比较受局限。这也是为什么当作者想确定读者能充分了解他意思的时候，会喜欢用比较细致的片语来取代单字的原因。

再作一个说明就应该很清楚了。为了确定你跟我们对于阅读这件事达成了共识，我们用类似"启发性的阅读"的句子来代替"阅读"这两个字。为了更确定清楚，我们又用了类似"如何运用你的心智来阅读一本书，也就是如何让自己从不太理解到逐渐理解的一个过程"的长句子来说明一个词义，这个词义也就是本书最强调的一种阅读。但这个词义却分别用了一个字、一个片语及一个长句子来作说明。

这是很难写的一章，可能也是很难读的一章。原因很清楚。如果我们不用一些文法与逻辑的字眼来说明文字与词义之间的关系，我们所讨论的阅读规则就没办法让你完全清楚地理解。

事实上，我们所谈的只是其中的一小部分。如果要完全说清楚可能要花上许多章的篇幅。我们只是将最核心部分说明清楚了。我们希望我们的说明足以在你练习时提供有用的指导。你练习得越多，越会感激那些错综复杂的问题。你也会想知道一些文学与隐喻的用字方法，抽象与具象字眼之区别，以及特殊名称与普通名称之分。你也会对所谓定义这件事感兴趣：定义一个字和定义一件事的差别是什么？为什么有些字无法定义的，却有明确的意义，等等等等。你会想要找出所谓"文字的情绪性用途"是什么意思？那就是运用文字唤醒情绪，感动一个人采取行动，或是改变思想，这是与传达知识不同的用途。你甚至会有兴趣了解日常"理性"（rational）的谈话，与"情绪性"（bizarre）或"疯狂"（crazy）的对话有何不同——后两种谈话是精神状态受到干扰，使用的每个字都很怪异，出乎意外，却又有清楚的弦外之音。

如果因为练习分析阅读而引发你的兴趣，你可以利用这种阅读多读一点和这些主题相关的书。在阅读这些书时，你会获得更多的好处，因为你是在阅读的经验中，提出了自己的问题而去找这些书的。文法与逻辑学，是架构以上这些规则的基础，如果你想研究这两门学问，必须实际运用才有用。

你也可能并不想再研究下去。就算你不想，只要你肯花一点精神，在读一本书的时候，找出重要的关键字，确认每个字不同意义的转换，并与作者找出共通的词义，你对一本书的理解力就会大大增加了。很少有一些习惯上的小小改变，会产生如此宏大的效果。

# 第九章　判断作者的主旨

书的世界与生意的世界一样，不但要懂得达成共识，还要懂得提案。买方或卖方的提案是一种计划、一种报价或承诺。在诚实的交易中，一个人提案，就是声明他准备依照某种模式来做事的意图。成功的谈判协商，除了需要诚实外，提案还要清楚，有吸引力。这样交易的双方才能够达成共识。

书里的提案，也就是主旨，也是一种声明。那是作者在表达他对某件事的判断。他断言某件他认为是真的事，或否定某件他判断是假的事。他坚持这个或那个是事实。这样的提案，是一种知识的声明，而不是意图的声明。作者的意图可能在前言的一开头就告诉我们了。就一部论说性的作品来说，通常他会承诺要指导我们做某件事。为了确定他有没有遵守这些承诺，我们就一定要找出他的主旨（propositions）才行。

一般来说，阅读的过程与商业上的过程正好相反。商人通常是在找出提案是什么后，才会达成共识。但是读者却要先与作者达成共识，才能明白作者的主旨是什么，以及他所声明的是什么样的判断。这也是为什么分析阅读的第五个规则会与文字及词义有关，而第六个，也就是我们现在要讨论的，是与句子及提案有关的规则。

第七个规则与第六个规则是息息相关的。一位作者可能借着事件、事实或知识，诚实地表达自己的想法。通常我们也是抱着对作者的信任感来阅读的。但是除非我们对作者的个性极端感兴趣，否则只是知道他的观点并不能满足我们。**作者的主旨如果没有理论的支持，就只是在抒发个人想法罢了。**如果是这本书、这个主题让我们感兴趣，而不是作者本身，那么我们不只想要知道作者的主张是什么，还想知道**为什么他认为我们该被说服，以接受这样的观点。**

因此，第七个规则与各种论述（arguments）有关。一种说法总是受到许多理由、许多方法的支持。有时候我们可以强力主张真实，有时候则顶多谈谈某件事的可能。但不论哪种论点都要包含一些用某种方式表达的陈述。"因为"那样，所以会说这样。"因为"这两个字就代表了一个理由。

表达论述时，会使用一些字眼把相关的陈述联系起来，像是："如果"真是如此，"那么"就会那样。或"因为"如此，"所以"那样。或"根据"这个论述，那就会如此这般。在本书较前面的章节中，也出现这种前后因果相关的句子。因为对我们这些离开学校的人来说，我们了解到，如果我们还想要继续学习与发现，就必须知道如何能让一本书教导我们。在那样的情况中，"如果"我们想要继续学习，"那么"我们就要知道如何从书中，从一个不在我们身边的老师那儿学习。

一个论述总是一套或一连串的叙述，提供某个结论的根据或理由。因此，在说明论点时，必须要用到一段文字，或至少一些相关的句子来阐述。一开始可能不会先说论点的前提或原则，但那却是结论的来源。如果这个论述成立，那么结论一定是从前提中推演出来的。不过这么说也并不表示这个结论就一定真实，因为可能有某个或所有的前提假设都是错的。

我们说明这些规则的顺序，都是有文法与逻辑的根据的。我们从共识谈到主旨，再谈到论点，表达的方法是从字（与词）到一个句子，再到一连串的句子（或段落）来作说明。我们从最简单的组合谈到复杂的组合。当然，一本书含有意义的最小单位就是"字"。但是如果说一本书就是一连串字的组合，没有错，却并不恰当。书中也经常把一组组的字，或是一组组的句子来当单位。一个主动的读者，不只会注意到字，也会注意到句子与段落。除此之外，没有其他方法可以发现一个作者的词义、主旨与论点。

我们把分析阅读谈到这里时——**目的是在诠释作者的意图**——似乎和第一个阶段的发展方向背道而驰——**第一阶段的目的是掌握结构大纲**。我们原先从将一本书当作是个整体，谈到书中的主要部分，再谈到次要的部分。不过你可能也猜得到，这两种方法会有交集点。书中的主要部分，与主要的段落都包含了许多主旨，通常还有许多论点。如果你继续将一本书细分成许多部分，最后你会说："在这一部分，导引出来了下面这些重点。"现在，每一个重点都像是主旨，而其中有一些主旨可能还组成一个论述。

因此，这两个过程，掌握大纲与诠释意图，在主旨与论述的层次中互相交集了。你将一本书的各个部分细分出来，就可以找出主旨与论述。然后你再仔细分析一个论述由哪些主旨，甚至词义而构成。等这两个步骤你都完成时，就可以说是真的了解一本书的内容了。

## 句子与主旨

我们已经提到,在这一章里,我们还会讨论与这个规则有关的其他的事。就像关于字与共识的问题一样,我们也要谈语言与思想的关系。句子与段落是文法的单位、语言的单位。主旨与论述是逻辑的单位,也就是思想与知识的单位。

我们在这里要面对的问题,跟上一章要面对的问题很相似。因为语言并不是诠释思想最完美的媒介;因为一个字可以有许多意义,而不只一个字也可能代表同一种的意义,我们可以看出一个作者的用语与专业术语之间的关系有多复杂了。一个字可能代表多重的意思,一个意思也可能以许多字来代表。

数学家将一件上好的外套上的纽扣与纽扣洞之间,比喻成一对一的关系。每一个纽扣有一个适合的纽扣洞,每一个纽扣洞也有一个适合的纽扣。不过,重点是:字与意思之间的关系并不是一对一的。在应用这个规则时,你会犯的最大错误就是认为在语言及思想或知识之间,是一对一的关系。

事实上,聪明一点的做法是,即使是纽扣与纽扣洞之间的关系,也不要作太简单的假设。男人西装外套的袖子上面有纽扣,却没有纽扣洞。外套穿了一阵子,上面也可能只有洞,而没有纽扣。

让我们说明句子与主旨之间的关系。并不是一本书中的每一句话都在谈论主旨。有时候,一些句子在表达的是疑问。他们提出的是问题,而不是答案。**主旨则是这些问题的答案**。主旨所声明的是知识或观点。这也是为什么我们说表达这种声明的句子是叙述句(declarative),而提出问题的句子是疑问句

（interrogative）。其他有些句子则在表达希望或企图。这些句子可能会让我们了解一些作者的意图，却并不传达他想要仔细推敲的知识。

除此之外，并不是每一个叙述句都能当作是在表达一个主旨。这么说至少有两个理由。第一个是事实上，字都有歧义，可以用在许多不同的句子中。因此，如果字所表达的意思改变了，很可能同样的句子却在阐述不同的主旨。"阅读就是学习"，这是一句简单的陈述。但是有时候，我们说"学习"是指获得知识，而在其他时候我们又说学习是发展理解力。因为意思并不一样，所以主旨也都不同。但是句子却是相同的。

另一个理由是，所有的句子并不像"阅读就是学习"这样单纯。当一个简单的句子使用的字都毫无歧义时，通常在表达的是一个单一的主旨。但就算用字没有歧义，一个复合句也可能表达一个或两个主旨。一个复合句其实是一些句子的组合，其间用一些字如"与"、"如果……就"或"不但……而且"来作连接。你可能会因而体认到，一个复合句与一小段文章段落之间的差异可能很难区分。一个复合句也可以用论述方式表达许多不同的主旨。

那样的句子可能很难诠释。让我们从马基雅维里（Niccolo Machiavelli）的《君主论》（The Prince）中找一段有趣的句子来作说明：

> 一个君王就算无法赢得人民的爱戴，也要避免憎恨，以唤起人民的敬畏；因为只要他不剥夺人民的财产与女人，他就不会被憎恨，也就可以长长久久地承受人民的敬畏。

在文法上来说，这是一个单一的句子，不过却十分复杂。分号与"因为"是全句的主要分段。第一个部分的主旨是君王应该要以某种方法引起人民的敬畏。

而从"因为"开始，事实上是另一句话。（这也可以用另一种独立的叙述方式："他之所以能长久承受人民敬畏，原因是……"等等。）这个句子至少表达了两个主旨：（1）一个君王应该要引起人民敬畏的原因是，只要他不被憎恨，他就能长长久久地被人民敬畏着。（2）要避免被人民憎恨，他就不要去剥夺人民的财产与女人。

在一个又长又复杂的句子里，区分出不同的主旨是很重要的。不论你想要同意或不同意马基雅维里的说法，你都要先了解他在说的是什么意思。但是在这个句子中，他谈到的是三件事。你可能不同意其中的一点，却同意其他两点。你可能认为马基雅维里是错的，因为他在向所有的君王推广恐怖主义。但你可能也注意到他精明地说，最好不要让人民在敬畏中带有恨意。你可能也会同意不要剥夺人民的财产与女人，是避免憎恨的必要条件。除非你能在一个复杂句中辨认出不同的主旨，否则你无法判断这个作者在谈些什么。

律师都非常清楚这个道理。他们会仔细看原告陈述的句子是什么，被告否认的说法又是什么。一个简单的句子："约翰·唐签了三月二十四日的租约。"看起来够简单了，但却说了不只一件事，有些可能是真的，有些却可能是假的。约翰·唐可能签了租约，但却不是在三月二十四日，而这个事实可能很重要。简单来说，就算一个文法上的单一句子，有时候说的也是两个以上的主旨。

在区分句子与主旨之间，我们已经说得够清楚了。它们并不是一对一的关系。不只是一个单一的句子可以表达出不同的主旨，不管是有歧义的句子或复合句都可以，而且同一个主旨也能用两个或更多不同的句子来说明。如果你能抓住我们在字里行间所用的同义字，你就会知道我们在说："教与学的功能是互相连贯的"与"传授知识与接受知识是息息相关的过程"这两句话时，所谈的是同一件事。

我们不再谈文法与逻辑相关的重点，而要开始谈规则了。在这一章里，就跟上一章一样，最难的就是要停止解释。无论如何，我们假设你已经懂一点文法了。我们并不是说你一定要完全精通语句结构，但你应该注意一个句子中字的排列顺序，与彼此之间的关系。对一个阅读者来说，有一些文法的知识是必要的。除非你能越过语言的表象，看出其中的意义，否则你就无法处理有关词义、主旨与论述——思想的要素——的问题。只要文字、句子与段落是不透明的、未解析的，他们就是沟通的障碍，而不是媒介。你阅读了一些字，却没有获得知识。

现在来谈规则。你在上一章已经看到第五个规则了：**找出关键字，与作者达成共识**。第六个规则可以说是：**将一本书中最重要的句子圈出来，找出其中的主旨**。第七个规则是：**从相关文句的关联中，设法架构出一本书的基本论述**。等一会儿你会明白，在这个规则中，我们为什么不用"段落"这样的字眼。

顺便一提的是，这些新规则与前面所说的与作者达成共识的规则一样，适用于论说性的作品。当你在念一本文学作品——小说、戏剧与诗时，这些关于主旨与论述的规则又大不相同。后面我们会谈到在应用时要如何作些改变，以便阅读那些书籍。

## 找出关键句

在一本书中,最重要的句子在哪里?要如何诠释这些句子,才能找到其中包含的一个或多个主旨?

再一次,我们的重点在于挑出什么才是重要的。我们说一本书中真正的关键句中只有少数的几句话,并不是说你就可以忽略其他的句子。当然,你应该要了解每一个句子。而大多数的句子,就像大多数的文字一样,对你来说都是毫无困难的。我们在谈速读时提到过,在读这些句子时可以相当快地读过去。从一个读者的观点来看,对你重要的句子就是一些需要花一点努力来诠释的句子,因为你第一眼看到这些句子时并不能完全理解。你对这些句子的理解,只及于知道其中还有更多需要理解的事。这些句子你会读得比较慢也更仔细一点。这些句子对作者来说也许并不是最重要的,但也很可能就是,因为当你碰到作者认为最重要的地方时,应该会特别吃力。用不着说,你在读这些部分时应该特别仔细才好。

从作者的观点来看,最重要的句子就是在整个论述中,阐述作者判断的部分。一本书中通常包含了一个以上或一连串的论述。作者会解释为什么他现在有这样的观点,或为什么他认为这样的情况会导致严重的后果。他也可能会讨论他要使用的一些字眼。他会批评别人的作品。他会尽量加入各种相关与支持的论点。**但他沟通的主要核心是他所下的肯定与否定的判断,以及他为什么会这么做的理由。**因此,要掌握住重点,就要从文章中看出浮现出来的重要句子。

　　有些作者会帮助你这么做。他们会在这些字句底下划线。他们不是告诉你说这些是重点，就是用不同的印刷字体将主要的句子凸显出来。当然，如果你阅读时昏昏沉沉的，这些都帮不上忙了。我们碰到过许多读者或学生，根本不注意这些已经弄得非常清楚的记号。他们只是一路读下去，而不肯停下来仔细地观察这些重要的句子。

　　有少数的书会将主旨写在前面，用很明显的位置来加以说明。欧几里得就给了我们一个最明显的例子。他不只一开始就说明他的定义，假设及原理——他的基本主旨——同时还将每个主旨都加以证明。你可能并不了解他的每一种说法，也可能不同意他所有的论点，但你却不能不注意到这些重要的句子，或是证明他论述的一连串句子。

　　圣托马斯·阿奎那写的《神学大全》（*Summa Theologica*），解说重要句子的方式也是将这些重点特别凸显出来。他用的方式是提出问题。在每一个段落的开始会先提出问题来。这些问题都暗示着阿奎那想要辩解的答案，且包括了完全相对立的说法。阿奎那想要为自己的想法辩护时，会用"我的回答"这样的句子标明出来。在这样的书——既说明理由，又说出结论的书中，没有理由说看不到重要的句子。但是对一些把任何内容都同等重视的读者来说，这样的书还是一团迷雾。他们在阅读时不管是快或慢，都以同样的速度阅读全书。而这通常也意味着所有的内容都不太重要。

　　除了这些特别标明重点、提醒读者注意哪些地方很需要诠释的书之外，找出重要的句子其实是读者要替自己做的工作。

他可以做的事有好几件。我们已经提过其中一件了。如果他发现在阅读时，有的一读便懂，有的却难以理解，他就可以认定这个句子是含有主要的意义了。或许你开始了解了，阅读的一部分本质就是**被困惑，而且知道自己被困惑**。怀疑是智慧的开始，从书本上学习跟从大自然学习是一样的。如果你对一篇文章连一个问题也提不出来，那么你就不可能期望一本书能给你一些你原本就没有的视野。

另一个找出关键句的线索是，找出组成关键句的文字来。如果你已经将重要的字圈出来了，它一定会引导你看到值得注意的句子。因此在诠释阅读法中，第一个步骤是为第二个步骤作准备的。反之亦然。很可能你是因为对某些句子感到困惑，而将一些字作上记号的。事实上，虽然我们在说明这些规则时都固定了前后的顺序，但你却不一定要依照这个顺序来阅读。词义组成了主旨，主旨中又包含了词汇。如果你知道这个字要表达的意思，你就能抓住这句话中的主旨了。如果你了解了一句话要说明的主旨，你也就是掌握了其中词义的意思。

接下来的是更进一步找出最主要的主旨的线索。这些主旨一定在一本书最主要的论述中——不是前提就是结论。因此，如果你能依照顺序找出这些前后相关的句子——找出有始有终的顺序，你可能就已经找到那些重要的关键句子了。

我们所说的顺序，要有始有终。任何一种论述的表达，都需要花点时间。你可以一口气说完一句话，但你要表达一段论述的时候却总要有些停顿。你要先说一件事，然后说另一件事，接下来再说另一件事。一个论述是从某处开始，经过某处，再到达某处的。那是思想的演变移转。可能开始时就是结论，然后再慢慢地将理由说出来。也可能是先说出证据与理由，再带引你达到结论。

　　当然，这里还是相同的道理：除非你知道怎么运用，否则线索对你来说是毫无用处的。当你看到某个论述时，你要去重新整理。虽然有过一些失望的经验，我们仍然相信，人类头脑看到论述时之敏感，一如眼睛看到色彩时的反应。（当然，也可能有人是"论述盲"的！）但是如果眼睛没有张开，就看不到色彩。头脑如果没有警觉，就无法察觉论述出现在哪里了。

　　许多人认为他们知道如何阅读，因为他们能用不同的速度来阅读。但是他们经常在错误的地方**暂停，慢慢阅读**。他们会为了一个自己**感兴趣**的句子而暂停，却不会为了**感到困扰**的句子而暂停。事实上，在阅读非当代作品时，这是最大的障碍。一本古代的作品包含的内容有时很令人感到新奇，因为它们与我们熟知的生活不同。但是当你想要在阅读中获得理解时，你要追寻的就不是那种新奇的感觉了。一方面你会对作者本身，或对他的语言，或他使用的文字感兴趣，另一方面，你想要了解的是他的思想。就因为有这些原因，我们所讨论的规则是要帮助你理解一本书，而不是满足你的好奇心。

## 找出主旨

　　假设你已经找到了重要的句子，接下来就是第六个规则的另一个要求了。你必须找出每个句子所包含的主旨。这是你必须知道句子在说什么的另一种说法。当你发现一段话里所使用的文字的意义时，你就和作者找到了共识。同样的，诠释过组成句子的每个字，特别是关键字之后，你就会发现主旨。

再说一遍，除非你懂一点文法，否则没法做好这件事。你要知道形容词与副词的用法，而动词相对于名词的作用是什么，一些修饰性的文字与子句，如何就它们所修饰的字句加以限制或扩大等等。理想上，你可以根据语句结构的规则，分析整个句子。不过你用不着很正式地去做这件事。虽然现在学校中并不太重视文法教学，但我们还是假设你已经懂一点文法了。我们不能相信你不懂这回事，不过在阅读的领域中，可能你会因为缺少练习而觉得生疏。

在找出文字所表达的意思与句子所阐述的主旨之间，只有两个不同之处。一个是后者所牵涉的内容比较多。就像你要用周边的其他字来解释一个特殊的字一样，你也要借助前后相关的句子来了解那个问题句。在两种情况中，都是从你了解的部分，进展到逐渐了解你原来不懂的部分。

另一个不同是，复杂的句子通常要说明的不只一个主旨。除非你能分析出所有不同，或相关的主旨，否则你还是没有办法完全诠释一个重要的句子。要熟练地做到这一点，就需要常常练习。试着在本书中找出一些复杂的句子，用你自己的话将其中的主旨写出来。列出号码，找出其间的相关性。

"用你自己的话来说"，是测验你懂不懂一个句子的主旨的最佳方法。如果要求你针对作者所写的某个句子作解释，而你只会重复他的话，或在前后顺序上作一些小小的改变，你最好怀疑自己是否真的了解了这句话。理想上，你应该能用完全不同的用语说出同样的意义。当然，这个理想的精确度又可以分成许多程度。但是如果你无法放下作者所使用的字句，那表示他所传给你的，只是这个"字"，而不是他的"思想或知识"。你知道的只是他的用字，而不是他的思想。他想要跟你沟通的是知识，而你获得的只是一些文字而已。

将外国语文翻译成英文的过程，与我们所说的这个测验有关。如果你不能用英文的句子说出法文的句子要表达的是什么，那你就知道自己其实并不懂这句法文。就算你能，你的翻译可能也只停留在口语程度——因为就算你能很精确地用英文复述一遍，你还是可能不清楚法文句子中要说明的是什么。

要把一句英文翻译成另一种语文，就更不只是口语的问题了。你所造出来的新句子，并不是原文的口语复制。就算精确，也只是**意思的精确**而已。这也是为什么说如果你想要确定自己是否吸收了主旨，而不只是生吞活剥了字句，最好是用这种翻译来测试一下。就算你的测验失败了，你还是会发现自己的理解不及在哪里。如果你说你了解作者在说些什么，却只能重复作者所说过的话，那一旦这些主旨用其他字句来表达时，你就看不出来了。

一个作者在写作时，可能会用不同的字来说明同样的主旨。读者如果不能经由文字看出一个句子的主旨，就容易将不同的句子看作是在说明不同的主旨。这就好像一个人不知道2+2=4跟4-2=2虽然是不同的算式，说明的却是同一个算术关系——这个关系就是四是二的双倍，或二是四的一半。

你可以下结论说，这个人其实根本不懂这个问题。同样的结论也可以落在你身上，或任何一个无法分辨出用许多相似句子说明同一个主旨的人，或是当你要他说出一个句子的主旨时，他却无法用自己的意思作出相似的说明。

这里已经涉及主题阅读——就同一个主题，阅读好几本书。不同的作者经常会用不同的字眼诉说同一件事，或是用同样的字眼来说不同的事。一个读者如果不能经由文字语言看出意思与主旨，就永远不能作相关作品的比较。因为口语的各不相同，他会误以为一些作者互不同意对方的说法，也可能因为一些作者叙述用语相近，而忽略了他们彼此之间的差异。

　　还有另一个测验可以看出你是否了解句中的主旨。你能不能举出一个自己所经历过的主旨所形容的经验，或与主旨有某种相关的经验？你能不能就作者所阐述的特殊情况，说明其中通用于一般的道理？虚构一个例子，跟引述一个真实的例子都行。如果你没法就这个主旨举任何例子或作任何说明，你可能要怀疑自己其实并不懂这个句子在说些什么。

　　并不是所有的主旨都适用这样的测验方法。有些需要特殊的经验，像是科学的主旨你可能就要用实验室来证明你是否明白了。但是主要的重点是很清楚的。主旨并非存在于真空状态，而是跟我们生存的世界有关。除非你能展示某些与主旨相关的，实际或可能的事实，否则你只是在玩弄文字，而非理解思想或知识。

　　让我们举一个例子。在形上学中，一个基本的主旨可以这样说明："除了实际存在的事物，没有任何东西能发生作用。"我们听到许多学生很自满地向我们重复这个句子。他们以为只要以口语完美地重复这个句子，就对我们或作者有交待了。但是当我们要他们以不同的句子说明这句话中的主旨时，他们就头大了。很少有人能说出：如果某个东西不存在，就不能有任何作用之类的话。但是这其实是最浅显的即席翻译——至少，对任何一个懂得原句主旨的人来说，是非常浅显的。

既然没有人能翻译出来，我们只好要他们举出一个主旨的例证。如果他们之中有人能说出：只靠**可能会下的**雨滴，青草是不会滋长的；或者，只靠**可能有的**储蓄，一个人的存款账目是不会增加的。这样我们就知道他们真的抓到主旨了。

"口语主义"（verbalism）的弊端，可以说是一种使用文字，没有体会其中的思想传达，或没有注意到其中意指的经验的坏习惯。那只是在玩弄文字。就如同我们提出来的两个测验方法所指出的，不肯用分析阅读的人，最容易犯玩弄文字的毛病。这些读者从来就没法超越文字本身。他们只能记忆与背诵所读的东西而已。现代教育家所犯的一个最大的错误就是违反了教育的艺术，他们只想要背诵文字，最后却适得其反。没有受过文法和逻辑艺术训练的人，他们在阅读上的失败——以及处处可见的"口语主义"——可以证明如果缺乏这种训练，会如何成为文字的奴隶，而不是主人。

## 找出论述

我们已经花了很多时间来讨论主旨。现在来谈一下分析阅读的第七个规则。这需要读者处理的是一堆句子的组合。我们前面说过，我们不用"读者应该找出最重要的段落"这样的句子来诠释这条阅读规则，是有理由的。这个理由就是，作者写作的时候，并没有设定段落的定则可循。有些伟大的作家，像蒙田、洛克或普鲁斯特，写的段落奇长无比；其他一些作家，像马基雅维里、霍布斯或托尔斯泰，却喜欢短短的段落。现代人受到报纸与杂志风格的影响，大多数作者会将段落简化，以符合快速与简单的阅读习惯。譬如现在这一段可能就太长了。如果我们想要讨好读者，可能得从"有些伟大的作家"那一句另起一段。

这个问题不只跟长度有关。还牵涉到语言与思想之间关系的问题。指导我们阅读的第七个规则的逻辑单位，是"论述"——一系列先后有序，其中某些还带有提出例证与理由作用的主旨。如同"意思"之于文字，"主旨"之于句子，"论述"这个逻辑单位也不会只限定于某种写作单位里。一个论述可能用一个复杂的句子就能说明。可能用一个段落中的某一组句子来说明。可能等于一个段落，但又有可能等于好几个段落。

另外还有一个困难点。**在任何一本书中都有许多段落根本没有任何论述**——就连一部分也没有。这些段落可能是一些说明证据细节，或者如何收集证据的句子。就像有些句子因为有点离题比较远而属于次要，段落也有这种情况。用不着说，这部分可以快快地读过去。

因此，我们建议第七个规则可以有另一个公式：**如果可以，找出书中说明重要论述的段落。**但是，如果这个论述并没有这样表达出来，你就要去架构出来。你要从这一段或那一段中挑选句子出来，然后整理出前后顺序的主旨，以及其组成的论述。

等你找到主要的句子时，架构一些段落就变得很容易了。有很多方法可试。你可以用一张纸，写下构成一个论述的所有主旨。通常更好的方法是，就像我们已经建议过的，在书的空白处作上编号，再加上其他记号，把一些应该排序而读的句子标示出来。

读者在努力标示这些论述的时候，作者多少都帮得上一点忙。一个好的论说性书籍的作者会想要说出自己的想法，而不是隐藏自己的想法。但并不是每个好作者用的方法都一模一样。像欧几里得、伽利略、牛顿（以几何学或数学方式写作的作者），就很接近这样的想法：一个段落就是一个论述。在非数学的领域中，大多数作者不是在一个段落里通常会有一两个以上的论点，就是一个论述就写上好几段。

一本书的架构比较松散时，段落也比较零乱。你经常要读完整章的段落，才能找出几个可供组合一个论述的句子。有些书会让你白费力气，有些书甚至不值得这么做。

一本好书在论述进行时会随时作摘要整理。如果作者在一章的结尾为你作摘要整理，或是摘在某个精心设计的部分，你就要回顾一下刚才看的文章，找出他作摘要的句子是什么。在《物种起源》中，达尔文在最后一章为读者作全书的摘要，题名为"精华摘要与结论"。看完全书的读者值得受到这样的帮助。没看过全书的人，可就用不上了。

顺便一提，如果在进行分析阅读之前，你已经浏览过一本书，你会知道如果有摘要，会在哪里。当你想要诠释这本书时，你知道如何善用这些摘要。

一本坏书或结构松散的书的另一个征兆是忽略了论述的步骤。有时候这些忽略是无伤大雅，不会造成不便，因为纵使主旨不清楚，读者也可以借着一般的常识来补充不足之处。但有时候这样的忽略却会产生误导，甚至是故意的误导。一些演说家或宣传家最常做的诡计就是留下一些未说的话，这些话与他们的论述极为有关，但如果说得一清二楚，可能就会受到挑战。

我们并不担心一位想要指导我们的诚恳的作者使用这样的手法。但是对一个用心阅读的人来说，最好的法则还是将每个论述的步骤都说明得一清二楚。

不论是什么样的书，你身为读者的义务都是一样的。如果这本书有一些论述，你应该知道是些什么论述，而能用简洁的话说出来。任何一个好的论述都可以作成简要的说明。当然，有些论述是架构在其他的论述上。在精细的分析过程中，证实一件事可能就是为了证实另一件事。而这一切又可能是为了作更进一步的证实。然而，这些推理的单位都是一个个的论述。如果你能在阅读任何一本书时发现这些论述，你就不太可能会错过这些论述的先后顺序了。

你可能会抗议，这些都是说来容易的事。但是除非你能像一个逻辑学家那样了解各种论述的架构，否则当作者并没有在一个段落中说明清楚这论述时，谁能在书中找出这些论述，更别提要架构出来？

这个问题的答案很明显，对于论述，你用不着像是一个逻辑学者一样来研究。不论如何，这世上只有相对少数的逻辑学者。大多数包含着知识，并且能指导我们的书里，都有一些论述。这些论述都是为一般读者所写作的，而不是为了逻辑专家写的。

在阅读这些书时用不着伟大的逻辑概念。我们前面说过，在阅读的过程中你能让大脑不断地活动，能跟作者达成共识，找到他的主旨，那么你就能看出他的论述是什么了。而这也就是人类头脑的自然本能。

无论如何，我们还要谈几件事，可能会有助于你进一步应用这个阅读规则。**首先**，要记住所有的论述都包含了一些声明。其中有些是你为什么该接受作者这个论述的理由。如果你先找到结论，就去看看理由是什么。如果你先看到理由，就找找看这些理由带引你到什么样的结论上。

**其次**，要区别出两种论述的不同之处。一种是以一个或多个特殊的事实证明某种共通的概念，另一种是以连串的通则来证明更进一步的共通概念。前者是归纳法，后者是演绎法。但是这些名词并不重要。重点在如何区分二者的能力。

在科学著作中，看一本书是用推论来证实主张，还是用实验来证实主张，就可以看出两者的区别。伽利略在《两种新科学》中，借由实验结果来说明数学演算早就验证的结论。伟大的生理学家威廉·哈维（William Harvey）在他的书《心血运动论》（*On the Motion of the Heart*）中写道："经由推论与实验证明，心室的脉动会让血液流过肺部及心脏，再推送到全身。"有时候，一个主旨是有可能同时被一般经验的推论，及实验两者所支持的。有时候，则只有一种论述方法。

**再次**，找出作者认为哪些事情是**假设**，哪些是能**证实**的或有根据的，以及哪些是不需要证实的**自明之理**。他可能会诚实地告诉你他的假设是什么，或者他也可能很诚实地让你自己去发掘出来。显然，并不是每件事都是能证明的，就像并不是每个东西都能被定义一样。如果每一个主旨都要被证实过，那就没有办法开始证实了。像定理、假设或推论，就是为了证实其他主旨而来的。如果这些其他的主旨被证实了，就可以作更进一步论证的前提了。

换句话说，每个论述都要有开端。基本上，有两种开始的方法或地方：一种是作者与读者都同意的假设，一种是不论作者或读者都无法否认的自明之理。在第一种状况中，只要彼此认同，这个假设可以是任何东西。第二个情况就需要多一点的说明了。

近来，不言自明的主旨都被冠上"废话重说"（tautology）的称呼。这个说法的背后隐藏着一种对细枝末节的轻蔑态度，或是怀疑被欺骗的感觉。这就像是兔子正在从帽子里被揪出来。你对这个事实下了一个定义，然后当他出现时，你又一副很惊讶的样子。然而，不能一概而论。

譬如在"父亲的父亲就是祖父"，与"整体大于部分"两个主旨之间，就有值得考虑的差异性。前面一句话是自明之理，主旨就涵盖在定义之中。那只是肤浅地掩盖住一种语言的约定："让我们称父母的父母为祖父母。"这与第二个主旨的情形完全不同。我们来看看为什么会这样。

"整体大于部分。"这句话在说明我们对一件事的本质，与他们之间关系的了解，不论我们所使用的文字或语言有什么变迁，这件事都不会改变的。定量的整体，一定可以区分成是量的部分，就像一张纸可以切成两半或分成四份一样。既然我们已经了解了一个定量的整体（指任何一种有限的定量的整体），也知道在定量的整体中很明确的某一部分，我们就可以知道整体比这个部分大，或这个部分比整体小了。到目前为止，这些都是口头上的说明，我们并不能为"整体"或"部分"下定义。这两个概念是原始的或无法定义的观念，我们只能借着整体与部分之间的关系，表达出我们对整体与部分的了解。

这个说法是一种不言自明的道理——尤其当我们从相反的

角度来看，一下子就可以看出其中的错误。我们可以把一张纸当作是一个"部分"，或是把纸切成两半后，将其中的一半当作是"整体"，但我们不能认为这张纸在还没有切开之前的"部分"，小于切开来后的一半大小的"整体"。无论我们如何运用语言，只有当我们了解定量的整体与其中明确的部分之后，我们才能说我们知道整体大于部分了。而我们所知道的是存在的整体与部分之间的关系，不只是知道名词的用法或意义而已。

这种不言自明的主旨是不需要再证实，也不可否认的事实。它们来自一般的经验，也是普通常识的一部分，而不是有组织的知识；不隶属哲学、数学，却更接近科学或历史。这也是为什么欧几里得称这种概念为"普通观念"（Common notion）。尽管像洛克等人并不认为如此，但这些观念还是有启迪的作用。洛克看不出一个没有启发性的主旨（像关于祖父母的例子），和一个有启发性的主旨（像整体与部分关系的例子），两者之间到底有什么不同——后者对我们真的有教育作用，如果我们不学习就不会明白其中的道理。今天有些人认为所有的这类主旨都是"废话重说"，也是犯了同样的错误。他们没看出来有些所谓的"废话重说"确实能增进我们的知识——当然，另外有一些则的确不能。

## 找出解答

这三个分析阅读的规则——关于共识、主旨与论述——可以带出第八个规则了，这也是诠释一本书的内容的最后一个步骤。除此之外，那也将分析阅读的第一个阶段（整理内容大纲）

与第二阶段（诠释内容）连接起来了。

在你想发现一本书到底在谈些什么的最后一个步骤是：找出作者在书中想要解决的主要问题（如果你回想一下，这在第四个规则中已经谈过了）。现在，你已经跟作者有了共识，抓到他的主旨与论述了，你就该检视一下你收集到的是什么资料，并提出一些更进一步的问题来。作者想要解决的问题哪些解决了？为了解决问题，他是否又提出了新问题？无论是新问题或旧问题，哪些是他知道自己还没有解决的？一个好作者，就像一个好读者一样，应该知道各个问题有没有解决——当然，对读者来说，要承认这个状况是比较容易的。

诠释作品的阅读技巧的最后一部分就是：规则八，**找出作者的解答**。你在应用这个规则及其他三个规则来诠释作品时，你可以很清楚地感觉到自己已经开始在了解这本书了。如果你开始读一本超越你能力的书——也就是能教导你的书——你就有一段长路要走了。更重要的是，你现在已经能用分析阅读读完一本书了。这第三个，也是最后一个阶段的工作很容易。你的心灵及眼睛都已经打开来了，而你的嘴闭上了。做到这一点时，你已经在伴随作者而行了。从现在开始，你可以有机会与作者辩论，表达你自己的想法。

## 分析阅读的第二个阶段

我们已经说明清楚分析阅读的第二个阶段。换句话说，我们已经准备好材料，要回答你在看一本书，或任何文章都应该提出来的第二个基本问题了。你会想起第二个问题是：这本书的详细内容是什么？如何叙述的？只要运用五到八的规则，你就能回答这个问题。当你跟作者达成共识，找出他的关键主旨与论述，分辨出如何解决他所面对的问题，你就会知道他在这本书中要说的是什么了。接下来，你已经准备好要问最后的两个基本问题了。

我们已经讨论完分析阅读的另一个阶段，就让我们暂停一下，将这个阶段的规则复述一遍：

分析阅读的第二个阶段，或找出一本书到底在说什么的规则（诠释一本书的内容）：

（5）诠释作者使用的关键字，与作者达成共识。

（6）从最重要的句子中抓出作者的重要主旨。

（7）找出作者的论述，重新架构这些论述的前因后果，以明白作者的主张。

（8）确定作者已经解决了哪些问题，还有哪些是未解决的。在未解决的问题中，确定哪些是作者认为自己无法解决的问题。

# 第十章　公正地评断一本书

在上一章的结尾，我们说，我们走了一段长路才来到这里。我们已经学过如何为一本书列出大纲。我们也学过诠释书本内容的四个规则。现在我们准备要做的就是分析阅读的最后一个阶段。在这个阶段中，你前面所做的努力都会有回报了。

阅读一本书，是一种对话。或许你不这么认为，因为作者一路说个不停，你却无话可说。如果你这么想，你就是并不了解作为一个读者的义务——你也并没有掌握住自己的机会。

事实上，读者才是最后一个说话的人。作者要说的已经说完了，现在该读者开口了。一本书的作者与读者之间的对话，就跟平常的对话没有两样，每个人都有机会开口说话，也不会受到干扰。如果读者没受过训练又没礼貌，这样的对话可能会发生任何事，却绝不会井井有条。可怜的作者根本没法为自己辩护。他没法说："喂!等我说完，你再表示不同的意见可以吗?"读者误解他，或错过重点时，他也没法抗议。

在一般的交谈中，必须双方都很有礼貌才能进行得很好。我们所想的礼貌却并不是一般社交礼仪上的礼貌。那样的礼貌其实并不重要。真正重要的是遵守思维的礼节。如果没有这样的礼节，谈话会变成争吵，而不是有益的沟通。当然，我们的假设是这样的谈话跟严肃的问题有关,一个人可以表达相同或不同的意见。他们能不能把自己表达得很好就变得很重要了。否则这个活动就毫无利益而言了。善意的对话最大的益处就是能学到些什么。

在一般谈话来说有道理的事,对这种特殊的交谈情况——作者与读者借一本书来进行对话——又更有道理一些。我们姑且认为作者受过良好的训练,那么在一本好书中,他的谈话部分就扮演得很好,而读者要如何回报呢?他要如何圆满地完成这场交谈呢?

读者有义务,也有机会回话。机会很明显。没有任何事能阻碍一个读者发表自己的评论。无论如何,在读者与书本之间的关系的本质中,有更深一层的义务关系。

如果一本书是在传递知识的,作者的目标就是指导。他在试着教导读者。他想要说服或诱导读者相信某件事。只有当最后读者说:"我学到了。你已经说服我相信某些事是真实的,或认为这是可能发生的",这位作者的努力才算成功了。但是就算读者未被说服或诱导,作者的企图与努力仍然值得尊敬。读者需要还他一个深思熟虑的评断。如果他不能说:"我同意。"至少他也要有不同意的理由,或对问题提出怀疑的论断。

其实我们要说的前面已经不知说过多少次了。一本好书值得主动地阅读。主动的阅读不会为了已经了解一本书在说些什么而停顿下来,**必须能评论,提出批评,才算真正完成了这件事**。没有自我期许的读者没法达到这个要求,也不可能作到分析或诠释一本书。他不但没花心力去理解一本书,甚至根本将书搁在一边,忘个一干二净。这比不会赞赏一本书还糟,因为他对这本书根本无可奉告。

## 受教是一种美德

我们前面所说的读者可以回话，并不是回与阅读无关的事。现在是分析阅读的第三个阶段。跟前面的两个阶段一样，这里也有一些规则。有些规则是一般思维的礼节。在这一章中，我们要谈的就是这个问题。其他有关批评观点的特殊条件，将会在下一章讨论到。

一般人通常认为，水准普通的读者是不够格评论一本好书的。读者与作者的地位并不相等。在这样的观点中，作者只能接受同辈作家的批评。记得培根曾建议读者说："阅读时不要反驳或挑毛病；也不要太相信，认为是理所当然；更不要交谈或评论。只要斟酌与考虑。"瓦尔特·司各特（Sir Walter Scott）要把"阅读时怀疑，或轻蔑作者的人"大加挞伐。

当然，说一本书如何毫无瑕疵，因而对作者产生多少崇敬等等，这些话是有些道理，但却也有不通之处。读者或许像个孩子，因此一位伟大的作者可以教育他们，但这并不是说他们就没有说话的权利。塞万提斯说："没有一本书会坏到找不到一点好处的。"或许他是对的，或许也是错的。更确定的说法该是：没有一本书会好到无懈可击。

的确，如果一本书会启发读者，就表示作者高于读者，除非读者完全了解这本书，否则是不该批评的。但是等他们能这么做时，表示他们已经自我提升到与作者同样的水平了。现在他们拥有新的地位，可以运用他们的特权。如果他们现在不运用自己批评的才能，对作者来说就是不公平的事。作者已经完成他的工作——让读者与他齐头并进。这时候读者就应该表现得像是他的同辈，可以与他对话或回话。

我们要讨论的是受教的美德——这是一种长久以来一直受到误解的美德。受教通常与卑躬屈膝混为一谈。一个人如果被动又顺从，可能就会被误解为他是受教的人。相反的，受教或是能学习是一种极为主动的美德。一个人如果不能自动自发地运用独立的判断力，他根本就不可能学习到任何东西。或许他可以受训练，却不能受教。因此，**最能学习的读者，也就是最能批评的读者**。这样的读者在最后终于能对一本书提出回应，对于作者所讨论的问题，会努力整理出自己的想法。

我们说"最后"，是因为要能受教必须先完全听懂老师的话，而且在批评以前要能完全了解。我们还要加一句：光是努力，并不足以称得上受教。读者必须懂得**如何评断一本书**，就像他必须懂得如何才能了解一本书的内容。这第三组的阅读规则，也就是引导读者在最后一个阶段训练自己受教的能力。

## 修辞的作用

我们经常发现教学与受教之间的关系是互惠的，而一个作者能深思熟虑地写作的技巧，和一个读者能深思熟虑地掌握这本书的技巧之间，也有同样的互惠关系。我们已经看到好的写作与阅读，都是以文法与逻辑的原则为基础规则。到现在为止，我们所讨论的规则都与作者努力达到能被理解的地步，而读者努力作到理解作品的地步有关。这最后阶段的一些规则，则超越理解的范畴，要作出评论。于是，这就涉及修辞。

当然，修辞有很多的用途。我们通常认为这与演说或宣传有关。但是以最普通的意义来说，修辞和人类的任何一种沟通都有关，如果我们在说话，我们不只希望别人了解我们，也希望别人能同意我们的话。如果我们沟通的目的是很认真的，我们就希望能说服或劝导对方——更精确地说，说服对方接受我们的理论，劝导对方最终受到我们的行为与感觉的影响。

在做这样的沟通时，接受的一方如果也想同样认真，那就不但要有回应，还要做一个负责的倾听者。你对自己所听到的要有回应，还要注意到对方背后的意图。同时，你还要能有自己的主见。当你有自己的主见时，那就是你的主张，不是作者的主张了。如果你不靠自己，只想依赖别人为你作判断，那你就是在做奴隶，不是自由的人了。思想教育之受推崇，正因如此。

站在叙述者或作者的角度来看，修辞就是要知道如何去说服对方。因为这也是最终的目标，所有其他的沟通行为也必须做到这个程度才行。在写作时讲求文法与逻辑的技巧，会使作品清晰，容易理解，也是达到目标的一个过程。相对而言，在读者或听者的立场，修辞的技巧是知道当别人想要说服我们时，我们该如何反应。同样的，文法及逻辑的技巧能让我们了解对方在说什么，并准备作出评论。

## 暂缓评论的重要性

现在你可以看出来，在精雕细琢的写作或阅读过程中，文法、逻辑和修辞这三种艺术是如何协调与掌控的。在分析阅读前两个阶段的技巧中，需要精通文法与逻辑。在第三个阶段的技巧中，就要靠修辞的艺术了。这个阶段的阅读规则建立在最广义的修辞原则上。我们会认为这些原则代表一种礼节，让读者不只是有礼貌，还能有效地回话的礼节。（虽然这不是一般的认知，但是礼节应该要有这两个功能，而不是只有前面一项礼貌的功能。）

你大概已经知道第九个阅读规则是什么了。前面已经讲过很多遍了。除非你听清楚了，也确定自己了解了，否则就不要回话。除非你真的很满意自己完成的前两个阅读阶段，否则不会感觉到可以很自由地表达自己的想法。只有当你做到这些事时，你才有批评的权力，也有责任这么做。

这就是说，事实上，分析阅读的第三阶段最后一定要跟着前两个阶段来进行。前面两个阶段是彼此连贯的，就是初学者也能将两者合并到某种程度，而专家几乎可以完全连贯合并。他可以将整体分成许多部分，同时又能找出思想与知识的要素，与作者达成共识，找出主旨与论述，再重新架构出一个整体。此外，对初学者来说，前面两个阶段所需要做的工作，其实只要做好检视阅读就已经完成一大部分了。但是就下评论来说，即使是阅读专家，也必须跟初学者一样，不等到他完全了解是不能开始的。

以下就是我们再详细说明的第九个规则：**在你说出"我同意"，"我不同意"，或"我暂缓评论"之前，你一定要能肯定地说："我了解了。"**上述三种意见代表了所有的评论立场。我们希望你不要弄错了，以为所谓评论就是要不同意对方的说法。

这是非常普遍的误解。同意对方说法，与不同意对方说法都一样要花心力来作判断的。同意或不同意都有可能对，也都有可能不对。毫无理解便同意只是愚蠢，还不清楚便不同意也是无礼。

虽然乍看之下并不太明显，但暂缓评论也是评论的一种方式。那是一种有些东西还未表达的立场。你在说的是，无论如何，你还没有被说服。

你可能会怀疑，这些不过是普通常识，为什么要大费周章地说明？有两个理由。第一点，前面已经说过，许多人会将评论与不同意混为一谈（就算是"建设性"的批评也是不同意）。其次，虽然这些规则看起来很有理，在我们的经验中却发现很少有人能真正运用。这就是古人说的光说不练的道理。

每位作者都有被瞎批评的痛苦经验。这些批评者并不觉得在批评之前应该要做好前面的两个阅读步骤。通常这些批评者会认为自己不需要阅读，只需要评论就可以了。演讲的人，都会碰上一些批评者其实根本不了解他在说的是什么，就提出尖锐问题的经验。你自己就可能记得这样的例子：一个人在台上讲话，台下的人一口气或最多两口气就冒出来："我不知道你在说什么，但我想你错了。"

对于这样的批评，根本不知从何答起。你唯一能做的是有礼貌地请他们重述你的论点，再说明他们对你的非难之处。如果他们做不到，或是不能用他们自己的话重述你的观点，你就知道他们其实并不了解你在说什么。这时你不理会他们的批评是绝对有道理的。他们的意见无关紧要，因为那些只是毫无理解的批评而已。只有当你发现某个人像你自己一般真的知道你在说什么的时候，你才需要为他的同意而欢喜，或者为他的反对而苦恼。

这么多年来教学生阅读各种书籍的经验中，我们发现遵守规则的人少，违反规则的人很多。学生经常完全不知道作者在说些什么，却毫不迟疑地批评起作者来。他们不但对自己不懂的东西表示反对意见，更糟的是，就算他们同意作者的观点，也无法用自己的话说出个道理来。他们的讨论，跟他们的阅读一样，都只是些文字游戏而已。由于他们缺乏理解，无论肯定或否定的意见就都毫无意义，而且无知。就算是暂缓评论，如果对自己暂缓评论的内容是些什么并不明所以的话，这种暂缓的立场也不见得有什么高明。

关于这个规则，下面还有几点是要注意的。如果你在读一本好书，在你说出"我懂了"之前，最好迟疑一下。在你诚实又自信地说出这句话之前，你有一堆的工作要做呢!当然，在这一点上，你要先评断自己的能力，而这会让你的责任更加艰巨。

当然，说出"我不懂"也是个很重要的评断，但**这只能在你尽过最大努力之后，因为书而不是你自己的理由才能说这样的话**。如果你已经尽力，却仍然无法理解，可能是这本书真的不能理解。对一本书，尤其是一本好书来说，这样的假设是有利的。在阅读一本好书时，无法理解这本书通常是读者的错。因此，在分析阅读中，要进入第三阶段之前，必须花很多时间准备前面两个阶段的工作。所以当你说"我不懂"时，要特别注意其中并没有错在你自己身上的可能。

在以下的两种状况中，你要特别注意阅读的规则。如果一本书你只读了一部分，就更难确定自己是不是了解了这本书，在这时候你的批评也就要更小心。还有时候，一本书跟作者其他的书有关，必须看了那本书之后才能完全理解。在这种情况中，你要更小心说出"我懂了"这句话，也要更慢慢地举起你评论的长矛。

对于这种自以为是的状况，有一个很好的例子。许多文学评论家任意赞成或反对亚里士多德的《诗学》，却并不了解他在分析诗的主要论点，其实立足于他其他有关心理学、逻辑与形上学的一些著作之上。他们其实根本不知道自己在赞成或反对的是什么。

同样的状况也发生在其他作者身上，像柏拉图、康德、亚当·斯密和马克思等人——这些人不可能在一本书中将自己所有的思想与知识全部写出来。而那些评论康德《纯粹理性批判》，却根本没看过他《实践理性批判》的人；批评亚当·斯密的《国富论》，却没看过他《道德情操论》(*Theory of Moral Sentiments*) 的人；或是谈论《共产党宣言》，却没有看过马克思《资本论》的人，他们都是在赞成或反对一些自己并不了解的东西。

## 避免争强好辩的重要性

评论式阅读的第二个规则的道理，与第一个一样清楚，但需要更详尽的说明与解释。这是规则十：**当你不同意作者的观点时，要理性地表达自己的意见，不要无理地辩驳或争论**。如果你知道或怀疑自己是错的，就没有必要去赢得那场争辩。事实上，你赢得争辩可能真的会在世上名噪一时，但长程来说，诚实才是更好的策略。

我们先从柏拉图与亚里士多德的例子来谈这个规则。在柏拉图的《会饮篇》(*Symposium*)中，有一段对话：

"我不能反驳你，苏格拉底，"阿加顿说："让我们假设你说的都对好了。"

"阿加顿，你该说你不能反驳真理，因为苏格拉底是很容易被反驳的。"

亚里士多德的《尼各马可伦理学》中也提到了这一段。他说：

"其实这就是我们的责任。为了追求真理，要毁掉一些我们内心最亲近的事物，尤其像我们这样的哲学家或热爱智慧的人更是如此。因为，纵使双方是挚友，我们对真理的虔诚却是超越友谊的。"

柏拉图与亚里士多德给了我们一个大多数人忽略的忠告。大多数人会以赢得辩论为目标，却没想到要学习的是真理。

把谈话当作是战争的人，要赢得战争就得为反对而反对，不论自己对错，都要反对成功。抱持着这种心态来阅读的人，只是想在书中找出反对的地方而已。这些好辩的人专门爱在鸡蛋里挑骨头，对自己的心态是否偏差，则完全置之不顾。

读者在自己书房和一本书进行对话的时候，没有什么可以阻止他去赢得这场争辩。他可以掌控全局。作者也不在现场为自己辩护。如果他想要作者现身一下的虚荣，他可以很容易就做到这一点。他几乎不必读完全书就能做到。他只要翻一下前面几页就够了。

但是，如果他了解到，在与作者——活着或死了的老师——对话中，真正的好处是他能从中学到什么；如果他知道所谓的赢只在于增进知识，而不是将对方打败，他就会明白争强好辩是毫无益处的。我们并不是说读者不可以极端反对或专门挑作者的毛病，我们要说的只是：**就像他反对一样，他也要有同意的心理准备**。不论要同意还是反对，他该顾虑的都只有一点——事实，关于这件事的真理是什么。

这里要求的不只是诚实。读者看到什么应该承认是不必说的。当必须同意作者的观点，而不是反对的，也不要有难过的感觉。如果有这样的感觉，他就是个积习已深的好辩者。就这第二个规则而言，这样的读者是情绪化的，而不是理性的。

## 化解争议

第三个规则与第二个很接近。所叙述的是在提出批评之前的另一个条件。这是建议你把不同的观点当作是有可能解决的问题。第二个规则是敦促你不要争强好辩，这一个规则是提醒你不要绝望地与不同的意见对抗。一个人如果看不出所有理性的人都可能达成一致的意见，那他就会对波涛汹涌的讨论过程感到绝望。注意我们说的是"可能达成一致的意见"，而不是说每个有理性的人都会达成一致的意见。就算他们现在不同意，过一阵子他们也可能变成同意。我们要强调的重点是，除非我们认为某个不同的意见终究有助于解决某个问题，否则就会徒乱心意。

人们确实会同意、也会不同意的两个事实，来自人类复杂的天性。人是理性的动物。理性是人类表达同意的力量泉源。人类的兽性与理性中不完美的部分，则是造成许多不同意的原因。人是情绪与偏见的动物。他们必须用来沟通的语言是不完美的媒介，被情绪遮盖着，被个人的喜好渲染着，被不恰当的思想穿梭着。不过在人是理性的程度之内，这些理解上的困难是可以克服的。从误解而产生的不同意见只是外表的，是可以更正的。

当然，还有另一种不同意是来自知识的不相当。比较无知的人和超越自己的人争论时，经常会错误地表示反对的意见。然而，学识比较高的人，有权指正比较无知的人所犯的错误。这种不同意见所造成的争论也是可以更正的。知识的不相当永远可以用教导来解决。

还有一些争论是被深深隐藏起来的，而且还可能是沉潜在理性之中。这种就很难捉摸，也难以用理性来说明。无论如何，我们刚刚所说是大部分争论形式——只要排除误解，增加知识就能解决这些争论。这两种解药尽管经常很困难，通常却都管用。因此，一个人在与别人对话时，就算有不同的意见，最后还是有希望达成共识。他应该准备好改变自己的想法，才能改变别人的想法。他永远要先想到自己可能误解了，或是在某一个问题上有盲点。在争论之中，一个人绝不能忘了这是教导别人，也是自己受教的一个机会。

问题在许多人并不认为争议是教导与受教的一个过程。他们认为任何事都只是一个观点问题。我有我的观点，你也有你的，我们对自己的观点都有神圣不可侵犯的权利，就像我们对自己的财产也有同样的权利。如果沟通是为了增进知识，从这个角度出发的沟通是不会有收获的。这样的交谈，顶多像是一场各持己见的乒乓球赛，没有人得分，没有人赢，每个人都很满意，因为自己没有输——结果，到最后他还是坚持最初的观点。

如果我们也是这样的观点，我们不会——也写不出这本书来。相反的，我们认为知识是可以沟通传达的，争议可以在学习中获得解决。如果真正的知识（不是个人的意见）是争议的焦点，那么在大多数情况下，这些争议或者只是表面的，借由达成共识或心智的交流就可以消除，或者就算真正存在，仍然可以借由长期的过程以事实与理性来化解。有理性的争议方法就是要有长久的耐心。简短来说，争议是可争辩的事物。除非双方相信透过相关证据的公开，彼此可以借由理性来达成一种理解，进而解决原始的争议议题，否则争议只是毫无意义的事。

第三个规则要如何应用在读者与作者的对话中呢？这个规则要怎样转述成阅读的规则呢？当读者发现自己与书中某些观点不合时，就要运用到这个规则了。这个规则要求他先确定这个不同的意见不是出于误解。再假设这个读者非常注意，除非自己真的了解，而且确实毫无疑问，否则不会轻易提出评断的规则，那么，接下来呢？

接下来，这个规则要求他就真正的知识与个人的意见作出区别。还要相信就知识而言，这个争议的议题是可以解决的。如果他继续进一步追究这个问题，作者的观点就会指引他，改变他的想法。如果这样的状况没有发生，就表示他的论点可能是正确的,至少在象征意义上,他也有能力指导作者。至少他可以希望如果作者还活着,还能出席的话,作者也可能改变想法。

你可能还记得上一章的结尾部分谈过一点这个主题。如果一个作者的主旨没有理论基础,就可以看作是作者个人的意见。一个读者如果不能区别出知识的理论说明与个人观点的阐述,那他就无法从阅读中学到东西。他感兴趣的顶多只是作者个人,把这本书当作是个人传记来读而已。当然,这样的读者无所谓同意或不同意,他不是在评断这本书,而是作者本身。

无论如何,如果读者基本的兴趣是书籍本身,而不是作者本身,对于自己有责任评论这件事就要认真地对待。在这一点上,读者要就真正的知识与他个人观点以及作者个人观点之不同之处,作出区分。因此,除了表达赞成或反对的意见之外,读者还要作更多的努力。他必须为自己的观点找出理由来。当然,如果他赞同作者的观点,就是他与作者分享同样的理论。但是如果他不赞同,他一定要有这么做的理论基础。否则他就只是把知识当作个人观点来看待了。

因此,以下是规则十一,**尊重知识与个人观点的不同,在作任何评断之前,都要找出理论基础。**

顺便强调的是,我们并不希望大家认为我们主张有许多"绝对"的知识。我们前一章提到的自明之理,对我们来说是不能证明,也无法否定的真理。然而,大多数的知识都无法做到绝对的地步。我们所拥有的知识都是随时可以更正的。我们所知道的知识都有理论支持,或至少有一些证据在支持着,但我们不知道什么时候会出现新的证据,或许就会推翻我们现在相信的事实。

不过这仍然不会改变我们一再强调区别知识与意见的重要性。如果你愿意，那么知识存在于**可以辩护的意见**之中——那些有某种证据支持的意见。因此，如果我们真的知道些什么，我们就要相信我们能以自己所知来说服别人。至于"意见"，就我们一直使用这个字眼的意义来说，代表没有理论支持的评断。所以谈到"意见"的时候，我们一直和"只是"或"个人"等词汇联用。当我们除了个人的感觉与偏见，并没有其他证据或理由来支持一个陈述，就说某件事是真理的话，那未免儿戏了。如果我们手中有一些有理性的人都能接受的客观证据，我们就可以说这是真理，而我们也知道这么说没错。

现在我们要摘要说明这一章所讨论的三个规则。这三个规则在一起所说明的是批评式阅读的条件，而在这样的阅读中，读者应该能够与作者"辩论"。

第一：要求读者先完整地了解一本书，不要急着开始批评。第二：恳请读者不要争强好辩或盲目反对。第三：将知识上的不同意见看作是大体上可以解决的问题。这个规则再进一步的话，就是要求读者要为自己不同的意见找到理论基础，这样这个议题才不只是被说出来，而且会解释清楚。只有这样，才有希望解决这个问题。

# 第十一章　赞同或反对作者

　　一个读者所能说的第一件事是他读懂了，或是他没读懂。事实上，他必须先说自己懂了，这样才能说更多的话。如果他没懂，就应该心平气和地回头重新研究这本书。

　　在第二种难堪的情况中，有一个例外。"我没懂"这句话也可能本身就是个评论。但下这个评论之前，读者必须有理论支持才行。如果问题出在书本，而不是读者自己，他就必须找出问题点。他可以发现这本书的架构混乱，每个部分都四分五裂，各不相干，或是作者谈到重要的字眼时模棱两可，造成一连串的混淆困扰。在这样的状态中，读者可以说这本书是没法理解的，他也没有义务来作评论。

　　然而，假设你在读一本好书，也就是说这是一本可以理解的书。再假设最后你终于可以说："我懂了！"再假设除了你看懂了全书之外，还对作者的意见完全赞同，这样，阅读工作才算是完成了。分析阅读的过程已经完全结束。你已经被启发，被说服或被影响了。当然，如果你对作者的意见不同意或暂缓评论，我们还会有进一步的考量。尤其是不同意的情况比较常见。

　　作者与读者争辩——并希望读者也能提出辩驳时——一个

好的读者一定要熟悉辩论的原则。在辩论时他要有礼貌又有智慧。这也是为什么在这本有关阅读的书中，要另辟一章来谈这个问题的原因。**当读者不只是盲目地跟从作者的论点，还能和作者的论点针锋相对时，他最后才能提出同意或反对的有意义的评论。**

同意或反对所代表的意义值得我们进一步讨论。一位读者与作者达成共识后，掌握住他的主旨与论述，便是与作者心意相通了。事实上，诠释一本书的过程是透过言语的媒介，达到心灵上的沟通。读懂一本书可以解释为作者与读者之间的一种认同。他们同意用这样的说法来说明一种想法。因为这样的认同，读者便能透过作者所用的语言，看出他想要表达的想法。

如果读者读懂了一本书，怎么会不同意这本书的论点呢？批评式阅读要求他保持自己的想法。但是当他成功地读懂这本书时，便是与作者的心意合一了。这时他还有什么空间保持自己的想法呢？

有些人不知道所谓的"同意"其实是包含两种意义的，于是，错误的观念就形成前面的难题。结果，他们误以为两人之间如果可以互相了解，便不可能不同意对方的想法。他们认为反对的意见纯粹来自不了解。

只要我们想想作者都是在对我们所生活的世界作出评论，这个错误就很容易看出来了。他声称提供给我们有关事物存在与行动的理论知识，或是我们该做些什么的实务知识，当然，他可能是对的，也可能是错的。只有当他说的是事实，而且提出相关的证据时，他的说法才成立。否则就是毫无根据的说辞。

譬如你说："所有的人都是平等的。"我们可能会认为你说的是人生而具有的智慧、力量与其他能力都是相同的。但就我们对事实的观察，我们不同意你的观点。我们认为你错了。但也可能我们误解你了。或许你要说的是**每个人的政治权利是平等的**。因为我们误解了你的意思，所以我们的不同意是毫无意义的。现在假设这个误解被纠正了。仍然可能有两种回答。我们可以同意，也可以不同意。**但是这时如果我们不同意，我们之间就出现了一个真正的议题**。我们了解你的政治立场，但我们的立场与你相反。

只有当双方都了解对方所说的内容时，关于事实或方向的议题——关于一件事是什么或该如何做的议题——才是真实的。在讨论一件事时，双方都要对文字上的应用没有意见之后，才能谈到同意或不同意的观点。这是因为（不是尽管），当你透过对一本书的诠释理解，与作者达成了共识之后，才可以决定同意他的论点，或是不同意他的立场。

## 偏见与公正

现在我们来谈谈你读懂了一本书，但是却不同意作者的状况。如果你都接受前一章所谈的规则，那么你的不同意就是因为作者在某一点上出错了。你并没有偏见，也不是情绪化。因为这是事实，那么要作到理想化的辩论就必须满足以下三种条件：

**第一点**，因为人有理性的一面，又有动物的一面，所以在争辩时就要注意你会带进去的情绪，或是在当场引发的脾气。否则你的争论会流于情绪化，而不是在说理了。当你的情绪很强烈时，你可能会认为自己很有道理。

第二点，你要把自己的前提或假设摊出来。你要知道你的偏见是什么——这也是你的预先评断。否则你就不容易接受对手也有不同假设的权利。**一场好的辩论是不会为假设而争吵的。**譬如作者明白地请你接受某个前提假设，你就不该因为也可以接受相反的前提假设就不听他的请求。如果你的偏见正好在相反的那一边，而你又不肯承认那就是偏见，你就不能给作者一个公平的机会表达意见了。

**第三点也是最后一点，**派别之争几乎难以避免地会造成一些盲点，要化解这些盲点，应尽力尝试不偏不倚。当然，争论而不想有派别之分是不可能的事。但是在争论时应该多一点理性的光，少一点激情的热，每个参与辩论的人至少都该从对方的立场来着想。如果你不能用**同理心**来阅读一本书，你的反对意见会更像是争吵，而不是文明的意见交流。

理想上，这三种心态是明智与有益的对话中必要的条件。这三种要件显然也适用在阅读上——那种作者与读者之间的对话上。对一个愿意采取理性争论方式的读者来说，每一个建议对他都是金玉良言。

但这只是理想，仅能做到近似而已。我们不敢对人抱持这样的奢望。我们得赶快承认，我们也充分地注意到自己的缺点。我们也会违反我们自己所定的辩论中该有的明智规则。我们发现自己也会攻击一本书，而不是在评论，我们也会穷追猛打，辩不过的时候也继续反对，把自己的偏见讲得理直气壮，好像我们比作者要更胜一筹似的。

然而，无论如何，我们仍然相信，作者与读者的对话及批评式的阅读，是可以相当有纪律的。因此，我们要介绍一套比较容易遵守，可以取代这三种规则的替代方法。这套方法指出四种站在对立角度来评论一本书之道。我们希望即使读者想要提出这四种评论时，也不会陷入情绪化或偏见的状态中。

以下是这四点的摘要说明。我们的前提是读者能与作者进行对话，并能回应他所说的话。在读者说出："我了解，但我不同意。"之后，他可以用以下的概念向作者说明：（1）你的知识不足（uninformed）。（2）你的知识有错误（misinformed）。（3）你不合逻辑——你的推论无法令人信服。（4）你的分析不够完整。

这四点可能并不完整，不过我们认为已经够了。无论如何，这确实是一位读者在不同意时，基本上可以作出的重点声明。这四个声明多少有点独立性。只用其中一点，不会妨害到其他重点的运用。每个重点或全部的重点都可以用上，因为这些重点是不会互相排斥的。

不过，再强调一次，读者不能任意使用这些评论，除非他确定能证明这位作者是知识不足、知识有误或不合逻辑。一本书不可能所有的内容都是知识不足或知识有误。一本书也不可能全部都不合逻辑。而要作这样评论的读者，除了要能精确地指认作者的问题之外，还要能进一步证明自己的论点才行。他要为自己所说的话提出理由来。

## 判断作者的论点是否正确

这四个重点之中，第四个重点与前三个略微不同，我们会继续讨论这一点。我们先简单地谈一下前三点，再谈第四点。

（1）说一位作者知识不足，就是在说他缺少某些与他想要解决的问题相关的知识。在这里要注意的是，除非这些知识确实相关，否则就没有理由作这样的评论。要支持你的论点，你就要能阐述出作者所缺乏的知识，并告诉他这些知识如何与这个问题有关，如果他拥有这些知识会如何让他下一个不同的结论。

我们还要补充说明一点。达尔文缺乏基因遗传学的知识，这些是由孟德尔及后继者研究证实的知识。在他的《物种起源》中，最大的缺点就是他对遗传机能的知识一无所知。吉朋，则缺乏一些后来的历史学家研究证明所显示出罗马沦亡的关键点。通常，在科学与历史中，前人缺乏的知识都是由后来的人发掘出来的。科技的进步与时间的延长，使得大部分的研究调查都能做到这一点。但在哲学领域中，状况却可能相反。似乎时间越久远，知识只有衰退，而毫无增进。譬如古人就已经懂得分辨出人的意识、想象与理解力。在18世纪，休谟（David Hume）的作品中对人的想象与思想的区别一无所知，然而早期的哲学家早已建立起这个概念了。

（2）说一位作者的知识错误，就是说他的理念不正确。这样的错误可能来自缺乏知识，但也可能远不止于此。不论是哪一种，他的论点就是与事实相反。作者所说的事实或可能的事实，其实都是错的，而且是不可能的。这样的作者是在主张他自己其实并没有拥有的知识，当然，除非这样的缺点影响到作者的结论，否则并没必要指出来。要作这个评论，你必须要能说明事实，或是能采取比作者更有可能性的相反立场来支持你的论点。

譬如斯宾诺莎的一本政治论著中，谈到民主是比专制更原始的一种政治形态。这与已经证实的政治史实完全相反。斯宾诺莎这个错误的观点，影响到他接下来的论述。亚里士多德误以为在动物的传宗接代中，雌性因素扮演着重要的角色，结果导致一个难以自圆其说的生殖过程的结论。阿奎那的错误在他认为天体与星球是截然不同的，因为他认为前者只会改变位置，此外无从改变。现代的天文学家更正了这个错误，而使得古代及中世纪的天文学往前迈进一大步。但是他这个错误只与部分内容相关。他出了这个错，却不影响他在形上学的论点，他认为所有可知觉的事物都是由内容及形式所组成的。

前两点的批评是互相有关联的。知识不足，就可能造成我们所说的知识错误。此外，任何人的某种知识错误，也就是在那方面知识不足。不过，这两种不足在消极与积极面上的影响，还是有差别的。缺乏相关的知识，就不太可能解决某个特定的问题，或支持某一种结论。错误的知识却会引导出错误的结论，与站不住脚的解答。这两个评论合在一起，指出的是作者的前提有缺陷。他需要充实知识。他的证据与论点无论在质与量上都还不够好。

（3）说一位作者是不合逻辑的，就是说他的推论荒谬。一般来说，荒谬有两种形态。一种是缺乏连贯，也就是结论冒出来了，却跟前面所说的理论连不起来。另一种是事件变化的前后不一致，也就是作者所说的两件事是前后矛盾的。要批评这两种问题，读者一定要能例举精确的证据，而那是作者的论点中所欠缺的使人信服的力量。只要当主要的结论受到这些荒谬推论的影响时，这个缺点才要特别地提出来。一本书中比较无关的部分如果缺乏信服力，也还说得过去。

第三点比较难以例举说明。因为真正的好书，很少在推论上出现明显的错误。就算真的发生了，通常也是精巧地隐藏起来，只有极有洞察力的读者才能发掘出来。但是我们可以告诉你一个出现在马基雅维里的《君主论》中的谬论。马基雅维里说：

> 所有的政府，不论新或旧，主要的维持基础在法律。如果这个政府没有很好的武装力量，就不会有良好的法律。也就是说，只要政府有很好的武装力量，就会有好的法律。

所谓良好的法律来自良好的警察力量，所谓只要警察力量是强大的，法律也自然是良好的，是不通的。我们暂且忽略这个议题中高度的可疑性。我们关心的只是其中的连贯性。就算我们说快乐来自于健康比好法律来自有效力的警察力量还要有道理一些，但是也不能跟着说：健康的人都是快乐的人。

在霍布斯的《法律的原理》(Elements of Law) 中，他主张所有的物体不过是在运动中的物质数量而已。他说在物体的世界中是没有品质可言的。但是在另一个地方，他主张人本身就不过是个物体，一组在运动中的原子的组合。他一方面承认人有感官品质的存在——颜色、气味、味觉等等——一方面又说这都不过是大脑中原子的运动所造成的。这个结论与前面第一个论点无法呼应，在那个论点中他说的是在运动中的物体是没有品质的。他所说的所有运动中的物体，应该也包括任何一组特殊的物体，大脑的原子运动自然也该在其中才对。

这第三个批评点与前两个是互相关联的。当然，有时候作者可能没法照他自己所提的证据或原则得出结论。这样他的推论就不够完整。但是这里我们主要关心的还是一个作者的理论根据很好，导出来的结论却很差的情况。发现作者的论点没有说服人的力量，是因为前提不正确或证据不足，虽然很有趣，但却一点也不重要。

如果一个人设定了很完整的前提，结论却问题百出，那从某个角度而言，就是他的知识有错误。不过，到底这些错误的论述来自推论有毛病的问题，还是因为一些其他的缺点，特别像是相关知识不足等等，这两者之间的差异倒是值得我们细细推敲的。

## 判断作者论述的完整性

我们刚谈过的前面三个批评点，是与作者的声明与论述有关的。让我们谈一下读者可以采取的第四个批评点。这是在讨论作者是否实际完成了他的计划——也就是对于他的工作能否交待的满意度。

在开始之前，我们必须先澄清一件事。如果你说你读懂了，而你却找不出证据来支持前面任何一个批评点的话，这时你就有义务要同意作者的任何论点。这时你完全没有自主权。你没有什么神圣的权利可以决定同意或不同意。

如果你不能用相关证据显示作者是知识不足、知识有误，或不合逻辑，你就不能反对他。你不能像很多学生或其他人说的："你的前提都没有错，推论也没问题，但我就是不同意你的结论。"这时候你唯一能说的可能只是你"不喜欢"这个结论。你并不是在反对。你只在表达你的情绪或偏见。如果你已经被说服了，就该承认。（如果你无法提出证据来支持前三项批评点，但仍然觉得没有被作者说服，可能在一开始时你就不该说你已经读懂了这本书。）

前面三个批评点与作者的共识、主旨与论述有关。这些是作者开始写作时要用来解决问题的要素。第四点——这本书是否完整了——与整本书的架构有关。

（4）说一位作者的分析是不完整的，就是说他并没有解决他一开始提出来的所有问题，或是他并没有尽可能善用他手边的资料，或是他并没有看出其间的含意与纵横交错的关系，或是他没法让自己的想法与众不同。但这还不够去说一本书是不完整的。任何人都可以这样评论一本书。人是有限的，他们所做的任何工作也都是有限的，不完整的。因此，作这样的评论是毫无意义的。除非读者能精确地指出书中的问题点——不论是来自他自己的努力求知，或是靠其他的书帮忙——才能作这样的批评。

让我们作一个简要的说明。在亚里士多德的《政治学》中，有关政府形态的分析是不完整的。因为他受时代的限制，以及他错误地接受奴隶制度，亚里士多德没有想到，或说构想到，真正的民主架构在人民的普选权。他也没法想象到代议政治与现代的联邦体制。如果有的话，他的分析应该延伸到这些政治现实才行。欧几里得的《几何原理》也是叙述不完整。因为欧几里得没想到平行线之间其他的公理。现代几何学提出了其他的假设，补足了这个缺陷。杜威的《如何思考》（*How We Think*），关于思考的分析是不完整的。因为他没有提到在阅读时产生的思考，在老师指导之下的思考，以及在研究发现时所产生的思考。对相信人类永生的基督徒而言，埃比克泰德（Epictetus）或奥勒留（Marcus Aurelius）有关人类幸福的论述也是不完整的。

严格来说，第四点并不能作为不同意一个作者的根据。我们只能就作者的成就是有限的这一点而站在对立面上。然而，当读者找不出任何理由提出其他批评点而同意一本书的部分理论时，或许会因为这第四点，关于一本书是不完整的论点，而暂缓评论整本书。站在读者的立场，暂缓评论一本书就是表示作者并没有完全解决他提出的问题。

阅读同样领域的书，可以用这四种评论的标准来作比较。如果一本书能比另一本书说出较多的事实，错误也较少，就比较好一点。但如果我们想要借读书来增进知识，显然一本能对主题作最完整叙述的书是最好的。这位作者可能会缺乏其他作者所拥有的知识；这位作者所犯的错误，可能是另一位作者绝不会发生的；即使是相同的根据，这位作者的说服力也可能比不上另一位作者。但是唯有比较每位作者在分析论点时的完整性，才是真正有深度的比较。比较每本书里有效而且突出的论点有多少，就可以当作评断其完整性的参考了。这时你会发现能与作者找出共同的词义是多么有用了。突出的词义越多，突出的论述也就越多。

你也可能观察到第四个批评点与分析阅读的三个阶段是息息相关的。在拟大纲的最后阶段，就是要知道作者想要解决的问题是什么。诠释一本书的最后阶段，就是要知道作者解决了哪些问题，还有哪些问题尚未解决。批评一本书的最后阶段，就是要检视作者论述的完整性。这跟全书大纲，作者是否把问题说明清楚，也跟诠释一本书，衡量他多么完满地解决了问题都有关。

## 分析阅读的三阶段

现在我们已经大致完成了分析阅读的举证与讨论。我们现在要把所有的规则按适当的次序，用合宜的标题写出来：

一、分析阅读的第一阶段：找出一本书在谈些什么的规则

（1）依照书的种类与主题来分类。

（2）使用最简短的文字说明整本书在谈些什么。

（3）将主要部分按顺序与关联性列举出来。将全书的大纲列举出来，并将各个部分的大纲也列出来。

（4）确定作者想要解决的问题。

二、分析阅读的第二阶段：诠释一本书的内容规则

（5）诠释作者的关键字，与他达成共识。

（6）由最重要的句子中，抓住作者的重要主旨。

（7）知道作者的论述是什么，从内容中找出相关的句子，再重新架构出来。

（8）确定作者已经解决了哪些问题，还有哪些是没解决的。再判断哪些是作者知道他没解决的问题。

三、分析阅读的第三阶段：像是沟通知识一样地评论一本书的规则

A．智慧礼节的一般规则

（9）除非你已经完成大纲架构，也能诠释整本书了，否则不要轻易批评。（在你说出："我读懂了！"之前，不要说你同意、不同意或暂缓评论。）

（10）不要争强好胜，非辩到底不可。

（11）在说出评论之前，你要能证明自己区别得出真正的知识与个人观点的不同。

B．批评观点的特别标准

（12）证明作者的知识不足。

（13）证明作者的知识错误。

（14）证明作者不合逻辑。

（15）证明作者的分析与理由是不完整的。

注意：关于最后这四点，前三点是表示不同意见的准则，如果你无法提出相关的佐证，就必须同意作者的说法，或至少一部分说法。你只能因为最后一点理由，对这本书暂缓评论。

本书在第七章结尾时，已经提出分析阅读的前四个规则，

以便帮助你回答对一本书提出来的一个基本问题：这本书大体上来说是在谈些什么？同样，在第九章的结尾，诠释一本书的四个规则能帮助你回答第二个问题，这也是你一定会问的问题：**这本书详细的内容是什么？作者是如何写出来的？**很清楚，剩下来的七个阅读规则——评论的智慧礼节、批评观点的特别标准——能帮助你回答第三与第四个基本问题。你一定还记得这两个问题：**这是真实的吗？有意义吗？**

"这是真实的吗？"的问题，可以拿来问我们阅读的任何一种读物。我们可以对任何一种读物提出"真实性"的疑问——数学、科学、哲学、历史与诗。人类发挥心智所完成的作品，如果就其真实性而受到赞美，可说是再也没有比这更高的评价了。同样，就其真实性而进行批评，也是认真对待一部正经作品的态度。但奇怪的是，近几年来，在西方社会中，第一次出现了这种最高评价的标准逐渐丧失的现象。赢得批评家的喝彩，广受大众瞩目的书本，几乎都是在嘲弄事实的作品——越是夸大，效果越好。大部分读者，特别是阅读流行读物的读者，在使用不同的评论标准赞美或责难一本书——这本书是否新奇、哗众取宠，有没有诱惑力，有没有威力能迷惑读者的心等等，而不是在这本书的真实性，论点是否清晰，或是启发人心的力量上。这些标准之所以落伍，或许是现代有许多非科学类的作者，他们对于真实性要求不高的原因。我们可以推想这样的危机：如果任何有关真实的作品不再是关心的焦点时，那么愿意写作、出版、阅读这样的书的人就更少了。

除非你阅读的东西在某种程度上是真实的，否则你用不着再读下去。就算是这样，你还是要面对最后一个问题。如果你是为了追求知识而阅读，除非你能判断作者所提出的事实的意义，或者应该具备的意义，否则称不上有头脑的阅读。作者所提出的事实，很少没经过有意无意的诠释。尤其如果你读的是文摘类的作品，那都是根据某种意义，或某种诠释原则而过滤过的事实。如果你阅读的是启发性的作品，这个问题更是没有终了的时刻。在学习的任何一个阶段，你都要回顾一下这个问题："这究竟有没有意义？"

我们已经提过的这四个问题，总结了身为读者应尽的义务。前三个，与人类语言的沟通天性有关。如果沟通并不复杂，就用不着拟出大纲来。如果语言是完美的沟通媒介，而不是有点不透明，就用不着诠释彼此的想法了。如果错误与无知不会局限真实或知识，我们也根本用不着批评了。第四个问题区别了讯息（information）与理解（understanding）之间的差异。如果你阅读的读物是以传递讯息为主，你就要自己更进一步，找出其中的启发性来。即使你被自己阅读的东西所启发了，你也还要继续往前探索其中的意义。

在进入本书的第三篇之前，或许我们该再强调一次，这些分析阅读的规则是一个理想化的阅读。没有多少人用过这样的方法来阅读一本书。而使用过这些方法的人，可能也没办法用这些规则来阅读许多本书。无论如何，这些规则只是衡量阅读层次的理想标准。你是个好读者，也就能达到你应该达到的阅读层次。

当我们说某人读书"读得很好"（Well-read）时，我们心中应该要有这些标准来作衡量的依据。太多时候，我们是用这样的句子来形容一个人阅读的量，而非阅读的质。一个读得很广泛，却读不精的人，与其值得赞美，不如值得同情。就像霍布斯所说："如果我像一般人一样读那么多书，我就跟他们一样愚蠢了。"

伟大的作者经常也是伟大的读者，但这并不是说他们阅读所有的书。只是在我们的生活中，阅读是不可或缺的。在许多例子中，他们所阅读的书比我们在大学念的书还要少，但是他们读得很精。因为他们精通自己所阅读的书，他们的程度就可以跟作者相匹敌。他们有权被称作权威人士。在这种状况下，很自然地，一个好学生通常会变成老师，而一位好的读者也会变成作者。

我们并不是企图要指引你开始写作，而是要提醒你，运用本书所提供的规则，仔细地阅读一本书，而不是浮面地阅读大量的书，就是一个好读者能达到的理想境界了。当然，许多书都值得精读。但有更多的书只要浏览一下就行了。要成为一个好读者，就要懂得依照一本书的特质，运用不同的阅读技巧来阅读。

# 第十二章　辅助阅读

除了书籍本身之外，任何辅助阅读我们都可以称作是外在的阅读。所谓"内在阅读"（intrinsic reading），意思是指阅读书籍的本身，与所有其他的书都是不相关的。而"外在阅读"（extrinsic reading）指的是我们借助其他一些书籍来阅读一本书。到目前为止，我们故意避免谈到外在的辅助阅读。我们前面所谈的阅读规则，是有关内在阅读的规则——并不包括到这本书以外的地方寻找意义。有好几个理由让我们坚持到现在，一直将焦点集中在身为读者的基本工作上——拿起一本书来研究，运用自己的头脑来努力，不用其他的帮助。但是如果一直这样做下去，可能就错了。外在阅读可以帮上这个忙。有时候还非要借助外在阅读，才能完全理解一本书呢！

我们一直到现在才提出外在阅读的一个理由是：在理解与批评一本书的过程中，内在与外在的阅读通常会混在一起。在诠释、批评与做大纲时，我们都难免受到过去经验的影响。在阅读这本书之前，我们一定也读过其他的书。没有人是从分析阅读开始阅读第一本书的。我们可能不会充分对照其他书籍或自己生活里的经验，但是我们免不了会把某一位作者对某件事的声明与结论，拿来跟我们所知的，许多不同来源的经验作比较。这也就是俗话说的，我们不应该，也不可能完全孤立地阅读一本书。

但是要拖到现在才提出外在阅读的主要理由是：许多读者太依赖外在的辅助了，我们希望你了解这是毫无必要的。阅读一本书时，另一只手上还拿着一本字典，其实是个坏主意。当然这并不是说你在碰到生字时也不可以查字典。同样，一本书困扰住你时，我们也不会建议你去阅读评论这本书的文章。整体来说，在你找寻外力帮助之前，最好能自己一个人阅读。如果你经常这么做，最后你会发现越来越不需要外界的助力了。

外在的辅助来源可以分成四个部分。在这一章中，我们会依照以下的顺序讨论出来：第一，相关经验。第二，其他的书。第三，导论与摘要。第四，工具书。

要如何运用或何时运用这些外在的辅助资料，我们无法针对特例一一说明，但我们可以作一般性的说明。根据一般的阅读常识来说，你依照内在阅读的规则尽力将一本书读完之后，却还是有一部分不懂或全部都不懂时，就应该要找外在的帮助了。

## 相关经验的角色

有两种形态的相关经验可以帮助我们了解在阅读时有困难的书。在第六章，我们已经谈到一般经验与特殊经验的不同之处。一般经验适用于任何一个活着的男人跟女人。特殊经验则需要主动地寻找，只有当一个人碰到困难时才会用得上。特殊经验的最佳例子就是在实验室中进行的实验，但也不一定需要有实验室。譬如一位人类学家的特殊经验可以是旅行到亚马逊流域，去研究一个尚未被开发的原始土著的居住形态。他因此增加了一些别人没有的特殊经验，也是许多人不可能有的经验。如果大多数科学家探险过那个区域之后，他的经验就失去了独特性。同样，太空人登陆月球也是非常特殊的经验，而月球并不是一般人习以为常的实验室。大多数人并没有机会知道居住在没有空气的星球上是什么滋味，而在这成为一般经验之前，大多数人还是会保持这样的状态。同样，上面有庞大地心引力的木星，在一般人心中也会继续想成一个像实验室般的地方，而且可能会一直如此。

一般的经验并不一定要每个人都有才叫一般。一般（Common）与全体（Universal）是有点差别的。譬如并不是每个人都能经历生下来就有父母的经验，因为有些人一出生就是孤儿。然而，家庭生活却是一般人的普通经验，因为这是大多数男人跟女人在正常生活中的体验。同样，性爱也不是每个人都有的经验，但是这是个共通的经验，因此我们称这个经验为一般经验。有些男人或女人从没有过这样的经验，但是这个经验被绝大多数的人类共享着，因此不能称作特殊经验。（这并不是说性爱经验不能在实验室中作研究，实际上也有很多人在做了。）被教导也不是每个人都有的经验，有些人从未上过学，但是这也属于一般经验。

这两种经验主要是跟不同的书籍有关。一般经验在一方面与阅读小说有关，另一方面与阅读哲学书籍有关。判断一本小说的写实性，完全要依赖一般的经验。就像所有的人一样，我们从自己的生活体验来看这本书是真实或不够真实。哲学家与诗人一样，也是诉诸人类的共通经验。他并没有在实验室工作，或到外面作专门的研究调查。因此你用不着外界特殊经验的辅助，就能理解一位哲学家的主要原则。他谈的是你所知道的一般经验，与你每天生活中所观察到的世界。

特殊经验主要是与阅读科学性作品有关。要理解与判断一本科学作品所归纳的论点，你就必须了解科学家所作的实验报告与证明。有时候科学家在形容一个实验时栩栩如生，你读起来一点困难也没有。有时说明图表会帮助你了解这些像是奇迹般的描述。

阅读历史作品，同时与一般经验及特殊经验都有关。这是因为历史掺杂着虚构与科学的部分。从一方面来说，口述历史是个故事，有情节、角色、插曲、复杂的动作、高潮、余波。这就像一般经验也适用于阅读小说跟戏剧一样。但是历史也像科学一样，至少有些历史学家自己研究的经验是相当独特的。他可能有机会阅读到一些机密文件，而一般人如果阅读这些文件是会有麻烦的。他可能作过广泛的研究，不是进入残存的古老文明地区，就是访问过偏远地区的人民生活。

要怎样才能知道你是否适当地运用自己的经验，来帮助你读懂一本书呢？最确定的测验方式就是我们讨论过的方式，跟测验你的理解力一样，问问你自己：在你觉得自己了解了的某一点上，能不能举出一个实例来？很多次我们要学生这么做，学生们却答不出来。他们看起来是了解了某个重点，但叫他起来举例说明时，他又是一脸茫然的样子。显然，他们并不是真的读懂了那本书。在你不太确定自己有没有掌握一本书时，不妨这样测验一下你自己。以亚里士多德在《伦理学》中讨论的道德为例，他一再强调，道德意味着过与不及之间的状态。他举出了一些具体的例子，你能同样举出类似的例子吗？如果可以，你就大致了解了他的重点。否则你该重新回到原点，再读一次他的论点。

## 其他的书可以当作阅读时的外在助力

在后面我们会讨论到主题阅读，那是在同一个主题下，阅读很多本书。此刻，我们要谈的是阅读其他的书籍，以辅助我们阅读某一本书的好处。

我们的建议尤其适用于所谓巨著。一般人总是抱着热忱想要阅读巨著，但是当他绝望地感觉到自己无法理解这本书时，热忱很快便消退了。其中一个原因，当然是因为一般人根本不知道要如何好好地阅读一本书。但还不只如此，还有另一个原因：他们认为自己应该能够读懂自己所挑选的第一本书，用不着再读其他相关的著作。他们可能想要阅读《联邦党人文集》，却没有事前先看过邦联条例和美国宪法。或是他们读了这些书，却没有看看孟德斯鸠的《论法的精神》与卢梭的《社会契约论》。

许多伟大的作品不只是互相有关联，而且在写作时还有特定的先后顺序，这都是不该忽略的事。后人的作品总是受到前人的影响。如果你先读前一位的作品，他可能会帮助你了解后人的作品。阅读彼此相关的书籍，依照写作的时间顺序来读，对你了解最后写的作品有很大帮助。这就是外在辅助阅读的基本常识与规则。

外在辅助阅读的主要功用在于延伸与一本书相关的内容脉络。我们说过文章的脉络有助于诠释字义与句子，找出共识与主旨。就像一整本书的脉络是由各个部分贯穿起来一样，相关的书籍也能提供一个更大的脉络，以帮助你诠释你正在阅读的书。

我们经常会发现，一本伟大的著作总会有很长的对话部分。伟大的作者也是伟大的读者，想要了解他们，不妨读一读他们在读的书。身为读者，他们也是在与作者对话，就像我们在跟我们所阅读的书进行对话一样。只不过我们可能没写过其他的书。

想要加入这样的谈话，我们一定要读与巨著相关的著作，而且要依照写作前后的年表来阅读。有关这些书的对话是有时间顺序的。时间顺序是最基本的，千万不要忽略了。阅读的顺序可以是从现代到过去，也可以从过去到现代。虽然从过去读到现代的作品因为顺其自然而有一定的好处，不过年代的角度也可以倒过来观察。

顺便提醒一下，比起科学与小说类的书，阅读历史与哲学的书时，比较需要阅读相关的书籍。尤其是阅读哲学书时更重要，因为哲学家互相都是彼此了不起的读者。在小说与戏剧中，这就比较不重要了。如果真是好作品，可以单独阅读。当然一些文评家并不想限制自己这么做。

## 如何运用导读与摘要

第三种外在的辅助阅读包括导读（commentary）与摘要

（abstract）。这里要强调的是，在运用这些资料时要特别聪明，也就是要尽量少用。这么说有两个理由。

第一，一本书的导读并不一定都是对的。当然，这些导读的用处很大，但却并不像我们希望的那样经常有用。在大学的书店里，到处都有阅读手册（handbook）与阅读指南（manual）。高中生也常到书店买这类书。这种书就经常产生误导。这些书都号称可以帮助学生完全了解老师指定他们阅读的某本书，但是他们的诠释有时错得离谱，除此之外，他们也实际上惹怒了一些老师与教授。

但是就这些导读的书籍而言，我们不能不承认它们往往对考试过关大有助益。此外，好像是为了要与某些被惹恼的老师取得平衡，有些老师上课也会使用这些书。

尽量少用导读的第二个原因是，就算他们写对了，可能也不完整。因此，你可能在书中发现一些重点，而那些导读者却没有发现到。阅读这类导读，尤其是自以为是的导读，会限制你对一本书的理解，就算你的理解是对的。

因此，我们要给你一些关于如何使用导读的建议。事实上，这已经很相当于外在阅读的基本规则。内在阅读的规则是在阅读一本书之前，你要先看作者的序与前言。相反地，外在的阅读规则是除非你看完了一本书，否则不要看某个人的导读。这个规则尤其适用于一些学者或评论家的导言。要正确地运用这些导读，必须先尽力读完一本书，然后还有些问题在干扰着你时，你才运用这些导读来解答问题。如果你先读了这些导读，可能会让你对这本书产生曲解。你会只想看那些学者或批评家提出的重点，而无法看到可能同样重要的其他论点。

如果是用这样的方法阅读，附带读一些这类的导读书籍是很有趣的事。你已经读过全书，也都了解了。而那位导读者也读过这本书，甚至可能读了好几次，他对这本书有自己的理解。你接近他的作品时，基本上是与他站在同一个水平上的。然而如果你在阅读全书之前，先看了他的导读手册，你就隶属于他了。

要特别注意的是，你必须读完全书之后，才能看这类诠释或导读手册，而不是在之前看。如果你已经看过全书，知道这些导读如果有错，是错在哪里，那么这样的导读就不会对你造成伤害。但是如果你完全依赖这样的书，根本没读过原书，你的麻烦就大了。

还有另一个重点。如果你养成了依赖导读的习惯，当你找不到这类书时，你会完全不知所措。你可能可以借着导读来了解某一本作品，但一般而言，你不会是个好读者。

这里所说的外在阅读的规则也适用于摘录或情节摘要之类的作品。他们有两种相关的用途，也只有这两种。第一，如果你已经读过一本书，这些摘要能唤醒你的记忆。理想上，在分析阅读时，你就该自己作这样的摘要。但如果你还没这样做，一份内容摘要对你来说是有帮助的。第二，在主题阅读时，摘要的用处很大，你可以因此知道某些特定的议题是与你的主题密切相关的。摘要绝不能代替真正的阅读，但有时却能告诉你，你想不想或需不需要读这本书。

## 如何运用工具书

工具书的类型有许多种。下面是我们认为最主要的两种：

字典与百科全书。无论如何，对于其他类型的工具书，我们也还是有很多话要说的。

虽然这是事实，但可能很多人不了解，那就是在你能运用工具书之前，你自己已经具备了很多知识：尤其是你必须有四种基本的知识。因此，工具书对矫正无知的功能是有限的。那并不能帮助文盲，也不能代替你思考。

要善用工具书，首先你必须有一些想法，不管是多模糊的想法，那就是你想要知道些什么？你的无知就像是被光圈围绕着的黑暗。你一定要能将光线带进黑暗之中才行。而除非光圈围绕着黑暗，否则你是无法这么做的。换句话说，你一定要能对工具书问一个明智的问题。否则如果你只是彷徨迷失在无知的黑幕中，工具书也帮不上你的忙。

其次，你一定要知道在哪里找到你要找的答案。你要知道自己问的是哪一类的问题，而哪一类的工具书是回答这类问题的。没有一本工具书能回答所有的问题，无论过去或现在，所有的工具书都是针对特定问题而来的。尤其是，事实上，在你能有效运用工具书之前，你必须要对主要类型的工具书有一个全盘的了解。

在工具书对你发挥功用之前，你还必须有第三种知识。你必须要知道这本书是怎么组织的。如果你不知道要如何使用这本工具书的特殊功能，那就无助于你知道自己想要的是什么，也不知道该用哪种工具书。因此，阅读工具书跟阅读其他的书籍一样，也是有阅读的艺术的。此外，编辑工具书的技巧也有关系。作者或编者应该知道读者在找的是什么样的资料，然后编排出读者需要的内容。不过，他可能没办法先预测到这一点，这也是为什么这个规则要你在阅读一本书之前，先看序言与前言的原因。在阅读工具书时也一样，要看完编辑说明如何使用这本书之后，才开始阅读内容。

当然，工具书并不能回答所有的问题。你找不到任何一本工具书，能同时回答在托尔斯泰的《人类的生活》(*What Men Live By*)中，上帝对天使提出的三个问题："人类的住所是什么？""人类缺乏的是什么？""人类何以为生？"你也没法找到托尔斯泰另一个问题的答案。他的另一个故事的篇名是："一个人需要多大的空间？"这类问题可说是不胜枚举。只有当你知道一本工具书能回答哪类问题，不能回答哪一类问题时，这本工具书对你才是有用的。这个道理也适用于一般人所共同认同的事物。在工具书中你只能看到约定俗成的观念，未获得普遍支持的论点不会出现在这种书中，虽然有时候也会悄悄挤进一两则惊人之论。

我们都同意，在工具书中可以找到人的生卒年份，以及类似的事实。我们也相信工具书能定义字或事物，以及描绘任何历史事件。我们不同意的是，一些道德问题，有关人类未来的问题等等，这类问题却无法在工具书中找到答案。我们假定在我们生活的时代，物质世界是有秩序的，因此所有东西都可以在工具书中找到。但是事实并非如此，因此，历史性的工具书就很有趣，因为它能告诉我们，在人类可知的事物中，人们的观点是如何变迁的。

要明智地运用工具书的第四个条件就是：你必须知道你想要找的是什么，在哪一种工具书中能找到这样的东西。你也要知道如何在工具书中找到你要的资料，还要能确定该书的编者或作者知道哪个答案。在你使用工具书之前,这些都是你应该清楚知道的事。对一无所知的人来说,工具书可说是毫无用处。工具书并不是茫然无知的指南。

## 如何使用字典

字典是一种工具书,以上所说的工具书问题在使用时都要考虑进去。但是字典也被当作是一种好玩的读物。在无聊的时候可以坐下来对它进行挑战。毕竟这比其他许多消磨时间的方法高明许多。

字典中充满了晦涩的知识,睿智繁杂的资讯。更重要的是,当然,字典也有严肃的用途。要能善用字典,就必须知道字典这种书的特点在哪里。

桑塔亚那(Santayana)评论希腊民族是在欧洲历史中,唯一未受教育的一群人。他的话有双重的意义。当然,他们大部分人是没受过教育的,但即使是少数有知识的——有闲阶级——的人,就教育要接受外来大师的熏陶这一点而言,也是没有受过教育的。所谓教育,是由罗马人开始的,他们到学校受希腊人的指导,征服希腊后与希腊文化接触,而变得文明起来。

所以,一点也用不着惊讶,世上最早的字典是关于荷马书中专门用语的字典,以帮助罗马人阅读《伊利亚特》及《奥德赛》,及其他同样运用荷马式古典字汇的希腊书籍。同样,今天我们也需要专门用语字典才能阅读莎士比亚,或是乔叟的书。

中世纪出现了许多字典，通常是有关世界知识的百科全书，还包括一些学习论述中最重要的技巧的讨论。在文艺复兴时期，出现了外语字典（希腊文与拉丁文双语），因为当时主要的教育是用古代语言教学的，事实上也必须有这类字典才行。纵使所谓鄙村野语——意大利语、法语、英语——慢慢取代拉丁文，成为学习使用的语言，追求学问仍然是少数人的特权。在这样的情况下，字典是只属于少数人的读物，主要用作帮助阅读与写作重要的文学作品。

因此，我们可以看出来，从一开始，教育的动机便左右了字典的编排，当然，保留语言的纯粹与条理是另一个原因。就后一个原因而言，有些字典的目的却刚好相反，像《牛津英语词典》，开始于1857年，就是一个新的里程碑。在这本字典中不再规定用法，而是精确地呈现历史上出现的各种用法——最好的与最坏的都有，同时取材自通俗作品与高雅的作品。把自己看作是仲裁者的字典编辑，与把自己看作是历史学家的字典编辑之间的冲突，可以暂时搁在一边，毕竟，不论字典是如何编辑的，主要目的还是教育的工具。

这个事实与善用一本字典，当作是外在辅助阅读工具的规则有关。阅读任何一本书的第一个规则是：知道这是一本什么样的书。也就是说，知道作者的意图是什么，在他的书中你可以看到什么样的资讯。如果你把一本字典当作是查拼字或发音的指南，你是在使用这本书，但却用得不够好。如果你了解字典中富含历史资料，并清楚说明有关语言的成长与发展，你会多花点注意力，不只是看每个字下面列举的意义，还会看看它们之间的秩序与关系。

最重要的是，如果你想要自己进修，可以依照一本字典的基本意图来使用——当作是帮助阅读的工具，否则你会觉得太困难了。因为在字典中包含了科技的字汇、建筑用语、文学隐喻，甚至非常熟悉的字的过时用法。

当然，想要读好一本书，除了作者使用字汇所造成的问题外，还有许多其他的问题。我们一再强调我们反对——特别是第一次阅读一本难读的书时——一手拿着书，另一手拿着字典。如果一开始阅读你就要查很多生字的话，你一定会跟不上整本书的条理。字典的基本用途是在你碰到一个专业术语，或完全不认识的字时，才需要使用上。即使如此，在你第一次阅读一本好书时，也不要急着使用字典，除非是那个字与作者的主旨有很大的关联，才可以查证一下。

其他还有一些负面的告诫。如果你想要从字典中找出有关解决共产主义、正义、自由这类问题的结论，绝对是最讨人厌的。字典的编纂者可能是用字的权威专家，却不是最高的智慧根源。另一条否定的规则是：不要囫囵吞枣地将字典背下来。不要为了想立即增进字汇能力，就将一连串的生字背下来，那些字义跟你的实际生活经验一点关联也没有。简单来说，字典是关于字的一本书，而不是关于事的一本书。

如果我们记得了这些，便可以推衍出一些明智地使用字典的规则。于是我们可以从四个方面来看待文字：

（1）**文字是物质的**——可以写成字，也可以说出声音。因此，在拼字与发音上必须统一，虽然这种统一常被特例变化所破坏，但并不像你某些老师所说的那样重要。

（2）**文字是语言的一部分**。在一个较复杂的句子或段落的结构中，文字扮演了文法上的角色。同一个字可以有多种不同的用法，随着不同的谈话内容而转变意义，特别是在语音变化不明显的英文中更是如此。

（3）**文字是符号**——这些符号是有意义的，不止一种意义，而是很多种意义。这些意义在许多方面是互相关联的。有时候会细微地变化成另一种意义，有时候一个字会有一两组完全不相干的意义。因为意义上的相通，不同的字也可能互相连接起来——就像同义字，不同的字却有同样的意义。或是反义字，不同的字之间有相反或对比的意义。此外，既然文字是一种符号，我们就将字区分为专有名词与普通名词（根据他们指的是一件事，或是很多的事）；具体名词或抽象名词（根据他们指的是我们能感知的事，或是一些我们能从心里理解，却无法由外在感知的事）。

最后，（4）**文字是约定俗成的**——这是人类创造的符号。这也是为什么每个字都有历史，都有历经变化的文化背景。从文字的字根、字首、字尾，到词句的来源，我们可以看出文字的历史。那包括了外形的变化，在拼字与发音上的演变，意义的转变，哪些是古字、废字，哪些是现代的标准字，哪些是习惯用语，或口语、俚语。

一本好字典能回答这四个不同类型的有关文字的问题。要善用一本字典，就是要知道问什么样的问题，如何找到答案。我们已经将问题建议出来了，字典应该告诉你如何找到解答。

字典是一种完美的自修工具书，因为它告诉你要注意什么，如何诠释不同的缩写字，以及上面所说的四种有关文字符号的知识。任何人不善读一本字典开头时所作的解释以及所列的缩写符号，那用不好字典就只能怪他自己了。

## 如何使用百科全书

我们所说的有关字典的许多事也适用于百科全书。跟字典一样，百科全书也是种好玩的读物，既有娱乐消遣价值，对某些人来说还能镇定神经。但是和字典一样，如果你想通读百科全书，那是没有意义的。一个将百科全书强记在心的人，会有被封为"书呆子"的危险。

许多人用字典找出一个字的拼法与读法。百科全书相似的用法是查出时间、地点等简单的事实。但如果只是这样，那是没有善用、或误用了百科全书。就跟字典一样，百科全书也是教育与知识的工具。看看百科全书的历史，你就能确定这一点。

虽然百科全书（encyclopedia）这个字来自希腊文，希腊却没有百科全书，同样，他们也没有字典。百科全书这个字对他们来说，并不是指一本有关知识的书，或是沉淀知识的书，而是知识的本身——所有受过教育的人都该有的知识。同样，又是罗马人发现百科全书的必要性。最早的一本百科全书是由罗马人普林尼（Pliny）编纂的。

最有趣的是，第一本依照字母排列顺序编辑的百科全书是在1700年才出现的。从此大部分重要的百科全书都是照字母顺序来排列的。这是解决所有争议最简单的方法，也使得百科全书的编辑迈进了一大步。

百科全书与光是文字的书所产生的问题有点不同。对一本字典来说，按字母排列是最自然不过的事了。但是世界上的知识——这是百科全书的主题——能以字母来排列吗？显然不行。那么，要如何安排出秩序来呢？这又跟知识是如何安排出秩序有关了。

知识的顺序是随着时代而变迁的。在过去，所有相关的知识是以七种教育艺术来排列的——文法、修辞、逻辑三学科，与算术、几何、天文、音乐四学科组合而成。中世纪的百科全书显现出这样的安排。因为大学是照这样的系统来安排课程的，学生也照样学习，因此这样的安排对教育是有用的。

现代的大学与中世纪的大学大不相同了，这些改变也反映在百科全书的编纂上。知识是按专业来区分的，大学中不同的科系也大致是照这样的方法来区分的。但是这样的安排，虽然大致上来自百科全书的背景，但仍然受到用字母编排资料的影响。

这个内在的结构——借用社会学家的术语——就是善用百科全书的人要去找出来的东西。的确没错，他基本上要找的是真实的知识，但他不能单独只看一种事实。百科全书所呈现给他的是经过安排的一整套的事实——一整套彼此相关的事实。因此，百科全书和一般光提供讯息的书不同，它所能提供的理解取决于你对这些相关事实之间的关系的了解。

在字母编排的百科全书中，知识之间的关联变得很模糊。而以主题来编排的百科全书，当然就能很清楚看出其间的相关性。但是以主题编排的百科全书也有许多缺点，其中有许多事实是一般人不会经常使用到的。理想上，最好的百科全书应该是又以主题，又按字母来编排的。它呈现的材料以一篇篇文章表现时，是按字母来排列，但其中又包括某个主题的关键与大纲——基本上就是一个目录。（目录是在编排一本书的文章时用的，与索引不同。索引是用字母排列的。）以我们所知，目前市面上还没有这样的百科全书，但值得努力去尝试一下。

使用百科全书，读者必须要依赖编者的帮忙与建议。任何一本好的百科全书都有引言，指导读者如何有效地运用这本书，你一定要照着这些指示阅读。通常，这些引言都会要使用者在翻开字母排列的内容之前，先查证一下索引。在这里，索引的功能就跟目录一样，不过并不十分理想。因为索引是在同一个标题下，把百科全书中分散得很广，但是和某一个相关主题有关的讨论都集中起来。这反映一个事实，虽然索引是照字母排列的，但是下一层的细分内容，却是按照主题编排的。而这些主题又必须是按字母排列的，虽然这也并不是最理想的编排。因此，一本真正好的百科全书，像大英百科全书的索引，有一部分就可以看出他们整理知识的方法。因为这个原因，一个读者如果不能善用索引，无法让百科全书为己所用，也只能怪他自己了。

关于使用百科全书，跟字典一样，也有一些负面的告诫。就跟字典一样，百科全书是拿来阅读好书用的——坏书通常用不着百科全书，但最聪明的做法依旧是不要被百科全书限制住了。这又跟字典一样，百科全书不是拿来解决某个不同观点的争论用的。不过，倒是可以用来快速而且一劳永逸地解决相关事实的争论。从一开始，事实就是没有必要争论的。一本百科全书会让这种徒劳无益的争吵变得毫无必要，因为百科全书中所记载的全是事实。理想上，除了事实外，百科全书里应该没有别的东西。最后，虽然不同的字典对文字的说明有同样的看法，但是百科全书对事实的说明却不尽相同。因此，如果你真的对某个主题很感兴趣，而且要靠着百科全书的说明来理解的话，不要只看一本百科全书，要看一种以上的百科全书，选择在不同的时间被写过很多次的解释。

我们写过几个要点，提供给使用字典的读者。在百科全书的例子中，与事实相关的要点是相同的。因为字典是关于文字的，而百科全书是关于事实的。

（1）**事实是一种说法**（proposition）——说明一个事实时，会用一组文字来表达。如"亚伯拉罕·林肯出生于1809年2月12日。"或"金的原子序是79。"事实不像文字那样是物质的，但事实仍然需要解释。为了全盘地了解知识，你必须知道事实的意义——这个意义又如何影响到你在找寻的真理。如果你知道的只是事实本身，表示你了解的并不多。

（2）**事实是一种"真实"的说法**（"True" proposition）——事实不是观点。当有人说："事实上……"的时候，表示他在说的是一般人同意的事。他不是说，也不该说，以他个人或少数人的观察，得来的事实是如此这般。百科全书的调性与风格，就在于这种事实的特质。一本百科全书如果包含了编者未经证实的观点，就是不诚实的做法。虽然一本百科全书也可能报导观点（譬如说某些人持这样的主张，另一些人则又是另一种主张），但却一定要清楚标明出来。由于百科全书必须只报导事实，不掺杂观点（除了上述的方法），因而也限制了记载的范围。它不能处理一些未达成共识的主题——譬如像道德的问题。如果真的要处理这些问题，只能列举人们各种不同的说法。

**（3）事实是真相的反映**——事实可能是（1）一个资讯；（2）不受怀疑的推论。不管是哪一种，都代表着事情的真相。（林肯的生日是一个资讯。金原子的序号是一个合理的推论。）因此，事实如果只是对真相提出一点揣测，那就称不上是观念或概念，以及理论。同样，对真相的解释（或部分解释），除非众所公认是正确的，否则就不能算是事实。

在最后一点上，有一个例外。如果新理论与某个主题、个人或学派有关时，即使这个理论不再正确，或是尚未全部证实，百科全书仍然可以完全或部分报导。譬如我们不再相信亚里士多德对天体的观察是真确的，但是在亚里士多德的理论部分我们还是可以将它记录下来。

**（4）事实是某种程度上的约定俗成**——我们说事实会改变。我们的意思是，某个时代的事实，到了另一个时代却不是事实了。但既然事实代表"真实"，当然是不会变的。因为真实，严格来说是不会变的，事实也不会变。不过所有我们认为是真实的主旨，并不一定都是真实的。我们一定要承认的是，任何我们认为是真实的主旨，都可能被更有包容力、或更正确的观察与调查证明是错的。与科学有关的事实更是如此。

事实——在某种程度上——也受到文化的影响。譬如一个原子能科学家在脑中所设定的真实是十分复杂的，因此对他来说，某些特定的事实就跟在原始人脑中所想象与接受的不同了。这并不是说科学家与原始人对任何事实都无法取得共鸣，譬如说他们都会同意，二加二等于四，物质的整体大于部分。但是原始人可能不同意科学家所认为的原子核微粒的事实，科学家可能也不同意原始人所说的法术仪式的事实。（这是很难写的一段，因为我们文化背景的影响，我们会想同意科学家的说法，而很想在原始人认为的事实这两个字上加引号。这就是真正的重点所在。）

如果你记住前面有关事实的叙述，一本好的百科全书会回答你有关事实的所有问题。将百科全书当作是辅助阅读的艺术，也就是能对事实提出适当问题的艺术。就跟字典一样，我们只是帮你提出问题来，百科全书会提供答案的。

还要记得一点，百科全书不是追求知识最理想的途径。你可能会从其中条理分明的知识中，获得启发，但就算是在最重要的问题上，百科全书的启发性也是有限的。理解需要很多相关条件，在百科全书中却找不到这样的东西。

百科全书有两个明显的缺失。照理说，百科全书是不记载论点的。除非这个论点已经被广泛接受了，或已成为历史性的趣味话题。因此，在百科全书中，主要缺少的是说理的写法。此外，百科全书虽然记载了有关诗集与诗人的事实，但是其中却不包含诗与想象的文学作品。因为想象与理性都是追求理解必要的条件，因此在求知的过程中，百科全书无法让人完全满意，也就不可避免了。

第三篇

# 阅读不同读物的方法

# 第十三章　如何阅读实用型的书

在任何艺术或实务的领域中，有些规则太通用这一点是很令人扫兴的。越通用的规则就越少，这算是一个好处。而越通用的规则，也越容易理解——容易学会与使用这些规则。但是，说实在的，当你置身错综复杂的实际情况，想要援用一些规则的时候，你也会发现越通用的规则离题越远。

我们前面谈过分析阅读的规则，一般来说是适用于论说性的作品——也就是说任何一种传达知识的书。但是你不能只用一般通用的方法来读任何一本书。你可能读这本书那本书，或是任何一种特殊主题的书，可能是历史、数学、政治论文或科学研究，或是哲学及神学理论，因此，在运用以下这些规则时，你一定要有弹性，并能随时调整。幸运的是，当你开始运用这些规则时，你会慢慢感觉到这些规则是如何在不同的读物上发挥作用。

要特别提醒的是，在第十一章结尾时所说明的十五个阅读规则并不适用于阅读小说或诗集。一本虚构作品的纲要架构，与论说性的作品是完全不同的。小说、戏剧与诗并不是照着共识、主旨、论述来发展的。换句话说，这些作品的基本内容没有逻辑可言，要评论这些作品也要有不同的前提才行。然而，如果你认为阅读富有想象力的作品毫无规则可言，那也是错的。事实上，下一章我们会讨论到阅读那种作品的另一套应用规则。那些规则一方面本身就很有效，另一方面如果能检验这些规则和阅读论说性作品规则的不同之处，还可以帮助你对阅读论说性作品的规则多一层认识。

你用不着担心又要学一整套十五个或更多的阅读小说与诗的规则。你会很容易了解到这两种规则之间的关联性。其中也包括了我们一再强调的事实，你在阅读时一定要能提出问题来，尤其是四个最特殊的问题，不论在阅读什么样的书时都要能提出来。这四个问题与任何一本书都有关，不论是虚构或非虚构，不论是诗、历史、科学或哲学。我们已经知道阅读论说性作品的规则如何互相连贯，又是如何从这四个问题中发展出来的。同样，阅读富有想象力作品的规则也是来自这四个问题，只不过这两类作品的题材不同，会造成规则上的部分差异。

因此，在这一篇里，比起阅读的规则，我们会谈更多有关这几个问题的话题。我们会偶尔提一个新规则，也会重新调整某一个旧的规则。不过大多数时候，既然我们谈的是阅读不同读物的方法，我们会强调基本要问的不同问题，以及会获得什么样的不同的回答。

在论说性作品的部分，我们谈过基本上要区分出实用性与理论性两种作品——前者是有关行动的问题，后者只和要传递的知识有关。我们也说过，理论性的作品可以进一步划分为历史、科学（与数学）、哲学。实用性作品则没有任何界限，因此我们要进一步分析这类书的特质，并提供一些阅读时的建议指南与方法。

## 两种实用性的书

关于实用性的书有一件事要牢记在心：**任何实用性的书都不能解决该书所关心的实际问题**。一本理论性的作品可以解决自己提出的问题。但是实际的问题却只能靠行动来解决。当你的实际问题是如何赚钱谋生时，一本教你如何交朋友或影响别人的书，虽然可能建议你很多事，但却不能替你解决问题。没有任何捷径能解决这个问题，只能靠你自己去赚钱谋生才能解决。

以本书为例。这是一本实用的书，如果你对这本书的实用性（当然也可能只是理论性）感兴趣，那你就是想要解决学习阅读的问题。但除非你真的学到了，你不可能认为那些问题都解决，消失不见了。本书没法为你解决那些问题，只能帮助你而已。你必须自己进行有活力的阅读过程，不只是读这本书，还要读很多其他的书。这也是为什么老话说：只有行动能解决问题。行动只能在现世发生，而不是在书本中发生。

每个行动发生时都有特殊情况，都发生在不同的时间、地点与特殊环境中。你没法照一般的反应来行动。要立即采取行动的特殊判断力，更是极为特别。这可以用文字来表达，却几乎没见过。你很难在书中找到这样的说明，因为实用书的作者不能亲身体验读者在面临的特殊状况时，必须采取的行动。他可能试着想要帮忙，但他不能提供现场的实际建议。只有另一个置身一模一样情况的人，才能帮得上忙。

然而，实用性的书多少还是可以提供一些可以应用在同类型特殊状况中的通用规则。任何人想要使用这样的书，一定要把这些规则运用在特殊的状况下,因此一定要练习特殊的判断力才行。换句话说,读者一定要能加上一点自己的想法,才能运用在实际的状况中。他要能更了解实际状况,更有判断力,知道如何将规则应用在这样的状况中。

任何书里包含了规则——原理、准则或任何一种一般的指导——你都要认定是一本实用性的书。但是一本实用性的书所包含的不只是规则而已。它可能会说明规则底下的原理,使之浅显易懂。譬如在这本与阅读有关的特殊主题的书中,我们不断地简要阐释文法、修辞与逻辑原理,来解说阅读规则。规则底下的原理通常都很科学,换言之,属于理论性的知识。规则与原理的结合,就是事物的理论。因此,我们谈造桥的理论,也谈打桥牌的理论。我们的意思是,**理论性的原则会归纳出出色的行事规则。**

实用性的书因此可分为两种类型。其中一种,就像本书一样,或是烹饪书、驾驶指南,基本上都是在说明规则的。无论其中谈论到什么问题,都是为了说明规则而来的。这类书很少有伟大的作品。另一类的实用书主要是在阐述形成规则的原理。许多伟大的经济、政治、道德巨著就属于这一类。

这样的区分并不是绝对的。在一本书中,同时可以找到原理与规则。重点在特别强调其中哪一项。要将这两种类型区分出来并不困难。不管是在什么领域中,谈规则的书都可以立刻认出来是实用性的。一本谈实用原理的书,乍看之下会以为是理论性的书。从某个程度来说,的确没错。它所讨论的是一种特殊状况中的理论。无论如何,你还是看得出来它是实用性的书。它要处理的那些问题的本质会露底。这样的书所谈的总是

## 第十三章 如何阅读实用型的书

人类行为领域中，怎样可能做得更好或更糟。

在阅读一本以规则为主的书时，要找寻的主旨当然是那些规则。阐述这些规则通常是用命令句，而不是叙述句。那是一种命令。譬如说："及时一针，胜过事后九针。"这样的规则也可以改为叙述式的说法："如果你及时补上一针，就省下后来要补的九针。"两个句子都是在提示争取时间的价值，命令式的语句比较强烈，但却不见得就比较容易记住。

无论是叙述句或命令句，你总是能认出一个规则来，因为它在建议你某件事是值得做的，而且一定会有收获。因此，要你与作者达成共识的那条命令式的阅读规则，也可以改成建议式的说法："成功的阅读牵涉到读者与作者达成共识。""成功"这两个字就说明了一切，意味着这种阅读是值得去做的一件事。

这类实用书的论述都是在向你表示：它们所说的规则都是确切可行的。作者可能会用原理来说明这些规则的可信度，或是告诉你一些实例，证明这些规则是可行的。看看这两种论述，诉诸原理的论述通常比较没有说服力，但却有一个好处。比起举实例的方法，诉诸原理的论述比较能将规则的理由说明得清楚一些。

在另一种实用性书中，主要谈的是规则背后的原理。当然，其中的主旨与论述看起来就跟纯理论性的书一模一样。其中的主旨是在说明某件事的状态，而论述就是在强调真的是如此。

但是阅读这样的一本书，与阅读纯理论的书还是有很大的不同。因为要解决的问题终究是实用的问题——行动的问题，人类在什么状态下可以做得更好或更糟的问题——所以当聪明的读者看到"实用原理"这样的书时，总是能读出言外之意。

他可能会看出那些虽然没有明说，但却可以由原理衍生出来的规则。他还会更进一步，找出这些规则应该如何实际应用。

除非这样阅读，否则一本实用的书便没有被实用地阅读。无法让一本实用的书被实用地阅读，就是失败的阅读。你其实并不了解这本书，当然也不可能正确地评论这本书了。如果在原理中能找到可以理解的规则，那么也就可以在由原理引导出来的规则或建议的行动中，找到实用原理的意义。

这些是你要了解任何一种实用性书籍，或是在作某种批评时的最高原则。在纯理论性的书中，相同或反对的意见是与书中所谈的真理有关。但是现实的真理与理论的真理不同。行为规则要谈得上是真理，有两种情况：一是真的有效；二是这样做能带引你到正确的结果，达到你的期望。

假设作者认为你应该寻求的正确结果，你并不以为然，那么就算他的建议听起来很完整，由于那个目标的缘故，你可能还是不会同意他的观点。你会因此而判断他的书到底实不实用。如果你不认同仔细、头脑清楚地阅读是件值得做的事情，那么纵使本书的规则真的有效，这本书对你来说还是没什么实用性。

注意这段话的意义。在评断一本理论性的书时，读者必须观察他自己与作者之间的原理与假设的一致性或差异性。**在评断一本实用性的书时，所有的事都与结果及目标有关。**如果你不能分享马克思对经济价值的狂热，他的经济教条与改革措施对你来说就有点虚假或无关痛痒。譬如你可能和埃德蒙·柏克（Edmund Burke）一样，认为维持现状就是最好的策略，而且在全面考量过后，你相信还有比改变资本不平等更重要的事。你的判断主要是与结果达成共识，而非方法。就算方法非常真实有用，如果所达到的目的是我们不关心或不期望的结果，我们也不会有半点兴趣的。

## 说服的角色

以上的简单讨论，可以给你一些线索。当你在阅读任何一种实用书时，一定要问你自己两个主要的问题。第一：作者的目的是什么？第二：他建议用什么方法达到这个目的？以原理为主的书要比以规则为主的书还要难回答这两个问题。在这些书中，目的与方法可能都不很明显。但如果你想要了解与评论实用性的书，就必须回答这两个问题。

还要提醒你的是，前面我们讨论过的实用作品的写作问题。每一本实用的书中都混杂着雄辩或宣传。我们还没读过一本政治哲学的书——无论是多理论性的，无论谈的是多么"深奥"的原理——是不是想说服读者有关"最好的政府形态"的道理。同样，道德理论的书也想要说服读者有关"美好生活"的道理，同时建议一些达到目标的方法。我们也一直试着要说服你照某种特定的方式来阅读一本书，以达到你可能想要追求的理解力。

你可以知道为什么实用书的作者多少都是个雄辩家或宣传家。因为你对他作品最终的评断是来自**你是否接受他的结论，与他提议的方法**。这完全要看作者能不能将你引导到他的结论上。要这么做，他讨论的方法必须要能打动你的心智。他可能必须激起你的情绪反应，左右你的意志。

这并没有错，也没有恶意。这正是实用书的特性，一个人必须要被说服，以采取特定的思想与行动。实际的思考与行动除了需要理智以外，情感也是重要的因素。没有人可以没有受到感动，却认真采取实际评论或行动的。如果可以的话，这个世界可能会比较美好，但一定是个不同的世界。一本实用书的作者认知不到这一点，就不算成功。一位读者如果认知不到这一点，就像买了一堆货物，却不知道自己买了些什么。

　　不想被宣传所困惑，就得了解宣传的内容是什么。难以察觉的隐藏式雄辩是最狡猾的。那会直接打动你的心，而不经过你的头脑，就像是从背后吓你一跳，把你吓得魂不附体一样。这样的宣传手法就像是你吞了一颗药，自己却完全不知道。宣传的影响力是很神秘的，事后你并不知道自己为什么会那样感觉与思考。

　　一个人如果真正读懂了一本实用的书，他知道这本书的基本共识、主旨、论述是什么，就能觉察出作者的雄辩。他会觉察到某一段话是"情绪用字"。他知道自己是被说服的对象，他有办法处理这些诉求的重点。他对推销有抵抗力，但并不是百分之百的需要。对推销有抵抗力是好的，能帮你避免在匆忙又欠考虑的情况下买东西。但是，一个读者如果完全不接受所有内容的诉求，那就不必阅读实用性的书了。

　　另外还有一个重点。因为实用问题的特性，也因为所有实用作品中都混杂了雄辩，作者的"性格"在实用书中就比理论书中还要来得重要。你在读一本数学用书时，用不着知道作者是谁。他的理论不是好就是坏，这跟他的人格怎样一点关系也没有。但是为了要了解与评断一本道德的论述、政治论文或经济论著，你就要了解一点作者的人格、生活与时代背景。譬如在读亚里士多德的《政治学》之前，就非常需要知道希腊的社会背景是奴隶制的。同样，在读《君主论》之前，就要知道马基雅维里当时意大利的政治情况，与他跟美第奇家族的关系。因此，在读霍布斯的《利维坦》一书时，就要了解他生活在英国的内战时期，社会中充满暴力与混乱，使整个时代都沉浸在悲哀的病态之中。

## 赞同实用书之后

我们确定你已经看出来了，你在读一本书时要提出的四个问题，到了读实用性的书时有了一点变化。我们就来说明一下这些变化。

第一个问题：这本书是在谈些什么？并没有改变多少。因为一本实用的书是论说性的，仍然有必要回答这个问题，并作出这本书的大纲架构。

然而，虽然读任何书都得想办法找出一个作者的问题是什么（规则四涵盖这一点），不过在读实用性的书时，格外是一个决定性的关键。我们说过，你一定要了解作者的目的是什么。换句话说，你一定要知道他想解决的问题是什么。你一定要知道他想要做些什么——因为，在实用性的书中，知道他要做的是什么，就等于是知道他想要你做的是什么。这当然是非常重要的事了。

第二个问题的变化也不大。为了要能回答关于这本书的意义或内容，你仍然要能够找出作者的共识、主旨与论述。但是，这虽然是第二阶段最后的阅读工作（规则八），现在却显得更重要了。你还记得规则八要你说出哪些是作者已经解决的问题，哪些是还没有解决的问题。在阅读实用性的书籍时，这个规则就有变化了。你要发现并了解作者所建议的、达到他目标的方法。换句话说，在阅读实用性书时，如果规则四调整为："**找出作者想要你做什么。**"规则八就该调整为："**了解他要你这么做的目的。**"

第三个问题：内容真实吗？比前两个改变得更多了。在理论性作品中，当你根据自己的知识来比较作者对事物的描绘与说明时，这个问题的答案便出来了。如果这本书所描述的大致与你个人的体验相似时，你就必须承认那是真实的，或至少部分是真实的。实用性的书，虽然也会与真实作比较，但最主要的却是你能不能接受作者的宗旨——他最终的目标，加上他建议的达成目标的方法——这要看你认为追求的是什么，以及什么才是最好的追求方法而定。

第四个问题：这本书与我何干？可说全部改变了。如果在阅读一本理论性的书之后，你对那个主题的观点多少有点变化了，你对一般事物的看法也就会多少有些调整。（如果你并不觉得需要调整，可能你并没有从那本书中学到什么。）但是这样的调整并不是惊天动地的改变，毕竟，这些调整并不一定需要你探取行动。

赞同一本实用性的书，却确实需要你采取行动。如果你被作者说服了，他所提议的结论是有价值的，甚至进一步相信他的方法真的能达到目的，那就很难拒绝作者对你的要求了。你会照着作者希望你做的方式来行动。

当然，我们知道这种情形并不一定会发生。但我们希望你了解的是，如果你不这样做的话，到底代表什么意思。那就表示虽然这个读者表面上同意了作者的结论，也接受了他提出来的方法，但是实际上并没有同意，也没有接受。如果他真的都同意也接受了，他没有理由不采取行动。

我们用一个例子来说明一下。如果读完本书的第二部分，你（1）同意分析阅读是值得做的。（2）接受这些阅读规则，当作是达到目标的基本要件，你会像我们现在所说的一样，开始照着阅读起来。如果你没有这么做，可能并不是你偷懒或太累了，而是你并不真的同意（1）或（2）。

在这个论述中有一个明显的例外。譬如你读了一篇文章，是关于如何做巧克力慕斯的。你喜欢巧克力慕斯，也赞同这个作者的结论是对的。你也接受了这个作者所建议的达到目标的方法——他的食谱。但你是男性读者，从不进厨房，也没做过慕斯。在这样的情况中，我们的观点是否就不成立了？

并不尽然。这正好显示出我们应该要提到的，区分各种类型实用书的重要性。某些作者提出的结论是很通用或一般性的——可供所有的人类使用——另外一些作者的结论却只有少数人能运用。如果结论是通用的——譬如像本书，所谈的是使所有人都能阅读得更好，而不是只有少数人——那么我们所讨论的便适用于每位读者。如果结论是经过筛选的，只适用于某个阶层的人，那么读者便要决定他是否属于那个阶层了。如果他属于那个阶层，这些内容就适合他应用，他多少也有义务照作者的建议采取行动。如果他不属于这个阶层，他可能就没有这样的义务。

我们说"可能没有这样的义务"，是因为很可能这位读者只是被自己愚弄了，或误解了他自己的动机，而认为自己并不属于那个结论所牵涉的阶层。以巧克力慕斯的例子来说，他不采取行动，可能是表示：虽然慕斯是很可口的东西，但是别人——或许是他妻子——应该做给他吃。在许多例子中，我们承认这个结论是可取的，方法也是可行的，但我们却懒得去做。让别人去做，我们会说，这就算是交待了。

当然，这个问题主要不是阅读的，而是心理的问题。心理问题会影响我们阅读实用性的作品，因此我们在这里有所讨论。

# 第十四章　如何阅读想象文学

到目前为止，本书已经讨论的只是大部分人阅读的一半而已。不过，这恐怕也是广义的估算。或许一般人真正花时间阅读的只是报纸与杂志，以及与个人工作有关的读物。就以书籍来说，我们读的小说也多于非小说。而在非小说的领域中，像报章杂志，与当代重大新闻有关的议题最受欢迎。

我们在前面所设定的规则并不是在欺骗你。在讨论细节之前，我们说明过，我们必须将范围限制在严肃的非小说类中。如果同时解说想象文学与论说性作品，会造成困扰。但是现在我们不能再忽略这一类型的作品了。

在开始之前，我们要先谈一个有点奇怪的矛盾说法。阅读想象文学的问题比阅读论说性作品的问题更为困难。然而，比起阅读科学、哲学、政治、经济与历史，一般人却似乎更广泛地拥有阅读文学的技巧。为什么会出现这种情况呢？

当然，也许很多人只是欺骗自己有阅读小说的能力。从我们的教学经验中，当我们问到一个人为什么喜欢小说时，他总是表现出瞠目结舌的样子。很明显，他们乐在其中，但是他们说不出来乐在哪里，或是哪一部分的内容让他们觉得愉悦。这可能说明了，人们可能是好的小说读者，却不是好的评论者。

我们怀疑这只是部分的真相。评论式的阅读依赖一个人对一本书的全盘了解。这些说不出他们喜欢小说的理由的人,可能只是阅读了表象,而没有深入内里。无论如何,这个矛盾的概念还不止于此。想象文学的主要目的是娱乐,而非教育。以娱乐为主的读物比教育为主的读物容易讨好,但要知道为什么能讨好则比较困难。要分析美丽,比美丽本身困难多了。

要将这个重点说清楚,需要对美学作更进一步的分析。我们没法在这里这么做。但是,我们能给你一些如何阅读想象文学的建议。一开始,我们会从否定的说法谈起,而不建立一些规则。其次,我们要用类推的方法,简短地将阅读非小说的规则转化为阅读小说的规则。最后,在下一章,我们会谈到阅读特殊形态的想象文学时所发生的问题,像是小说、戏剧与抒情诗。

## 读想象文学的"不要"

为了要用否定的形态来作说明,一开始就有必要掌握论说性作品与文学作品的差异。这些区别会解释为什么我们阅读小说不能像阅读哲学作品一样,或是像证明数学理论那样阅读诗。

最明显的差别,前面已经提过,与两种文体的目标有关。**论说性作品要传达的是知识**——在读者经验中曾经有过或没有过的知识。**想象文学是在阐述一个经验本身**——那是读者只能借着阅读才能拥有或分享的经验——如果成功了,就带给读者一种享受。因为企图不同,这两种不同的作品对心智便有不同的诉求。

## 第十四章 如何阅读想象文学 | 217

我们都是经由感官与想象来**体验**事情。我们都是运用判断与推论，也就是理智，才能**理解**事情。这并不是说我们在思考时用不上想象力，或我们的感官经验完全独立于理性的洞察与反应之外。关键在强调哪一方面的问题而已。小说主要是运用想象力。这也是为什么称之为想象文学的原因，这与理性的科学或哲学相反。

有关想象文学的事实，带引出我们要建议的否定的指令：**不要抗拒想象文学带给你的影响力**。

我们讨论过很多主动的阅读方法。这适用于任何一本书。但在论说性作品与想象文学中，适用的方法却不大相同。阅读论说性作品，读者应该像个捕食的小鸟，经常保持警觉，随时准备伸出利爪。在阅读诗与小说时，相同的活动却有不同的表现方法。如果容许的话，我们可以说那是有点被动的活动，或者，更恰当的说法应该是，那是带着活力的热情。在阅读一个故事时，我们一定要用那样的方式来表现，让故事在我们身上活动。我们要让故事贯穿我们，做任何它想要做的事。我们一定得打开心灵，接纳它。

我们应该感激论说性的作品——哲学、科学、数学——这些学科塑造出我们活着的真实世界。但我们也不能活在一个完全是这些东西的世界里，偶尔我们也要摆脱一下这些东西。我们并不是说想象文学永远或基本上是逃避现实的。如果从一般的观点来看，逃避的概念是很可鄙的。但事实上就算我们真的要逃避现实，应该也是逃避到一个更深沉、或更伟大的真实里。这是我们内在的真实世界，我们独特的世界观。发现这个真相让我们快乐。这个经验会深深**满足**我们平时未曾接触的部分自我。总之，阅读一部伟大的文学作品的规则应该以达成某种深沉的经验为目标。这些规则应该尽可能去除我们体验这种深刻感受的阻碍。

论说性作品与想象文学的基本不同，又造成另一个差异。因为目标完全不同，这两种作品的写法必然不同。想象文学会尽量使用文字潜藏的多重字义，好让这些字特有的多元性增加文章的丰富性与渲染力。作者会用隐喻的方式让整本书整合起来，就像注重逻辑的作者会用文字将单一的意义说明清楚一样。但丁的《神曲》使用的是一般的诗与小说，但每个人阅读起来却各有不同的体会。论说性作品的逻辑目标则是完全清晰，毫无言外之意的解说。在字里行间不能有其他的含意。任何相关与可以陈述的事都得尽可能说个一清二楚才行。相反地，想象文学却要依赖文字中的言外之意。多重含意的隐喻在字里行间所传达的讯息，有时比文字本身还要丰富。整首诗或故事所说的东西，不是语言或文字所能描述的。

从这个事实，我们得到另一个否定的指令：**在想象文学中，不要去找共识、主旨或论述。**那是逻辑的，不是诗的，二者完全不同。诗人马克·范多伦（Mark Van Doren）曾经说："在诗与戏剧中，叙述是让人更模糊的一种媒介。"譬如，你根本就无法在一首抒情诗的任何文句中找到任何他想要"说明"的东西。然而整首诗来看，所有字里行间的关联与彼此的互动，却又陈述了某种完全超越主旨的东西。（然而，想象文学包含的要素也类似共识、主旨、论述，我们待会再讨论。）

当然，我们可以从想象文学中学习，从诗、故事，特别是戏剧中学习——但是与我们从哲学或科学的书中学习的方法不同。我们都懂得从经验中学习——我们每天生活中的经验。所以，我们也可以从小说在我们想象中所创造出来的经验中学习。在这样的状况下，诗与故事能带给我们愉悦，同时也能教育我们。但这与科学及哲学教导我们的方式不同。论说性的作品不会提供我们新奇的经验。他们所指导的经验是我们已经有的或可以获得的。这也是为什么说论说性作品是教导我们基本的原理，而想象文学则藉由创造我们可以从中学习的经验，教导我们衍生的意义。为了从这样的书中学习，我们要从自己的经验中思考。为了从哲学与科学的书中学习，我们首先必须了解他们的思想。

最后一个否定的指令：**不要用适用于传递知识的，与真理一致的标准来批评小说**。对一个好故事来说，所谓"真理"就是一种写实，一种内在可能性，或与真实的神似。那一定要像个故事，但用不着像在做研究或实验一样来形容生活的事实或社会的真相。许多世纪前，亚里士多德强调："诗与政治对正确的标准是不一致的。"或是说，与物理学或心理学也是不一致的。如果是解剖学、地理或历史作品，被当作是专门的论述，却出现技术上的错误，那就应该被批评。但将事实写错却不会影响到一本小说，只要它能自圆其说，将整体表现得活灵活现便行了。我们阅读历史时，希望多少能看到事实。如果没有看到史实，我们有权利抱怨。我们阅读小说时，我们想要的是一个故事，这个故事只要确实可能在小说家笔下所创造，再经过我们内心重新创造的世界中发生，就够了。

我们读了一本哲学的书，也了解了之后，我们会做什么呢？我们会考验这本书，与大家共通的经验作对照——这是它的灵感起源，这也是它唯一存在的理由。我们会说：这是真的吗？我们也有这样的感觉吗？我们是不是总是这样想，却从来没有意识到？以前或许很模糊的事，现在是不是却很明显了？作者的理论或说明虽然可能很复杂，是不是却比我们过去对这个观念的混淆来得清楚，也简单多了？

如果我们能很肯定地回答上述问题，我们与作者之间的沟通便算是建立起来了。当我们了解，也不反对作者的观点时，我们一定要说："这确实是我们共通的观念。我们测验过你的理论，发现是正确的。"

但是诗不一样。我们无法依据自己的经验来评断《奥赛罗》（Othello），除非我们也是摩尔人，也和被怀疑不贞的威尼斯淑女结婚。而就算如此，也不是每一个摩尔人都是奥赛罗，每一个威尼斯淑女都是苔丝德蒙娜。而大部分这样的夫妻婚姻都可能很幸福，不会碰到阴险的伊亚格。事实上，这么不幸的人，万中不见一。奥赛罗与这出戏一样，都是独一无二的。

## 阅读想象文学的一般规则

为了让上面所谈的"不要"的指令更有帮助，一定还需要一些建设性的建议。这些建议可以由阅读论说性作品的规则中衍生出来。

前面我们谈过阅读论说性作品的三组规则，第一组是找出作品的整体及部分结构，第二组是定义与诠释书中的共识、主旨与论述。第三组是评论作者的学说，以赞同或反对的意见完成我们对他的作品的理解。我们称这三组规则为架构性、诠释性与评论性的。同样，在阅读诗、小说与戏剧时，我们也可以发现类似的规则。

首先，我们可以将架构性的规则——拟大纲的规则——改变为适合阅读小说的规则：

（1）你必须将想象文学作品分类。抒情诗在叙述故事时，基本上是以表达个人情绪的经验为主。小说与戏剧的情节比较复杂，牵涉到许多角色，彼此产生互动与反应，以及在过程中情感的变化。此外，每个人都知道戏剧与小说不同，因为戏剧是以行动与说话来叙述剧情的。（在后面我们会谈到一些有趣的例外。）剧作家不需要自己现身说法，小说家却经常这么做。所有这些写作上的差异，带给读者不同的感受。因此，你应该能一眼看出你在读的是哪一种作品。

（2）你要能抓住整本书的大意。你能不能掌握这一点，要看你能不能用一两句话来说明整本书的大意。对论说性的作品来说，重点在作者想要解决的主要问题上。因此，这类书的大意可以用解决问题的方程式，或对问题的回答来作说明。小说的整体大意也与作者面对的问题有关，而我们知道这个问题就是想要传达一个具体的经验，所以**一篇故事的大意总是在情节之中**。除非你能简要地说明剧情——不是主旨或论述——否则你还是没有抓住重点。在情节中就有大意。

要注意到，我们所说的整体情节与小说中所要使用的独特语言之间毫无冲突之处。就是一首抒情诗也有我们这里所谓的"情节"。然而，不论是抒情诗、小说，还是戏剧的"情节"，指的都只是其中的架构或场景，而不是读者透过作品在心中重新创造的具体经验。情节代表的是整本作品的大意，而整本作品才是经验本身。这就像对论说性作品作一个逻辑上的总结，就代表了对书中的论述作个总结。

（3）你不仅要能将整本书简化为大意，还要能发现整本书各个部分是如何架构起来的。在论说性作品中，部分的架构是与整体架构有关的，部分问题的解决对整体问题的解决是有帮助的。在小说中，这些部分就是不同的阶段，作者借此发展出情节来——角色与事件的细节。在安排各个部分的架构上，这两种类型的书各有巧妙。在科学或哲学的作品中，各个部分必须有条理，符合逻辑。在故事中，这些部分必须要在适当的时机与规划中出现，也就是从开头、中间到结尾的一个过程。要了解一个故事的架构，你一定要知道故事是从哪里开始的——当然，不一定是从第一页开始的——中间经过些什么事，最后的结局是什么。你要知道带来高潮的各种不同的关键是什么，高潮是在哪里、又如何发生的，在这之后的影响又是什么？（我们说"在这之后的影响"并不是说故事结束之后的事，没有人能知道那些事。我们的意思是在故事中的高潮发生之后，带来什么样的后果。）

随着我们刚刚所提的重点，出现了一个重要的结果。在论说性作品中，各个部分都可以独立解读，而小说却不同。欧几里得将他的《几何原理》分成三十个部分发表，或照他所说的分成三十册发表，其中每一部分都可以单独阅读。这是论说性作品中组织得最完整的一个例子。其中的每个部分或章节，分开来看或合起来看都有意义。但是一本小说中的一章，剧本中的一幕，或是一句诗从整体中抽出来之后，通常就变得毫无意义了。

其次，阅读小说时候的诠释规则是什么？我们在前面谈过，诗与逻辑作品所使用的语言是不同的，因此在找出共识、主旨与论述时，所使用的规则也要有点变化。我们知道我们不该这么做的，不过我们非得找出类似的规则才行。

（1）小说的要素是插曲、事件、角色与他们的思想、言语、感觉及行动。这些都是作者所创造出来的世界中的要素。作者操纵着这些要素的变化来说故事。这些要素就是逻辑作品中的共识。就像你要跟逻辑作品的作者达成共识一样，你也要能熟知每个事件与人物的细节。如果你对角色并不熟悉，也无法对事件感同身受，你就是还没有掌握到故事的精髓。

（2）共识与主旨有关。小说的要素与整个表现的场景或背景有关。一个富有想象力的作者创造出一个世界来，他的角色在其中"生活，行动，有自己的天地。"因此，阅读小说时类似指导你找出作者主旨的规则，可以说明如下：在这个想象的世界中宾至如归。知道一切事件的进行，就像你亲临现场，身历其境。变成其中的一个成员，愿意与其中的角色做朋友，运用同情心与洞察力参与事件的发生，就像你会为朋友的遭遇所做的事一样。如果你能这么做，小说中的要素便不会再像一个棋盘上机械式移动的孤单棋子，你会找出其间的关联性，赋予他们真正存活的活力。

（3）如果说论说性作品中有任何活动，那就是论述的发展。由证据与理由到结构的一个逻辑性的演变。在阅读这样的一本书时，必须追踪论述的发展。先找出共识与主旨之后，然后分析其推论。而在诠释小说的阅读中，也有类似的最后一个规则。你对角色都熟悉了，你加入了这个想象的世界，与他们生活在一起，同意这个社会的法律，呼吸同样的空气，品味同样的食物，在同样的高速公路上旅行。现在，你一定要跟随他们完成这场探险。这些场景或背景，社会的组合，是小说中各个要素之间静态的联系（如同主旨一样）。而情节的披露（如同论述或推论）是动态的联系。亚里士多德说情节是一个故事的灵魂。要把一个故事读好，你就要能把手指放在作者的脉搏上，感觉到每一次的心跳。

结束讨论小说的类似阅读规则之前，我们要提醒你，不要太仔细检验这些类似的规则。这些类似的规则就像是一个隐喻或象征，如果压迫得太用力，可能就会崩溃了。我们所建议的三个列出大纲的步骤，可以让你逐步了解作者如何在想象的世界中完成一个作品。这不但不会破坏你阅读小说或戏剧的乐趣，还能加强你的乐趣，让你对自己喜乐的来源有更多的了解。你不但知道自己喜欢什么，还知道为什么会喜欢。

另一个提醒：前面所说的规则主要适用于小说与戏剧。引申到有故事叙述的抒情诗，也同样适用。没有故事叙述的抒情诗，仍然可以适用这个规则，只是没那么贴切。一首抒情诗是在呈现一个具体的经验，就像一个长篇故事一样，想要在读者心中重新塑造这种经验。就算最短的诗里也有开始、过程与结束。就像任何经验都有时间顺序一样，无论多么短暂飘渺的经验都是如此。在短短的抒情诗中，虽然角色可能非常少，但至少永远有一个角色——诗人本身。

再次，也是最后一个，小说的阅读批评规则是什么？你可能记得我们在论说性作品中作的区隔，也就是根据一般原理所作的批评，与根据个人特殊观点所作的评论——特殊评论。根据一般原理的部分，只要作一点变化就行了。在论说性作品中，这个规则是：在你还不了解一本书之前，不要评论一本书——不要说你同意或反对这个论点。所以在这里，类似的规则是：**在你衷心感激作者试着为你创造的经验之前，不要批评一本想象的作品。**

这里有一个重要的推论。一个好读者不会质疑作者所创造出来，然后在他自己心中又重新再创造一遍的世界。亨利·詹姆斯（Henry James）在《小说的艺术》（*The Art of Fiction*）中曾说道："我们要接纳作者的主题、想法与前提。我们所能批评的只是他所创造出来的结果。"这就是说，我们要感激作者将故事写出来。譬如故事发生在巴黎，就不该坚持说如果发生在明尼苏达州的明尼阿波里斯市会比较好。但是我们有权利批评他所写的巴黎人与巴黎这个城市。

换句话说，对于小说，我们不该反对或赞成，而是喜欢或不喜欢。我们在批评论说性作品时，关心的是他们所陈述的事实。在批评唯美文学时，就像字义所形容的，我们主要关心的是它的美丽。这样的美丽，与我们深切体会之后的喜悦密切呼应。

让我们在下面重述一下这些规则。在你说自己喜欢或不喜欢一本文学作品之前，首先你要能真正努力过并欣赏作者才行。所谓欣赏，指的是欣赏作者借着你的情绪与想象力，为你创造的一个世界。因此，如果你只是被动地阅读一本小说（事实上，我们强调过，要热情地阅读），是没法欣赏一本小说的。就像在阅读哲学作品时，被动的阅读也一样无法增进理解力的。要做到能够欣赏，能够理解，在阅读时一定要主动，要把我们前面说过的，所有分析阅读的规则全拿出来用才行。

你完成这样的阅读阶段后，就可以作评论了。你的第一个评论自然是一种你的品味。但是除了说明喜欢或不喜欢之外，还要能说出为什么。当然，你所说的原因，可能真的是在批评书的本身，但乍听之下，却像是在批评你自己——你的偏好与偏见——而与书无关。因此，要完成批评这件事，你要客观地指出书中某些事件造成你的反感。你不只要能说明你自己为什么喜欢或不喜欢，还要能表达出这本书中哪些地方是好的，哪些是不好的，并说明理由才行。

你越能明白指出诗或小说带给你喜悦的原因，你就越了解这本书的优点是什么。你会慢慢建立起批评的标准，你也会发现许多跟你有同样品味的人与你一起分享你的论点。你还可能会发现一件我们相信如此的事：懂得阅读方法的人，文学品味都很高。

# 第十五章　阅读故事、戏剧与诗的一些建议

在前一章里，我们已经谈过阅读想象文学的一般规则，同样也适用于更广义的各种想象文学——小说、故事，无论是散文或诗的写法（包括史诗）；戏剧，不论是悲剧、喜剧或不悲不喜；抒情诗，无论长短或复杂程度。

这些一般规则运用在不同的想象文学作品时，就要作一些调整。在这一章里，我们会提供一些调整的建议。我们会特别谈到阅读故事、戏剧、抒情诗的规则，还会包括阅读史诗及伟大的希腊悲剧时，特殊问题的注意事项。

在开始之前，必须再提一下前面已经提过的阅读一本书的四个问题。这四个问题是主动又有要求的读者一定会对一本书提出来的问题，在阅读想象文学作品时也要提出这些问题来。

你还记得前三个问题是：第一，这整本书的内容是在谈些什么？第二，内容的细节是什么？是如何表现出来的？第三，这本书说的是真实的吗？全部真实或部分真实？前一章已经谈过这三个规则运用在想象文学中的方法了。要回答第一个问题，就是你能说出关于一个故事、戏剧或诗的情节大意，并要能广

泛地包括故事或抒情诗中的动作与变化。要回答第二个问题，你就要能辨识剧中所有不同的角色，并用你自己的话重新叙述过发生在他们身上的关键事件。要回答第三个问题，就是你能合理地评断一本书的真实性。这像一个故事吗？这本书能满足你的心灵与理智吗？你欣赏这本书带来的美吗？不管是哪一种观点，你能说出理由吗？

第四个问题是，这本书与我何关？在论说性作品中，要回答这个问题就是要采取一些行动。在这里，"行动"并不是说走出去做些什么。我们说过，在阅读实用性书时，读者同意作者的观点——也就是同意最后的结论——就有义务采取行动，并接受作者所提议的方法。如果论说性的作品是理论性的书时，所谓的行动就不是一种义务的行为，而是精神上的行动。如果你同意那样的书是真实的，不论全部或部分，你就一定要同意作者的结论。如果这个结论暗示你对事物的观点要作一些调整，那么你多少都要调整一下自己的看法。

现在要认清楚的是，在想象文学作品中，第四个也是最后一个问题要作一些相当大的调整。从某方面来说，这个问题与阅读诗与故事毫无关系。严格说起来，在你读好了——也就是分析好了小说、戏剧或诗之后，是用不着采取什么行动的。在你采取类似的分析阅读，回答前面三个问题之后，你身为读者的责任就算尽到了。

我们说"严格说起来"，是因为想象文学显然总是会带引读者去做各种各样的事。比起论说性作品，有时候一个故事更能带动一个观点——在政治、经济、道德上的观点。乔治·奥威尔（George Orwell）的《动物农庄》（*Animal Farm*）与《1984》

第十五章　阅读故事、戏剧与诗的一些建议 | 229

都强烈地攻击极权主义。赫胥黎（Aldous Huxley）的《美丽新世界》（*Brave New World*）则激烈地讽刺科技进步下的暴政。索尔仁尼琴（Alexander Solzhenitsyn）的《第一圈》、*The First Circle*）告诉我们许多琐碎、残酷又不人道的苏联官僚政治问题，那比上百种有关事实的研究报告还要惊人。那样的作品在人类历史上被查禁过许多次，原因当然很明显。怀特（E.B.White）曾经说过："暴君并不怕唠叨的作家宣扬自由的思想——他害怕一个醉酒的诗人说了一个笑话，吸引了全民的注意力。"

不过，阅读故事与小说的主要目的并不是要采取实际的行动。想象文学可以引导出行动，但却并非必要，因为它们属于纯艺术的领域。

所谓"纯"艺术，并不是因为"精致"或"完美"，而是因为作品本身就是一个结束，不再与其他的影响有关。就如同爱默生所说的，美的本身就是存在的唯一理由。

因此，要将最后一个问题应用在想象文学中，就要特别注意。如果你受到一本书的影响，而走出户外进行任何行动时，要问问你自己，那本书是否包含了激励你的宣言，让你产生行动力？诗人，正确来说，不是要来提出宣言的。不过许多故事与诗确实含有宣言主张，只是被深藏起来而已。注意到他们的想法，跟着作出反应并没有问题。但是要记得，你所留意的与反应出来的是另外一些东西，而不是故事或诗的本身。这是想象文学本身就拥有的自主权。要把这些文学作品读通，你唯一要做的事就是去感受与体验。

## 如何阅读故事书

218　　我们要给你阅读故事书的第一个建议是：快读，并且全心全意地读。理想上来说，一个故事应该一口气读完，但是对忙碌的人来说，要一口气读完长篇小说几乎是不可能的事。不过，要达到这个理想，最接近的方法就是将阅读一篇好故事的时间压缩到合理的长度。否则你可能会忘了其间发生的事情，也会漏掉一些完整的情节，最后不知道自己在读的是什么了。

有些读者碰到自己真正喜欢的小说时，会想把阅读的时间拉长，好尽情地品味，浸淫在其中。在这样的情况中，他们可能并不想借着阅读小说，来满足他们对一些未知事件或角色的了解。在后面我们会再谈到这一点。

我们的建议是要读得很快，而且全神投入。我们说过，最重要的是要让想象的作品在你身上发生作用。这也就是说，让角色进入你的心灵之中，相信其中发生的事件，就算有疑惑也不要怀疑。在你了解一个角色为什么要做这件事之前，不要心存疑虑。尽量试着活在他的世界里，而不是你的世界，这样他所做的事就很容易理解了。除非你真的尽力"活在"这样的虚构世界中，否则不要任意批评这个世界。

下面的规则中，我们要让你自己回答第一个问题，那也是阅读每一本书时要提出的问题——这整本书在谈些什么？除非你能很快读完，否则你没法看到整个故事的大要。如果你不专心一致地读，你也会漏掉其中的细节。

根据我们的观察，一个故事的词义，存在于角色与事件之中。你要对他们很熟悉，才能厘清出彼此的关系。有一点要提

## 第十五章 阅读故事、戏剧与诗的一些建议

醒的。以《战争与和平》为例，许多读者开始阅读这本小说巨著时，都会被一堆出场的人物所混淆了，尤其是那些名字听起来又陌生得不得了。他们很快便放弃了这本书，因为他们立刻认为自己永远不会搞清楚这些人彼此之间的关系了。对任何大部头的小说而言，都是如此——而如果小说真的很好，我们可希望它越厚越好。

对懦弱的读者来说，这样的情况还不只发生在阅读上。当他们搬到一个新的城市或郊区，开始上新的学校或开始新的工作，甚至刚到达一个宴会里时，都会发生类似的情形。在这样的情境中，他们并不会放弃。他们知道过一阵子之后，个人就会融入整体中，朋友也会从那一批看不清长相的同事、同学与客人中脱颖而出。我们可能没办法记住一个宴会中所有人的姓名，但我们会记起一个跟我们聊了一小时的男人，或是我们约好下次要见面的一个女人，或是跟我们孩子同校的一个家长。在小说中也是同样的情况。我们不期望记住每一个名字，许多人不过是背景人物，好衬托出主角的行动而已。无论如何，当我们读完《战争与和平》或任何大部头的书时，我们就知道谁是重要的人物，我们也不会忘记。虽然托尔斯泰的作品是我们很多年前读的书，但是皮埃尔、安德鲁、娜塔莎、玛丽公主、尼古拉——这些名字会立刻回到我们的记忆中。

不管发生了多少事件，我们也会很快就明白其中哪些才是重要的。一般来说，作者在这一点上都会帮上很多忙。他们并不希望读者错过主要的情节布局，所以他们从不同的角度来铺陈。但我们的重点是：就算一开始不太清楚，也不要焦虑。事实上，一开始本来就是不清楚的。故事就像我们的人生一样，

在生命中，我们不可能期望了解每一件发生在我们身上的事，或把一生全都看清楚。但是，当我们回顾过去时，我们便了解为什么了。所以，读者在阅读小说时，全部看完之后再回顾一下，就会了解事件的关联与活动的前后顺序了。

所有这些都回到同一个重点：你一定要读完一本小说之后，才能谈你是否把这个故事读通了。无论如何，矛盾的是，在小说的最后一页，故事就不再有生命了。我们的生活继续下去，故事却没有。走出书本之外，那些角色就没有了生命力。在阅读一本小说时，在第一页之前，到最后一页之后，你对那些角色会发生些什么事所产生的想象，跟下一个阅读的人没什么两样。事实上，这些想象都是毫无意义的。有些人写了《哈姆雷特》的前部曲，但是都很可笑。当《战争与和平》一书结束后，我们也不该问皮埃尔与娜塔莎的结局是什么？我们会满意莎士比亚或托尔斯泰的作品，部分原因是他们在一定的时间里讲完了故事，而我们的需求也不过如此。

我们所阅读的大部分是故事书，各种各样的故事。不能读书的人，也可以听故事。我们甚至还会自己编故事。对人类而言，小说或虚构的故事似乎是不可或缺的。为什么？

其中一个理由是：小说能满足我们潜意识或意识中许多的需要。如果只是触及意识的层面，像论说性作品一样，当然是很重要的。但小说一样也很重要，因为它触及潜意识的层面。

简单来说——如果要深入讨论这个主题会很复杂——我们喜欢某种人，或讨厌某种人，但却并不很清楚为什么。如果是在小说中，某个人受到奖励或处罚，我们都会有强烈的反应。我们会甚至因而对这本书有艺术评价之外的正面或负面的印象。

譬如小说中的一个角色继承了遗产，或发了大财，我们通常也会跟着高兴。无论如何，这只有当角色是值得同情时才会发生——意思就是我们认同他或她的时候。我们并不是说我们也想继承遗产，只是说我们喜欢这本书而已。

或许我们都希望自己拥有的爱比现在拥有的还要丰富。许多小说是关于爱情的——或许绝大多数——当我们认同其中恋爱的角色时，我们会觉得快乐。他们很自由，而我们不自由。但我们不愿意承认这一点，因为这会让我们觉得我们所拥有的爱是不完整的。

其实，在每个人的面具之下，潜意识里都可能有些虐待狂或被虐狂。这些通常在小说中获得了满足，我们会认同那位征服者或被虐者，或是两者皆可。在这样的状况中，我们只会简单地说：我们喜欢"那种小说"——用不着把理由说得太清楚。

最后，我们总是怀疑生命是不公平的。为什么好人受苦，坏人却成功？我们不知道，也无法知道为什么，但这个事实让所有的人焦虑。在故事中，这个混乱又不愉快的情况被矫正过来了，我们觉得格外满足。

在故事书中——小说、叙事诗或戏剧——公理正义确实是存在的。人们得到他们该得的。对书中的角色来说，作者就像上帝一样，依照他们的行为给他们应得的奖励或惩罚。在一个好故事中，在一个能满足我们的故事中，至少该做到这一点。关于一个坏故事最惹人厌的一点是，一个人受奖励或惩罚一点都不合情合理。真正会说故事的人不会在这一点上出错。他要说服我们：正义——我们称之为诗的正义（poetic justice）——已经战胜了。

大悲剧也是如此。可怕的事情发生在好人身上，我们眼中的英雄不该承受这样的厄运，但最后也只好理解命运的安排。而我们也非常渴望能与他分享他的领悟。如果我们知道如此——我们也能面对自己在现实世界中所要碰上的事了。《我要知道为什么》（*I Want to know Why*）是舍伍德·安德森（Sherwood Anderson）所写的一个故事，也可以用作许多故事的标题。那个悲剧英雄确实学到了为什么，当然过程很困难，而且是在生活都被毁了之后才明白的。我们可以分享他的洞察力，却不需要分享他的痛苦遭遇。

因此，在批评小说时，我们要小心区别这两种作品的差异：一种是满足我们个人特殊潜意识需求的小说——那会让我们说："我喜欢这本书，虽然我并不知道为什么。"另一种则是满足大多数人潜意识需求的小说。用不着说，后者会是一部伟大的作品，世代相传，永不止息。只要人活着一天，这样的小说就能满足他，给他一些他需要的东西——对正义的信念与领悟，平息心中的焦虑。我们并不知道，也不能确定真实的世界是很美好的。但是在伟大的作品中，世界多多少少是美好的。只要有可能，我们希望能经常住在那个故事的世界里。

## 关于史诗的重点

在西方传统作品中，最伟大的荣耀，也最少人阅读的就是史诗了。特别像是荷马的《伊里亚特》与《奥德赛》，维吉尔的《埃涅阿斯纪》，但丁的《神曲》与弥尔顿的《失乐园》。其中的矛盾之处值得我们注意。

## 第十五章 阅读故事、戏剧与诗的一些建议

从过去二千五百年以来只写成极少数的史诗就可以看出来，这是人类最难写的一种作品。这并不是我们不愿意尝试，几百首史诗都曾经开始写过，其中像华兹华斯（Wordsworth）的《序曲》（*Prelude*）、拜伦（Byron）的《唐璜》（*Don Juan*），都已经写了大部分，却并没有真正完成。执着于这份工作，而且能完成工作的诗人是值得荣耀的。而更伟大的荣耀是属于写出那五本伟大作品的诗人，但这样的作品并不容易阅读。

这并不只是因为这些书都是用韵文写的——除了原本就是以英语写作的《失乐园》之外，其他的史诗都有散文的诠释作品出现，以帮助我们理解。真正的困难似乎在于如何跟随作品逐步升高那种环绕着主题的追寻。阅读任何一部重要的史诗对读者来说都有额外的要求——要求你集中注意力，全心参与并运用想象力。阅读史诗所要求的努力确实是不简单的。

大部分人都没注意到，只不过因为不肯付出这种努力来阅读，我们的损失有多大。因为好的阅读——我们该说是分析阅读——能让我们收获良多，而阅读史诗，至少就像阅读其他小说作品一样，能让我们的心灵更上层楼。不幸的是，如果读者不能善用阅读技巧来阅读这些史诗，将会一无所获。

我们希望你能痛下决心，开始阅读这五本史诗，你会逐步了解这些作品的。如果你这么做，我们确定你不会失望。你还可能享受到更进一步的满足感。荷马、维吉尔、但丁与弥尔顿——每一个优秀的诗人都是他们的读者，其他作者也不用说。这五本书再加上《圣经》，是任何一个认真的读书计划所不可或缺的读物。

## 如何阅读戏剧

一个剧本是一篇小说、故事，同时也真的该像读一个故事一样阅读。因为剧本不像小说将背景描绘得清楚，或许读者阅读的时候要更主动一些，才能创造出角色生活与活动的世界的背景。不过在阅读时，两者的基本问题是相似的。

然而，其中还是有一个重要的差异。你在读剧本时，不是在读一个已经完全完成的作品。完成的剧本（作者希望你能领会的东西）只出现在舞台的表演上。就像音乐一样必须能倾听，阅读剧本所缺乏的就是身体语言实际的演出。读者必须自己提供那样的演出。

要做到这一点的唯一方法是假装看到演出的实景。因此，一旦你发现这个剧本谈的是什么，不论是整体或部分，一旦你能回答有关阅读的所有问题后，你就可以开始导演这个剧本。假设你有六七个演员在你眼前，等待你的指令。告诉他们如何说这一句台词，如何演那一幕。解释一下重要的句子，说明这个动作如何让整出戏达到高潮。你会玩得很开心，也会从这出戏中学到很多。

有个例子可以说明我们的想法。在《哈姆雷特》第二幕第二场中，波隆尼尔向国王与王后密告哈姆雷特的愚行，因为他爱上了奥菲莉雅，而她会阻碍王子的前程。国王与王后有点迟疑，波隆尼尔便要国王跟他躲在挂毯后面，好偷听哈姆雷特与奥菲莉雅的谈话。这一幕出现在第二幕第二场中，原文第160～170行。很快，哈姆雷特读着书上场了，他对波隆尼尔说的话像打哑谜，于是波隆尼尔说道："他虽疯，但却有一套他自己的理论。"过了一阵子,第三幕的开头,哈姆雷特进场,说出了著名的独白:"要活,还是要死?"然后奥菲莉雅出现在他眼前,打断了他的话。他与她说了一段话,看起来神智正常,但突然间他狂叫道:"啊!啊!你是真诚的吗?"(第三幕,第一场,103行)。现在的问题是:哈姆雷特是否偷听到波隆尼尔与国王准备侦察他的对话?或是他听到了波隆尼尔说要"让我的女儿去引诱他"?如果真是如此,那么哈姆雷特与波隆尼尔及奥菲莉雅的对话代表的都是同一件事。如果他并没有听到这个密谋,那又是另一回事了。莎士比亚并没有留下任何舞台指导,读者(或导演)必须自己去决定。你自己的判断会是了解整出剧的中心点。

莎士比亚的许多剧本都需要读者这样主动地阅读。我们的重点是,无论剧作家写得多清楚,一字不误地告诉我们发生了什么事,还是很值得做这件事。(我们没法抱怨说听不清楚,因为对白全在我们眼前。)如果你没有将剧本搬上心灵的舞台演出过,或许你还不能算是读过剧本了。就算你读得再好,也只是读了一部分而已。

前面我们提过,这个阅读规则有一个有趣的例外,就是剧作家不能像小说家一样对读者直接说话。(菲尔丁所写的《汤姆·琼斯》就会直接向读者发言,这也是一部伟大的小说。)其中有两个例外前后将近相差了二十五世纪之久。阿里斯托芬(Aristophanes),古希腊的喜剧剧作家,写过一些所谓的"古老喜剧"(Old Comedy)的例子留传下来。在阿里斯托芬的戏剧中,经常会或至少会有一次,主要演员从角色中脱身而出,甚至走向观众席,发表一场政治演说,内容与整出戏是毫无关联的。那场演说只是在表达作者个人的感觉而已。现在偶尔还有戏剧会这么做——没有一项有用的艺术手法是会真正失传的——只是他们表现的手法或许比不上阿里斯托芬而已。

另一个例子是萧伯纳，他不但希望自己的剧本能够演出，还希望能让读者阅读。他出版了所有的剧本，甚至有一本《心碎之家》（*Heartbreak House*）是在演出之前就出版的。在剧本之前，他写了很长的序言，解释剧本的意义，还告诉读者如何去理解这出剧。（在剧本中他还附上详尽的舞台指导技巧。）要阅读萧伯纳式的剧本，却不读萧伯纳所写的前言，就等于是拒绝了作者最重要的帮助，不让他辅助你理解这出戏。同样，一些现代剧作家也学习萧伯纳的做法，但都比不上他的影响力。

另一点建议可能也有帮助，尤其是在读莎士比亚时更是如此。我们已经提过，在阅读剧本时最好是一气呵成，才能掌握住整体的感觉。但是，许多剧本都是以韵文写的，自从1600年以来语言变化之后，韵文的句子读起来就相当晦涩，因此，把剧本大声地读出来倒经常是不错的方法。要慢慢读，就像是听众在听你说话一样，还是带着感情读——也就是说要让那些句子对你别有深意。这个简单的建议会帮助你解决许多问题。只有当这样做之后还有问题，才要找注解来帮助你阅读。

## 关于悲剧的重点

大多数剧本是不值得阅读的。我们认为这是因为剧本并不完整。剧本原来就不是用来阅读的——而是要演出的。有许多伟大的论说性作品，也有伟大的小说、故事与抒情诗，却只有极少数的伟大剧本。无论如何，这些少数的剧作——埃斯库罗斯（Aeschylus）、索福克勒斯（Sophocles）、欧里庇得斯（Euripedes）的悲剧，莎士比亚的戏剧，莫里哀（Molière）的喜剧及少数的现代作品——都是非常伟大的作品。因为在他们的作品中包含了人类所能表现的既深刻又丰富的洞察力。

在这些剧本中，对初学者来说，希腊悲剧可能是最难入门的。其中一个原因是，在古代，这些悲剧是一次演出三幕的，三幕谈的都是同一个主题，但是今天除了埃斯库罗斯的《俄瑞斯底亚》（Oresteia）之外，其他的都只剩下独幕剧。另一个原因是，几乎很难在心中模拟这些悲剧，因为我们完全不知道希腊的导演是如何演出这样的戏剧的。还有一个原因，这些悲剧通常来自一些故事，这对当时的观众来说是耳熟能详的事，对我们而言却只是一个剧本。以俄狄浦斯的故事为例，尽管我们非常熟悉那个故事，就像我们熟悉华盛顿与樱桃树的故事一样，但是看索福克勒斯如何诠释这个故事是一回事，把《俄狄浦斯王》当作一个主要的故事，然后来想象这个熟悉的故事所提供的背景是什么，又是另一回事。

不过，这些悲剧非常有力量，虽然有这么多障碍却仍然流传至今。把这些剧本读好是很重要的，因为它们不只告诉我们有关这个世界的一切，也是一种文学形式的开端，后来的许多剧作家如拉辛（Racine）及奥尼尔（O'Neill）都是以此为基础的。下面还有两点建议可能对你阅读希腊悲剧有帮助。

第一，记住悲剧的精髓在时间，或是说缺乏时间。如果在希腊悲剧中有足够的时间，就没有解决不了的事。问题是时间永远不够。决定或选择都要在一定的时刻完成，没有时间去思考，衡量轻重。因为就算悲剧英雄也是会犯错的——或许是特别会犯错——所作的决定也是错的。对我们来说很容易看出来该做些什么，但我们能在有限的时间中看清楚一切吗？在阅读希腊悲剧时，你要一直把这个问题放在心中。

第二，我们确实知道在希腊的戏剧中，所有的悲剧演员都穿一种高出地面几英寸的靴子（他们也戴面具）。叙述旁白的演员虽然有时会戴面具，但不会穿这种靴子。因此，一边是悲剧的主角，另一边是叙述旁白的演员，两相比较之下，就可以看出极大的差异了。因此你要记得，在读旁白的部分时，你要想象这些台词是跟你一般身高的人所说出来的话，而在读悲剧人物的台词时，你要想象这是出自一个大人物的口中，他们不只是在形象上，在实际身高上也高出你一截。

## 如何阅读抒情诗（Lyric Poetry）

最简单的有关诗的定义（就跟这个标题一样，这里所谓的诗是有所限制的），就是诗人所写的东西。这样的定义看起来够浅显明白了，但是仍然有人会为此争执不已。他们认为诗是一种人格的自然宣泄，可能借文字表达出来，也可能借身体的行动传达出来，或是由音乐宣泄出来，甚至只是一种感觉而已。当然，诗与这些都有点关系，诗人也能接受这样的说法。关于诗有一种很古老的观念，那就是诗人要向内心深处探索，才能创造出他们的诗句。因此，他们的心灵深处是一片神秘的"创造之泉"。从这个角度来看，任何人在任何时间，只要处于孤独又敏感的状态，都可以创造出诗句来。虽然我们都承认这样的定义已经说中了要点，不过下面我们要用来说明诗的又是更狭窄的定义。无论我们心中如何激荡着原始的诗情，但是诗仍是由文字组成的，而且是以条理分明，精巧熟练的方式所组合出来的。

另一种关于诗的定义，同样也包含了一些要点。那就是诗（主要是抒情诗）如果不是赞美，或是唤起行动（通常是革命行动），或者如果不是以韵文写作，特别是运用所谓"诗的语言"来写作，那就算不上是真正的诗。在这个定义中，我们故意将一些最新跟最旧的理论融合起来。我们的观点是，所有这些定义，包括我们还会提到的一些定义，那太狭隘了。而上一段所说的诗的定义，又太广泛了。

在狭隘与广泛的定义之间，有一个核心概念，那就是只要他们觉得适合，就会承认那是诗了。如果我们想要特别说明出这核心概念是什么，我们就是在给自己找麻烦，而我们不打算这么做。此外，我们也确定你知道我们在谈的是什么。我们十之八九敢肯定，或是百分之九十九确定你会同意我们所说的X是诗，Y不是诗的道理。这个概念足够说明我们的议题了。

许多人相信他们不能读抒情诗——尤其是现代诗。他们认为这种诗读起来很困难，含糊不清又复杂无比，需要花上很多的注意力，自己要很努力才行，因此实在不值得花上这么多时间来读。我们要说两个观念：首先，抒情诗，任何现代诗，只要你肯拿起来读，你会发现并不像你想的要花那么大的工夫。其次，那绝对是值得你花时间与精力去做的事。

我们并不是说你在读诗就不用花精神。一首好诗可以用心研读，一读再读，并在你一生当中不断地想起这首诗。你会在诗中不断地找到新点子、新的乐趣与启示，对你自己及这个世界产生新的想法。我们的意思是，接近一首诗，研读这首诗，并不像你以为的那样困难。

阅读抒情诗的第一个规则是：不论你觉得自己懂不懂，都要一口气读完，不要停。这个建议与阅读其他类型书的建议相同，只是比起阅读哲学或科学论文，甚至小说或戏剧，这个规则对诗来说更重要。

事实上，许多人在阅读诗，尤其是现代诗时会有困难，因为他们并不知道阅读诗的第一个规则。面对T.S.艾略特、狄兰·托马斯（Dylan Thomas）或其他"费解"的现代诗时，他们决定全神投入，但读了第一行或第一段之后便放弃了。他们没法立即了解这行诗，便以为整首诗都是如此了。他们在字谜间穿梭，想重新组合混乱的语法，很快地他们放弃了，并下结论说：他们怀疑现代诗对他们而言是太难理解了。

不光是现代抒情诗难懂。许多好诗用词都很复杂，而且牵涉到他们当时的语言与思想。此外，许多外表看起来很简单的诗，其实内在的架构都很复杂。

但是任何一首诗都有个整体大意。除非我们一次读完，否则无法理解大意是什么，也很难发现诗中隐藏的基本感觉与经验是什么。尤其是在一首诗中，中心思想绝不会在第一行或第一段中出现的。那是整首诗的意念，而不是在某一个部分里面。

阅读抒情诗的第二个规则是：重读一遍——大声读出来。我们在前面这样建议过，譬如像是诗般的戏剧如莎士比亚的作品就要朗诵出声来。读戏剧，那会帮助你了解。读诗，这却是基本。你大声朗诵诗句，会发现似乎说出来的字句可以帮助你更了解这首诗。如果你朗诵出来，比较不容易略过那些不了解的字句，你的耳朵会抗议你的眼睛所忽略的地方。诗中的节奏或是有押韵的地方，能帮助你把该强调的地方突显出来，增加你对这首诗的了解。最后，你会对这首诗打开心灵，让它对你的心灵发生作用——一如它应有的作用。

在阅读抒情诗时，前面这两个规则比什么都重要。我们认为如果一个人觉得自己不能读诗，只要能遵守前面这两个规则来读，就会发现比较容易一些了。一旦你掌握住一首诗的大意时，就算是很模糊的大意，你也可以开始提出问题来。就跟论说性作品一样，这是理解之钥。

对论说性作品所提出的问题是文法与逻辑上的问题。对抒情诗的问题却通常是修辞的问题，或是句法的问题。你无法与诗人达成共识，但是你能找出关键字。你不会从文法中分辨出来，而是从修辞上找到。为什么诗中有些字会跳出来，凝视着你？是因为节奏造成的？还是押韵的关系？还是这个字一直在重复出现？如果好几段谈的都是同样的概念，那么彼此之间到底有什么关联？你找出的答案能帮助你了解这首诗。

在大部分好的抒情诗中，都存在着一些冲突。有时是对立的两方——或是个人，或是想象与理想的象征——出场了，然后形容双方之间的冲突。如果是这样的写法，就很容易掌握。但是通常冲突是隐藏在其中，没有说出口的。譬如大多数的伟大抒情诗——或许最主要的都是如此——所谈的都是爱与时间、生与死、短暂的美与永恒的胜利之间的冲突。但是在诗的本身，却可能看不到这些字眼。

有人说过，所有莎士比亚的十四行诗都是在谈他所谓的

"贪婪的时间"造成的毁坏。有些诗确实是如此,因为他一再地强调出来:

> 我曾窥见时间之手的残酷
> 被陈腐的岁月掩埋就是辉煌的代价

这是第64首十四行诗,列举了时间战胜了一切,而人们却希望能与时间对抗。他说:

> 断垣残壁让我再三思量
> 岁月终将夺走我的爱人

这样的十四行诗当然没有问题。在第116首的名句中,同样包含了下面的句子:

> 爱不受时间愚弄,虽然红唇朱颜
> 敌不过时间舞弄的弯刀;
> 爱却不因短暂的钟点与周期而变貌,
> 直到末日尽头仍然长存。

而在同样有名的第138首十四行诗中,开始时是这么写的:

> 我的爱人发誓她是真诚的
> 我真的相信她,虽然我知道她在说谎,

谈的同样是时间与爱的冲突，但是"时间"这两个字却没有出现在诗中。

这样你会发现读诗并不太困难。而在读马维尔（Marvell）那首有名的抒情诗《致害羞的女主人》（To His Coy Mistress）时，你也不会有困难。因为这首诗谈的是同样的主题，而且一开始便点明了：

> 如果我们拥有全世界的时间，
> 这样的害羞，女郎，绝不是罪过。

但是我们没有全世界的时间，马维尔继续说下去：

> 在我背后我总是听见
> 时间的马车急急逼进；
> 无垠的远方横亘在我们之上
> 辽阔的沙漠永无止境。

因此，他恳求女主人：

> 让我们转动全身的力量
> 让全心的甜蜜融入舞会中，
> 用粗暴的争吵撕裂我们的欢愉
> 彻底的挣脱生命的铁门。
> 这样，虽然我们不能让阳光
> 静止，却能让他飞奔而去。

阿奇博尔德·麦克莱西（Archibald MacLeisch）的诗《你，安德鲁·马维尔》（You, Andrew Marvell），可能比较难以理解，但所谈的主题却是相同的。这首诗是这样开始的：

在这里脸孔低垂到太阳之下
在这里望向地球正午的最高处
感觉到阳光永远的来临
黑夜永远升起

麦克莱西要我们想象一个人（诗人？说话的人？读者？）躺在正午的阳光下——同样，在这灿烂温暖的当儿，警觉到"尘世黑暗的凄凉"。他想象夕阳西沉的阴影——所有历史上依次出现过又沉没了的夕阳——吞噬了整个世界，淹没了波斯与巴格达……他感到"黎巴嫩渐渐淡出，以及克里特"，"与西班牙沉入海底\非洲海岸的金色沙滩也消失了"……"现在海上的一束亮光也不见了"。他最后的结论是：

在这里脸孔沉落到太阳之下
感觉到多么快速，多么神秘，
夜晚的阴影来临了……

这首诗中没有用到"时间"这两个字，也没有谈到爱情。此外，诗的标题让我们联想到马维尔的抒情诗的主题："如果我们拥有全世界的时间"。因此，这首诗的组合与标题诉求的是同样的冲突，在爱（或生命）与时间之间的冲突——这样的主题也出现在我们所提的其他诗之中。

关于阅读抒情诗，还有最后的一点建议。一般来说，阅读这类书的读者感觉到他们一定要多知道一点关于作者及背景的资料，其实他们也许用不上这些资料。我们太相信导论、评论与传记——但这可能只是因为我们怀疑自己的阅读能力。只要一个人愿意努力，几乎任何人都能读任何诗。你发现任何有关作者生活与时代的资讯，只要是确实的都有帮助。但是关于一首诗的大量背景资料并不一定保证你能了解这首诗。要了解一首诗，一定要去读它——一遍又一遍地读。阅读任何伟大的抒情诗是一生的工作。当然，并不是说你得花一生的时间来阅读伟大的抒情诗，而是伟大的抒情诗值得再三玩味。而在放下这首诗的时候，我们对这首诗所有的体会，可能更超过我们的认知。

# 第十六章　如何阅读历史书

"历史"就跟"诗"一样，含有多重意义。为了要让这一章对你有帮助，我们一定要跟你对这两个字达成共识——也就是说我们是如何运用这两个字的。

首先，就事实而言的历史（history as fact）与就书写记录而言的历史（history as a written record of the tacts）是不同的。显然，在这里我们要用的是后者的概念，因为我们谈的是"阅读"，而事实是无法阅读的。所谓历史书有很多种书写记录的方式。收集特定事件或时期的相关资料，可以称作那个时期或事件的历史。口头采访当事人的口述记录，或是收集这类的口述记录，也可以称作那个事件或那些参与者的历史。另外一些出发点相当不同的作品，像是个人日记或是信件收集，也可以整理成一个时代的历史。历史这两个字可以用在，也真的运用在几乎各种针对某一段时间，或读者感兴趣的事件上所写的读物。

下面我们所要用到的"历史"这两个字，同时具有更狭义与更广义的含义。所谓更狭义，指的是我们希望限制在针对过去某段时期、某个事件或一连串的事件，来进行基本上属于叙事风格，多少比较正式的描述。这也是"历史"的传统词义，我们毋须为此道歉。就像我们为抒情诗所下的定义一样，我们认为你会同意我们所采用的一般定义，而我们也会将焦点集中在这种一般类型上。

但是，在更广义的部分，我们比当今许多流行的定义还要广。我们认为，虽然并不是所有的历史学家都赞同，但我们还是强调历史的基本是叙事的，所谓的事指的就是"故事"，这两个字能帮助我们理解基本的含意。就算是一堆文状的收集，说的还是"故事"。这些故事可能没有解说——因为历史学家可能没有将这些资料整理成"有意义的"秩序。但不管有没有秩序，其中都隐含着主题。否则，我们认为这样的收集就不能称之为那个时代的历史。

然而，不论历史学家赞不赞同我们对历史的理念，其实都不重要。我们要讨论的历史书有各种写作形态，至少你可能会想要读其中的一两种。在这一点上我们希望能帮助你使把劲。

## 难以捉摸的史实

或许你加入过陪审团，倾听过像车祸这类单纯的事件。或许你加入的是高等法院陪审团，必须决定一个人是否杀了另一个人。如果这两件事你都做过，你就会知道要一个人回忆他亲眼见到的事情，将过去重新整理出来有多困难——就是一个小小的单纯事件也不容易。

法庭所关心的是最近发生的事件与现场目击的证人，而且对证据的要求是很严格的。一个目击者不能假设任何事，不能猜测，不能保证，也不能评估（除非是在非常仔细的情况掌控之下）。当然，他也不可以说谎。

在所有这些严格规范的证据之下，再加上详细检验之后，身为陪审团的一员，你是否就能百分之百地确定，你真的知道发生了什么事吗？

法律的设定是你不必做到百分之百的确定。因为法律设定陪审团的人心中总是有些怀疑的感觉。实际上，为了审判可以有这样与那样的不同决定，法律虽然允许这些怀疑影响你的判断，但一定要"合理"才行。换句话说，你的怀疑必须强到要让你的良心觉得困扰才行。

历史学家所关心的是已经发生的事件，而且绝大部分是发生在很久以前的事件。所有事件的目击者都死了，他们所提的证据也不是在庭上提出的——也就是没有受到严格、仔细的规范。这样的证人经常在猜测、推想、估算、设定与假设。我们没法看到他们的脸孔，好推测他们是否在撒谎（就算我们真的能这样判断一个人的话）。他们也没有经过严格检验。没有人能保证他们真的知道他们在说些什么。

所以，如果一个人连一件单纯的事都很难知自己是否明白，就像法庭中的陪审团难下决定一样，那么想知道历史上真正发生了什么事的困难就更可想而知了。一件历史的"事实"——虽然我们感觉很相信这两个字代表的意义，但却是世上最难以捉摸的。

当然，某一种历史事实是可以很确定的。1861年4月12日，美国在桑姆特要塞掀起了内战；1865年4月9日，李将军在阿波米脱克斯法庭向格兰特将军投降，结束了内战。每个人都会同意这些日期。虽然不是绝无可能，但总不太可能当时全美国的日历都不正确。

但是，就算我们确实知道内战是何时开始，何时结束，我们又从中学到了什么？事实上，这些日期确实被质疑着——不是因为所有的日历都错了，而是争论的焦点在这场内战是否应该起于1860年的秋天，林肯当选总统，而结束于李将军投降后五天，林肯被刺为止。另外一些人则声称内战应该开始得更早一点——要比1861年还早个五到十或二十年——还有，我们也知道到1865年美国一些边陲地带仍然继续进行着战争，因此北方的胜利应该推迟到1865年的5月、6月或7月。甚至还有人认为美国的内战直到今天也没有结束——除非哪一天美国的黑人能获得完全的自由与平等，或是南方各州能脱离联邦统治，或是联邦政府可以下达各州的控制权能够确立，并为所有美国人所接受，否则美国的内战就永远称不上结束。

你可以说，至少我们知道，不论内战是不是从桑姆特之役开始，这场战役确实是发生在1861年4月12日。这一点是毋庸置疑的——我们前面提过，这是在特定限制之下的史实。但是为什么会有桑姆特之役？这显然是另一个问题。在那场战役之后，内战是否仍然可以避免呢？如果可以，我们对一个多世纪之前，一个如此这般的春日，所发生的如此这般的战役，还会如此关心吗？如果我们不关心——我们对许多确实发生过，但自己却一无所知的战役都不关心——那么桑姆特之役仍然会是一件意义重大的史实吗？

## 历史的理论

如果非要分类不可的话，我们应该把历史，也就是过去的

**故事**——归类为小说，而非科学——就算不分类，如果能让历史停格在这两类书之中的话，那么通常我们会承认，历史**比较**接近小说，而非科学。

这并不是说历史学家在**捏造**事实，就像诗人或小说家那样。不过，太强调这些作家都是在编造事实，也可能自我麻烦。我们说过，他们在创造一个世界。这个新世界与我们所居住的世界并非截然不同——事实上，最好不是——而一个诗人也是人，透过人的感官进行自己的学习。他看事情跟我们没什么两样（虽然角度可能比较美好或有点不同）。他的角色所用的语言也跟我们相同（否则我们没法相信他们）。只有在梦中，人们才会创造真正不同的全新世界——但是就算在最荒谬的梦境中，这些想象的事件与生物也都是来自每天的生活经验，只是用一种奇异而崭新的方法重新组合起来而已。

当然，一个好的历史学家是不会编造过去的。他认为自己对某些观念、事实，或精准的陈述责无旁贷。不过，有一点不能忘记的是，历史学家一定要编纂一些事情。他不是在许多事件中找出一个共通的模式，就是要套上一个模式。他一定要假设他知道为什么这些历史上的人物会做出这些事。他可能有一套理论或哲学，像是上帝掌管人间的事物一样，编纂出适合他理论的历史。或者，他会放弃任何置身事外或置身其上的模式，强调他只是在如实报导所发生过的事件。但是即使如此，他也总不免要指出事件发生的原因及行为的动机。你在读历史书时，最基本的认知就是要知道作者在运作的是哪一条路。

不想采取这个或那个立场，就得假设人们不会故意为某个目的而做一件事，或者就算有目的，也难以察觉——换句话说，历史根本就没有模式可循。

托尔斯泰对历史就有这样的理论。当然，他不是历史学家，而是小说家。但是许多历史学家也有同样的观点，近代的历史学家更是如此。托尔斯泰认为，造成人类行为的原因太多，又太复杂，而且动机又深深隐藏在潜意识里，因此我们无法知道为什么会发生某些事。

因为关于历史的理论不同，因为历史家的理论会影响到他对历史事件的描述，因此如果我们真的想要了解一个事件或时期的历史，就很有必要多看一些相关的论著。如果我们所感兴趣的事件对我们又有特殊意义的话，就更值得这么做了。或许对每个美国人来说，知道一些有关内战的历史是有特殊意义的。我们仍然生活在那场伟大又悲惨的冲突的余波中，我们生活在这件事所形成的世界中。但是如果我们只是经由一个人的观点，单方面的论断，或是某个现代学院派历史学家来观察的话，是没法完全理解这段历史的。如果有一天，我们打开一本新的美国内战史，看到作者写着："公正客观的美国内战史——由南方的观点谈起"，那这位作者看起来是很认真的。或许他真的如此，或许这样的公正客观真的可能。无论如何，我们认为每一种历史的写作都必定是从某个观点出发的。为了追求真相，我们必须从更多不同的角度来观察才行。

## 历史中的普遍性

关于一个历史事件，我们不见得总能读到一种以上的书。当我们做不到的时候，我们必须承认，我们没有那么多机会提出问题,以学习到有关的事实——明白**真正发生了什么**。不过,这并不是阅读历史的唯一理由。可能会有人说,只有专业历史学家,那个写历史的人,才应该严格检验他的资料来源,与其他相反的论点作仔细的核对验证。如果他知道关于这个主题他该知道些什么,他就不会产生误解。我们,身为历史书的半吊子读者,介于专业历史学家与阅读历史纯粹只是好玩,不负任何责任的外行读者之间。

让我们用修昔底德(Thucydides)做例子。你可能知道他写过一本有关公元前五世纪末,伯罗奔尼撒战争的史实,这是当时唯一的一本主要的历史书。在这样的情况下,没有人能查证他作品的对错。那么,我们也能从这样的书中学到什么吗?

希腊现在只是个小小的国家。一场发生在25世纪以前的战争,对今天的我们真的起不了什么作用。每一个参与战事的人都早已长眠,而引发战争的特殊事件也早已不再存在。胜利者到了现在也毫无意义了,失败者也不再有伤痛。那些被征服又失落的城市已化作烟尘。事实上,如果我们停下来想一想,伯罗奔尼撒战争所遗留下来的似乎也就只有修昔底德这本书了。

但是这样的记录还是很重要的。因为修昔底德的故事——我们还是觉得用这两个字很好——影响到后来人类的历史。后代的领导者会读修昔底德的书。他们会发现自己的处境仿佛与惨遭分割的希腊城邦的命运一样,他们把自己比作雅典或斯巴达。他们把修昔底德当作借口或辩解的理由,甚至行为模式的指引。结果,就因为修昔底德在公元前5世纪的一些观点,整个世界的历史都逐渐被一点点虽然极为微小,却仍然可以察觉的改变所影响。因此我们阅读修昔底德的历史,不是因为他多么精准地描述出在他写书之前的那个世界，而是因为他对后代发生的事有一定的影响力。虽然说起来很奇怪，但是我们阅读他的书是为了想要了解目前发生的事。

亚里士多德说："诗比历史更有哲学性。"他的意思是诗更具一般性，更有普遍影响力。一首好诗不只在当时当地是一首好诗，也在任何时间任何地点都是好诗。这样的诗对所有人类来说都有意义与力量。历史不像诗那样有普遍性。历史与事件有关，诗却不必如此。但是一本好的历史书仍然是有普遍性的。

修昔底德说过，他写历史的原因是：希望经由他所观察到的错误，以及他个人受到的灾难与国家所受到的苦楚，将来的人们不会重蹈覆辙。他所描述的人们犯下的错误，不只对他个人或希腊有意义，对整个人类来说更有意义。在二千五百年以前，雅典人与斯巴达人所犯的错误，今天人们仍然同样在犯——或至少是非常接近的错误——修昔底德以降，这样的戏码一再上演。

如果你阅读历史的观点是设限的，如果你只想知道真正发生了什么事，那你就不会从修昔底德，或任何一位好的历史学家手中学到东西。如果你真把修昔底德读通了，你甚至会扔开想要深究当时到底发生了什么事的念头。

历史是由古到今的故事。我们感兴趣的是现在——以及未来。有一部分的未来是由现在来决定的。因此，你可以由历史中学习到未来的事物，甚至由修昔底德这样活在二千年前的人身上学到东西。

总之，阅读历史的两个要点是：第一，对你感兴趣的事件或时期，尽可能阅读一种以上的历史书。第二，阅读历史时，不只要关心在过去某个时间、地点真正发生了什么事，还要读懂在任何时空之中，尤其是现在，人们为什么会有如此这般行动的原因。

## 阅读历史书要提出的问题

尽管历史书更接近小说，而非科学，但仍然能像阅读论说性作品一样来阅读，也应该如此阅读。因此，在阅读历史时，我们也要像阅读论说性作品一样，提出基本的问题。因为历史的特性，我们要提出的问题有点不同，所期待的答案也稍微不同。

第一个问题关心的是，每一本历史书都有一个特殊而且有限定范围的主题。令人惊讶的是，通常读者很容易就看出这样的主题，不过，不见得会仔细到看出作者为自己所设定的范围。一本美国内战的书，固然不是在谈19世纪的世界史，可能也不涉及1860年代的美国西部史。虽然不应该，但它可能还是把当年的教育状况，美国西部拓荒的历史或美国人争取自由的过程都略过不提。因此，如果我们要把历史读好，我们就要弄清楚这本书在谈什么，没有谈到的又是什么。当然，如果我们要批评这本书，我们一定要知道它没谈到的是什么。一位作者不该因为他没有做到他根本就没想做的事情而受到指责。

根据第二个问题，历史书在说一个故事，而这个故事当然是发生在一个特定的时间里。一般的纲要架构因此决定下来了，用不着我们去搜寻。但是说故事的方法有很多种，我们一定要知道这位作者是用什么方法来说故事的。他将整本书依照年代、时期或世代区分为不同的章节？还是按照其他的规则定出章节？他是不是在这一章中谈那个时期的经济历史，而在别章中谈战争、宗教运动与文学作品的产生？其中哪一个对他来说最重要？如果我们能找出这些，如果我们能从他的故事章节中发现他最重视的部分，我们就能更了解他。我们可能不同意他对这件事的观点，但我们仍然能从他身上学到东西。

批评历史有两种方式。我们可以批评——但永远要在我们完全了解书中的意义之后——这本历史书不够逼真。也许我们觉得，人们就是不会像那样行动的。就算历史学家提供出资料来源，就算我们知道这些是相关的事实，我们仍然觉得他误解了史实，他的判断失真，或是他无法掌握人性或人类的事物。譬如，我们对一些老一辈历史学家的作品中没有包括经济事务，就可能会有这种感觉。对另一些书中所描述的一些大公无私，有太多高贵情操的"英雄"人物，我们也会抱持着怀疑的态度。

另一方面，我们会认为——尤其是我们对这方面的主题有特殊研究时——作者误用了资料。我们发现他竟然没有读过我们曾经读过的某本书时，会有点生气的感觉。他对这件事所掌握的知识可能是错误的。在这种状况下，他写的就不是一本好的历史书。我们希望一位历史学家有完备知识。

第一种批评比较重要。一个好的历史学家要能兼具说故事的人与科学家的能力。他必须像某些目击者或作家说一些事情**确实**发生过一样，知道一些事情就是**可能**发生过。

关于最后一个问题：这与我何干？可能没有任何文学作品能像历史一样影响人类的行为。讽刺文学及乌托邦主义的哲学对人类的影响不大。我们确实希望这个世界更好，但是我们很少会被一些只会挖苦现实，只是区别出理想与现实的差异这类作者的忠告所感动。历史告诉我们人类过去所做的事，也经常引导我们作改变，尝试表现出更好的自我。一般来说，政治家接受历史的训练会比其他的训练还要收获良多。历史会建议一些可行性，因为那是以前的人已经做过的事。既然是做过的事，就可能再做一次——或是可以避免再做。

因此，"与我何干"这个问题的答案，就在于实务面，也就是你的政治行为面。这也是为什么说要把历史书读好是非常重要的。不幸的是，政治领导人物固然经常根据历史知识来采取行动，但却还不够。这个世界已经变得很渺小又危机四伏，每个人都该开始把历史读好才行。

## 如何阅读传记与自传

传记是一个真人的故事。这种作品一直以来就是有混合的传统，因此也保持着混杂的特性。

有些传记作者可能会反对这样的说法。不过，一般来说，一本传记是关于生活、历史、男人或女人及一群人的一种叙述。因此，传记也跟历史一样有同样的问题。读者也要问同样的问题——作者的目的是什么？他所谓真实包含哪些条件？——这也是在读任何一本书时都要提出的问题。

传记有很多种类型。"**定案本**"（definitive）的传记是对一个人的一生作详尽完整的学术性报告，这个人重要到够得上写这种完结篇的传记。定案本的传记绝不能用来写活着的人。这类型的传记通常是先出现好几本非定案的传记之后，才会写出来。而那些先出的传记当中总会有些不完整之处。在写作这样的传记时，作者要阅读所有的资料及信件，还要查证大批当代的历史。因为这种收集资料的能力，与用来写成一本好书的能力不同，因此"定案本"的传记通常是不太容易阅读的。这是最可惜的一点。一本学术性的书不一定非要呆板难读不可。鲍斯韦尔（Boswell）的《约翰逊传》（*Life of Johnson*）就是一本伟大的传记，但却精彩绝伦。这确实是一本定案本的传记（虽然之后还出现了其他的约翰逊传记），但是非常独特有趣。

一本定案本的传记是历史的一部分——这是一个人和他生活的那个时代的历史，就像从他本人的眼中所看到的一样。应该用读历史的方法来读这种传记。"授权本"（authorized）传记又是另一回事了。这样的工作通常是由继承人，或是某个重要人物的朋友来负责的。因为他们的写作态度很小心，因此这个人所犯的错，或是达到的成就都会经过润饰。有时候这也会是很好的作品，因为作者的优势——其他作者则不见得——能看到所有相关人士所掌控的资料。当然，授权本的传记不能像定案本的传记那样受到相同的信任。读这种书不能像读一般的历史书一样，读者必须了解作者可能会有偏见——这是作者希望读者能用这样的想法来看书中的主角，这也是他的朋友希望世人用这样的眼光来看他。

授权本的传记是一种历史，却是非常不同的历史。我们可以好奇什么样利害关系的人会希望我们去了解某一个人的私生活，但我们不必指望真正了解这个人的私生活真相。在阅读授权本的传记时，这本书通常在告诉我们有关当时的时代背景，人们的生活习惯与态度，以及当时大家接受的行为模式——关于不可接受的行为也同时作了点暗示及推论。如果我们只读了单方面的官方传记，我们不可能真的了解这个人的真实生活，就像我们也不可能指望了解一场战役的真相一样。要得到真相，必须要读所有正式的文件，询问当时在场的人，运用我们的头脑从混乱中理出头绪来。定案本的传记已经做过这方面的工作了，授权本的传记（几乎所有活着的人的传记都属于这一种）还有很多要探索的。

剩下的是介于定案本与授权本之间的传记。或许我们可以称这种传记是一般的传记。在这种传记中，我们希望作者是正确的，是了解事实的。我们最希望的是能超越另一个时空，看到一个人的真实面貌。人是好奇的动物，尤其是对另一个人特别的好奇。

这样的书虽然比不上定案本的传记值得信任，却很适合阅读。如果世上没有了艾萨克·沃顿（Izaak Walton）为他的朋友，诗人约翰·多恩（John Donne）与乔治·赫伯特（George Herbert）所写的《传记》（Lives）［沃顿最著名的作品当然是《钓客清话》（The Compleat Angler）］，或是约翰·丁达尔（John Tyndall）为朋友迈克尔·法拉第（Michael Faraday）写的《发明家法拉第》（Faraday the Discoverer），这世界将会逊色不少。

有些传记是教诲式的，含有道德目的。现在很少人写这类传记了，以前却很普遍。（当然，儿童书中还有这样的传记。）普鲁塔克（Plutarch）的《希腊罗马名人传》（Lives of the Noble Grecians and Romans）就是这种传记。普鲁塔克告诉人们有关过去希腊、罗马人的事迹，以帮助当代人也能有同样的高贵情操，并帮助他们避免落入过去的伟人所常犯——或确实犯下的错误。这是一本绝妙的作品。虽然书中有许多关于某个人物的叙述，但我们并不把这本书当作收集资料的传记来读，而是一般生活的读物。书中的主角都是有趣的人物，有好有坏，但绝不会平淡无奇。普鲁塔克自己也了解这一点。他说他原本要写的是另一本书，但是在写作的过程中，他却发现在"让这些人物一个个进出自己的屋子之后"，却是自己受益最多，受到很大的启发。

此外，普鲁塔克所写的其他的历史作品对后代也有相当的影响力。譬如他指出亚历山大大帝模仿阿喀琉斯的生活形态（他是从荷马的书中学到的），所以后代的许多征服者也模仿普鲁塔克所写的亚历山大大帝的生活方式。

自传所呈现的又是不同的有趣问题。首先要问的是，是否有人真的写出了一本真实的自传？如果了解别人的生活很困难，那么了解自己的生活就更困难了。当然，所有自传所写的都是还未完结的生活。

没有人能反驳你的时候，你可能会掩盖事实，或夸大事实，这是无可避免的事。每个人都有些不愿意张扬的秘密，每个人对自己都有些幻想，而且不太可能承认这些幻想是错误的。无论如何，虽然不太可能写一本真实的自传，但也不太可能整本书中都是谎言。就像没有人能撒谎撒得天衣无缝，即使作者想要掩盖一些事实，自传还是会告诉我们一些有关作者的真面目。

一般人都容易认为卢梭的《忏悔录》或同一时期的某部其他作品（约18世纪中叶），是真正称得上自传的开始。这样就忽略了像奥古斯丁的《忏悔录》（*Confessions*）及蒙田的《随笔》（*Essays*）。真正的错误还不在这里。事实上，任何人所写的任何主题多少都有点自传的成分。像柏拉图的《理想国》（*Republic*）、弥尔顿的《失乐园》或歌德的《浮士德》（*Faust*）中，都有很强烈的个人的影子——只是我们没法一一指认而已。如果我们对人性感兴趣，在合理的限度内，我们在阅读任何一本书的时候，都会张开另一只眼睛，去发现作者个人的影子。

自传在写得过火时，会陷入所谓"情感谬误"（pathetic fallacy）的状态中，但这用不着过度担心。不过我们要记得，没有任何文字是自己写出来的——我们所阅读到的文字都是由人所组织撰写出来的。柏拉图与亚里士多德说过一些相似的事，也说过不同的事。但就算他们完全同意彼此的说法，他们也不可能写出同样的一本书，因为他们是不同的人。我们甚至可以发现在阿奎那的作品《神学大全》，这样一部显然一切摊开来的作品中，也有些隐藏起来的东西。

因此，所谓**正式的**（formal）自传并不是什么新的文学形式。从来就没有人能让自己完全摆脱自己的作品。蒙田说过："并不是我在塑造我的作品，而是我的作品在塑造我。一本书与作者是合而为一的，与自我密切相关，也是整体生活的一部分。"他还说："任何人都能从我的书中认识我，也从我身上认识我的书。"这不只对蒙田如此，惠特曼谈到他的《草叶集》（*Leaves of Grass*）时说："这不只是一本书，接触到这本书时，也就是接触到一个生命。"

在阅读传记与自传时还有其他的重点吗？这里还有一个重要的提醒。无论这类书，尤其是自传，揭露了多少有关作者的秘密，我们都用不着花上一堆时间来研究作者并未言明的秘密。

此外，由于这种书比较更像是文学小说，而不是叙事或哲学的书，是一种很特别的历史书，因此我们还有一点点想提醒大家的地方。当然，你该记得，如果你想知道一个人的一生，你就该尽可能去阅读你能找到的资料，包括他对自己一生的描述（如果他写过）。阅读传记就像阅读历史，也像阅读历史的原因。对于任何自传都要有一点怀疑心，同时别忘了，在你还不了解一本书之前，不要妄下论断。至于"这本书与我何干？"这个问题，我们只能说：传记，就跟历史一样，可能会导引出某个实际的、良心的行动。传记是有启发性的。那是生命的故事，通常是成功者一生的故事——也可以当作我们生活的指引。

## 如何阅读关于当前的事件

我们说过，分析阅读的规则适用于任何作品，而不只是书。现在我们要把这个说法作个调整，分析阅读并不是永远都有必要的。我们所阅读的许多东西都用不上分析阅读的努力跟技巧，那也就是我们所谓第三层次的阅读能力。此外，虽然这样的阅读技巧并不一定要运用出来，但是在阅读时，四个基本问题是一定要提出来的。当然，即使当你在面对我们一生当中花费很多时间阅读的报纸、杂志、当代话题之类的书籍时，也一定要提出这些问题来。

毕竟，历史并没有在一千年或一百年前停顿下来，世界仍在继续运转，男男女女继续写作世上在发生些什么事情，以及事情在如何演变。或许现代的历史没法跟修昔底德的作品媲美，但这是要由后代来评价的。身为一个人及世界的公民，我们有义务去了解围绕在我们身边的世界。

接下来的问题就是要知道当前确实发生了些什么事。我们用"确实"这两个字是有用意的。法文是用"确实"（actualités）这两个字代表新闻影片。所谓当前发生的事件（current events），也就是跟"新闻"这两个字很类似。我们要如何获得新闻，又如何知道我们获得的新闻是真实的？

你会立刻发现我们面对的问题与历史本身的问题是一样的。就像我们无法确定过去的事实一样，我们不能确定我们所获得的是不是事实——我们也无法确定我们现在所知道的是事实。但是我们还是要努力去了解真实的情况。

如果我们能同时出现在任何地方，收听到地球上所有的对话，看穿所有活着的人心里，我们就可以确定说我们掌握了当前的真实情况。但是身为人类就有先天的限制，我们只能仰赖他人的报导。所谓记者，就是能掌握一小范围内所发生的事，再将这些事在报纸、杂志或书中报导出来的人。我们的资讯来源就要靠他们了。

理论上，一位记者，不论是哪一类的记者，都该像一面清澈的玻璃，让真相反映出来——或透射过来。但是人类的头脑不是清澈的玻璃，不是很好的反映材料，而当真相透射过来时，我们的头脑也不是很好的过滤器。它会将自认为不真实的事物排除掉。当然，记者不该报导他认为不真实的事。但是，他也可能会犯错。

因此，最重要的是，在阅读当前事件的报导时，要知道**是谁在写这篇报导**。这里所说的并不是要认识那位记者，而是要知道他写作的心态是什么。滤镜式的记者有许多种类型，要了解记者心中戴着什么样的过滤器，我们一定要提出一连串的问题。这一连串的问题与任何一种报导现状的作品都有关。这些问题是：

（1）这个作者想要证明什么？
（2）他想要说服谁？
（3）他具有的特殊知识是什么？
（4）他使用的特殊语言是什么？
（5）他真的知道自己在说些什么吗？

大体而言，我们可以假设关于当前事件的书，都是想要证明什么事情。通常，这件事情也很容易发现。书衣上通常就会将这本书的主要内容写出来了。就算没有出现在封面，也会出现在作者的前言中。

问过作者想要证明的是什么之后，你就要问作者想要说服的是什么样的人了？这本书是不是写给那些"知道内情的人"（in the know）——你是其中一个吗？那本书是不是写给一小群读过作者的描绘之后能快速采取某种行动的读者，或者，就是为一般人写的？如果你并不属于作者所诉求的对象，可能你就不会有兴趣阅读这样的一本书。

接下来，你要发现作者假设你拥有哪种特定的知识。这里所说的"知识"含意很广，说成"观念"或"偏见"可能还更适合一些。许多作者只是为了同意他看法的读者而写书。如果你不同意作者的假设，读这样的书只会使你光火而已。

作者认为你与他一起分享的假设，有时很难察觉出来。巴兹尔·威利（Basil Willey）在《17世纪背景》(*The Seventeenth Century Background*) 一书中说：

> 想要知道一个人惯用的假设是极为困难的，所谓"以教条为事实"，在运用形上学的帮助以及长期苦思之后，你会发现教条就是教条，却绝不是事实。

他继续说明要找出不同时代的"以教条为事实"的例子很容易，而这也是他在书中想要做的事。无论如何，阅读当代作品时，我们不会有时空的隔阂，因此我们除了要厘清作者心中的过滤器之外，也要弄清楚自己的想法才行。

其次，你要问作者是否使用了什么特殊的语言？在阅读杂志或报纸时，这个问题尤其重要。阅读所有当代历史书的时候也用得上这个问题。特定的字眼会激起我们特定的反应，却不会对一个世纪以后的人发生作用。譬如"共产主义"或"共产党"就是一个例子。我们应该能掌握相关的反应，或至少知道何时会产生这样的反应。

最后，你要考虑五个问题中的最后一个问题，这也可能是最难回答的问题。你所阅读的这位报导作者真的知道事实吗？是否知道被报导的人物私下的思想与决定？他有足够的知识以写出一篇公平客观的报导吗？

换句话说，我们所强调的是：我们要注意的，不光是一个记者可能会有的偏差。我们最近听到许多"新闻管理"(management of the news) 这样的话题。这样的观念不只对我们这些大众来说非常重要，对那些"知道内情"的记者来说更重要。但是他们未必清楚这一点。一个记者尽管可能抱持着最大的善意，一心想提供读者真实的资料，在一些秘密的行动或协议上仍然可能"知识不足"。他自己可能知道这一点，也可能不知道。当然，如果是后者，对读者来说就非常危险了。

你会注意到，这里所提的五个问题，其实跟我们说过阅读论说性作品时要提出的问题大同小异。譬如知道作者的特殊用语，就跟与作者达成共识是一样的。对身为现代读者的我们来说，当前事件的著作或与当代有关的作品传达的是特殊的问题，因此我们要用不同的方法来提出这些疑问。

也许，就阅读这类书而言，整理一堆"规则"还比不上归纳为一句警告。这个警告就是：**读者要擦亮眼睛**（Caveat lector）！在阅读亚里士多德、但丁或莎士比亚的书时，读者用不着担这种心。而写作当代事件的作者却可能（虽然不见得一定）在希望你用某一种方式了解这件事的过程中，有他自己的利益考虑。就算他不这么想，他的消息来源也会这么想。你要搞清楚他们的利益考虑，阅读任何东西都要小心翼翼。

## 关于文摘的注意事项

我们谈过在阅读任何一种作品时，都有一种基本的区别——为了获得资讯而阅读，还是为了理解而阅读。其实，这种区别还有另一种后续作用。那就是，有时候我们必须阅读一些有关理解的资讯——换言之，找出其他人是如何诠释事实的。让我们试着说明如下。

我们阅读报纸、杂志，甚至广告，主要都是为了获得资讯。

这些资料的量太大了，今天已没有人有时间去阅读所有的资讯，顶多阅读一小部分而已。在这类阅读领域中，大众的需要激发了许多优秀的新事业的出现。譬如像《时代》(*Time*)或《新闻周刊》(*Newsweek*)，这种新闻杂志，对大多数人来说就有难以言喻的功能，因为它们能代替我们阅读新闻，还浓缩成包含最基本要素的资讯。这些杂志新闻写作者基本上都是读者。他们阅读新闻的方法，则已经远远超越一般读者的能力。

对《读者文摘》(*Reader's Digest*)这类出版品来说，也是同样的情况。这样的杂志声称要给读者一种浓缩的形式，让我们将注意力由一般杂志转移到一册塞满资讯的小本杂志上。当然，最好的文章，就像最好的书一样，是不可能经过浓缩而没有遗珠之憾的。譬如像蒙田的散文如果出现在现代的期刊上，变成一篇精华摘要，是绝对没法满足我们的。总之，在这样的情况下，浓缩的唯一功能就是激励我们去阅读原著。至于一般的作品，浓缩是可行的，而且通常要比原著还好。因为一般的文字主要都是与资讯有关的。要编纂《读者文摘》或同类期刊的技巧，最重要的就是阅读的技巧，然后是写作要清晰简单。我们没几个人拥有类似的技巧——就算有时间的话——它为做了我们自己该做的事，将核心的资讯分解开来，然后以比较少的文字传达出主题。

毕竟，最后我们还是得阅读这些经过摘要的新闻与资讯的期刊。如果我们希望获得资讯，不论摘要已经做得多好，我们还是无法避免阅读这件事。在所有分析的最后一步，也就是阅读摘要这件事情，与杂志编辑以紧凑的方式浓缩原文的工作是一样的。他们已经替我们分担了一些阅读的工作，但不可能完全取代或解决阅读的问题。因此，只有当我们尽心阅读这些摘要，就像他们在之前的尽心阅读以帮助我们作摘要一样，他们的功能对我们才会真正有帮助。

这其中同时涉及为了增进理解而阅读，以及为了获得资讯而阅读这两件事。显然，越是浓缩过的摘要，筛选得越厉害。如果一千页的作品摘成九百页，这样的问题不大。如果一千页的文字浓缩成十页或甚至一页，那么到底留下来的是些什么东西就是个大问题了。内容被浓缩得越多，我们对浓缩者的特质就更要有所了解。我们在前面所提出的"警告"在这里的作用就更大了。毕竟，在经过专业浓缩过的句子中，读者更要能读出言外之意才行。你没法找回原文，看看是删去了哪些，你必须要从浓缩过的文字中自己去判定。因此，阅读文摘，有时是最困难又自我要求最多的一种阅读方式。

# 第十七章　如何阅读科学与数学

这一章的标题可能会让你误解。我们并不打算给你有关阅读任何一种科学与数学的建议。我们只限定自己讨论两种形式的书：一种是在我们传统中，伟大的科学与数学的经典之作。另一种则是现代科普著作。我们所谈的往往也适用于阅读一些主题深奥又特定的研究论文，但是我们不能帮助你阅读这类文章。原因有两个，第一个很简单，我们没有资格这么做。

第二个则是：直到大约19世纪末，主要的科学著作都是给门外汉写的。这些作者——像伽利略、牛顿与达尔文——并不反对他们领域中的专家来阅读，事实上，他们也希望接触到这样的读者。但在那个时代，爱因斯坦所说的"科学的快乐童年时代"，科学专业的制度还没有建立起来。聪明又能阅读的人阅读科学书就跟阅读历史或哲学一样，中间没有艰困与速度的差距，也没有不能克服的障碍。当代的科学著作，并没有明显表示出要忽视一般读者或门外汉。不过大多数现代科学著作并不关心门外汉读者的想法，甚至也不想尝试让这样的读者理解。

今天，科学论文已经变成专家写给专家看的东西了。就某个严肃的科学主题的沟通中，读者也要有相对的专业知识才行，通常不是这个领域中的读者根本无法阅读这类文章。这样的倾向有明显的好处，这使科学的进步更加快速。专家之间彼此交换专业知识，很快就能互相沟通，达到重点——他们很快便能看出问题所在，并想办法解决。但是付出的代价也很明显。你——也就是我们在本书中所强调的一般水平的读者——就没法阅读这类文章了。

事实上，这样的情况也已经出现在其他的领域中，只是科学的领域更严重一些罢了。今天，哲学家也不再为专业的哲学家以外的读者写作，经济学家只写给经济学家看，甚至连历史学家都开始写专业的论著。而在科学界，专家透过专业论文来作沟通早已是非常重要的方式，比起写给所有读者的那种传统叙事性的写法，这样的方式更方便彼此的意见交流。

在这样的情况下，一般的读者该怎么办呢？他不可能在任何一个领域中都成为专家。他必须退一步，也就是阅读流行的科普书。其中有些是好书，有些是坏书。但是我们不仅要知道这中间的差别，最重要的是还要能在阅读好书时达到充分的理解。

## 了解科学这一门行业

科学史是学术领域中发展最快速的一门学科。在过去的几年当中，我们看到这个领域在明显地改变。"严肃的"科学家瞧不起科学历史家，是没多久以前的事。在过去，科学历史家被认为是以研究历史为主，因为他们没有能力拓展真正的科学领域。这样的态度可以用萧伯纳的一句名言来作总结："有能力的人，就去做。没有能力的人，就去教。"

目前已经很少听到有关这种态度的描述了。科学史这个部门已经变得很重要，卓越的科学家们研究也写出有关科学的历史。其中有个例子就是"牛顿产业"（Newton Industry）。目前，许多国家都针对牛顿的理论及其独特的人格，做了密集又大量的研究。最近也出版了六七本相关的书籍。原因是科学家比以前更关心科学这个行业本身了。

因此，我们毫不迟疑地要推荐你最少要阅读一些伟大的科学经典巨著。事实上，你真的没有借口不阅读这样的书。其中没有一本真的很难读，就算牛顿的《自然哲学的数学原理》（*Mathematical Principles of Natural Philosophy*），只要你真的肯努力，也是可以读得通的。

这是我们给你最有帮助的建议。你要做的就是运用阅读论说性作品的规则，而且要很清楚地知道作者想要解决的问题是什么。这个分析阅读的规则适用于任何论说性的作品，尤其适用于科学与数学的作品。

换句话说，你是门外汉，你阅读科学经典著作并不是为了要成为现代专业领域的专家。相反地，你阅读这些书只是为了了解科学的历史与哲学。事实上，这也是一个门外汉对科学应有的责任。只有当你注意到伟大的科学家想要解决的是什么问题时——注意到问题的本身及问题的背景——你的责任才算结束了。

要跟上科学发展的脚步，找出事实、假定、原理与证据之间的相互关联，就是参与了人类理性的活动，而那可能是人类最成功的领域。也许，光这一点就能印证有关科学历史研究的价值了。此外，这样的研究还能在某种程度上消除一些对科学的谬误。最重要的是，那是与教育的根本相关的脑力活动，也是从苏格拉底到我们以来，一直被认为是中心的目标，也就是透过怀疑的训练，而释放出一个自由开放的心灵。

## 阅读科学经典名著的建议

所谓科学作品，就是在某个研究领域中，经过实验或自然观察得来的结果，所写成的研究报告或结论。叙述科学的问题总要尽量描述出正确的现象，找出不同现象之间的互动关系。

伟大的科学作品，尽管最初的假设不免个人偏见，但不会有夸大或宣传。你要注意作者最初的假设，放在心上，然后把他的假设与经过论证之后的结论作个区别。一个越"客观"的科学作者，越会明白地要求你接受这个、接受那个假设。科学的客观不在于没有**最初的偏见**，而在于**坦白承认**。

在科学作品中，主要的词汇通常都是一些不常见的或科技的用语。这些用语很容易找出来，你也可以经由这些用语找到主旨。主旨通常都是很一般性的。科学不是编年史，科学家跟历史学家刚好相反，他们要摆脱时间与地点的限制。他要说的是一般的现象，事物变化的一般规则。

在阅读科学作品时，似乎有两个主要的难题。一个是有关论述的问题。科学基本上是归纳法，基本的论述也就是经由研究查证，建立出来的一个通则——可能是经由实验所创造出来的一个案例，也可能是长期观察所收集到的一连串案例。还有另外一些论述是运用演绎法来推论的。这样的论述是借着其他已经证明过的理论，再推论出来的。在讲求证据这一点上，科学与哲学其实差异不大。不过归纳法是科学的特质。

会出现第一个困难的原因是：为了了解科学中归纳法的论点，你就必须了解科学家引以为理论基础的证据。不幸的是，那是很难做到的事。除了手中那本书之外，你仍然一无所知。如果这本书不能启发一个人时，读者只有一个解决办法，就是自己亲身体验以获得必要的特殊经验。他可能要亲眼看到实验的过程，或是去观察与操作书中所提到的相同的实验仪器。他也可能要去博物馆观察标本与模型。

任何人想要了解科学的历史，除了阅读经典作品外，还要能自己做实验，以熟悉书中所谈到的关系重大的实验。经典实验就跟经典作品一样，如果你能亲眼目睹，亲自动手做出伟大科学家所形容的实验，那也是他获得内心洞察力的来源，那么对于这本科学经典巨著，你就会有更深入的理解。

这并不是说你一定要依序完成所有的实验才能开始阅读这本书。以拉瓦锡（Lavoisier）的《化学原理》（*Elements of Chemistry*）为例，这本书出版于1789年，到目前已不再被认为是化学界有用的教科书了，一个高中生如果想要通过化学考试，也绝不会笨到来读这本书。不过，在当时他所提出来的方法仍是革命性的，他所构思的化学元素大体上我们仍然沿用至今。因此阅读这本书的重点是：你用不着读完所有的细节才能获得启发。譬如他的前言便强调了科学方法的重要，便深具启发性。拉瓦锡说：

> 任何自然科学的分支都要包含三个部分：在这个科学主题中的连续事实，呈现这些事实的想法，以及表达这些事实

的语言……因为想法是由语言来保留与沟通的，如果我们没法改进科学的本身，就没法促进科学语言的进步。换个角度来看也一样，我们不可能只改进科学的语言或术语，却不改进科学的本身。

这正是拉瓦锡所做的事。他借着改进化学的语言以推展化学，就像牛顿在一个世纪以前将物理的语言系统化、条理化，以促进物理的进步——你可能还记得，在这样的过程中，他发展出微积分学。

提到微积分使我们想到在阅读科学作品时的第二个困难，那就是数学的问题。

## 面对数学的问题

很多人都很怕数学，认为自己完全无法阅读这样的书。没有人能确定这是什么原因。一些心理学家认为这就像是"符号盲"（Symbol blindness）——无法放下对实体的依赖，转而理解在控制之下的符号转换。或许这有点道理，但文字也转换，转换得多少比较更不受控制，甚至也许更难以理解。还有一些人认为问题出在数学的教学上。如果真是如此，我们倒要松口气，因为近来有许多研究已经投注在如何把数学教好这个问题上了。

其中的部分原因是没有人告诉我们，或是没有早点告诉我们，好让我们深入了解：数学其实是一种语言，我们可以像学习自己的语言一样学习它。在学习自己的语言时，我们要学两次：第一次是学习如何说话，第二次是学习如何阅读。幸运的是，数学只需要学一次，因为它完全是书写的语言。

我们在前面说过，学习新的书写语言，牵涉到基础阅读的问题。当我们在小学第一次接受阅读指导时，我们的问题在要学习认出每一页中出现的特定符号，还要记得这些符号之间的关系。就算是后来变成阅读高手的人，偶尔还是要用基础阅读来阅读。譬如我们看到一个不认得的字时，还是得去翻字典。如果我们被一个句子的句法搞昏头时，也得从基础的层次来解决。只有当我们解决了这些问题时，我们的阅读能力才能更上层楼。

数学既然是一种语言，那就拥有自己的字汇、文法与句法（Syntax），初学者一定要学会这些东西。特定的符号或符号之间的关系要记下来。因为数学的语言与我们常用的语言不同，问题也会不同，但从理论上来说，不会难过我们学习英文、法文或德文。事实上，从基础阅读的层次来看，可能还要简单一点。

任何一种语言都是一种沟通的媒介，借着语言人们能彼此了解共同的主题。一般日常谈话的主题不外是关于情绪上的事情或人际关系。其实，如果是两个不同的人，对于那样的主题彼此未必能**完全**沟通。但是不同的两个人，撇开情绪性的话题，却**可以**共同理解与他们无关的第三种事件，像电路、等腰三角形或三段论法。原因是当我们的话题牵涉到情绪时，我们很难理解一些言外之意。数学却能让我们避免这样的问题。只要能适当地运用数学的共识、主旨与等式，就不会有情绪上言外之意的问题。

第十七章　如何阅读科学与数学 | 277

除此之外，也没有人告诉我们，至少没有早一点告诉我们，数学是如何优美、如何满足智力的一门学问。如果任何人愿意费点力气来读数学，要领略数学之美永远不嫌晚。你可以从欧几里得开始，他的《几何原理》是所有这类作品中最清晰也最优美的作品。

让我们以《几何原理》第一册的前五个命题来作说明。（如果你手边有这本书，你该打开来看看。）基本几何学的命题有两种：（1）有关作图问题的叙述。（2）有关几何图形与各相关部分之间的关系的定理。作图的问题必须着手去做，定理的问题就得去证明。在欧几里得作图问题的结尾部分，通常会有Q.E.F.（*Quod erat faciendum*）的字样，意思是"作图完毕"，而在定理的结尾，你会看到Q.E.D.（*Quod erat demonstrandum*）的字样，意思是"证明完毕"。

《几何原理》第一册的前三个命题的问题，都是与作图有关的。为什么呢？一个答案是这些作图是为了要证明定理用的。在前四个命题中，我们看不出来，到了第五个，就是定理的部分，我们就可以看出来了。譬如等腰三角形（一个三角形有两个相等的边）的两底角相等，这就需要运用上"命题三"，一条短线取自一条长线的道理。而"命题三"又跟"命题二"的作图有关，"命题二"则跟"命题一"的作图有关，所以为了要证明"命题五"，就必须要先作三个图。

我们也可以从另外一个目的来看作图的问题。作图很明显地与公设（postulate）相似，两者都声称几何的运作是可以执行出来的。在公设的案例中，这个可能性是**假定**（assumed）出来的。在命题的案例中，那是要**证明**（proved）出来的。当然，要这样证明，需要用到公设。因此，举例来说，我们可能会疑惑是否真的有"定义二〇"中所定义的等边三角形这回事。但是我们用不着为这些数学物件是否存在而困扰，至少我们可以看到"命题一"所说的：基于有这些直线与圆的**假定**，自然可以**导引**出有像等边三角形这样东西的存在了。

我们再回到"命题五"，有关等腰三角形的内角相同的定理。要达到这个结论，牵涉前面许多命题与公设，并且必须证明本身的命题。这样就可以看出，如果**某件事为真**（也就是我们有一个等腰三角形的假设），并且如果其他某些**附加条件也成立**（定义、公设与前面其他的命题），**那么另一件事**（也就是结论）**亦为真**。命题所重视的是"若……则"这样的关系。命题要确定的不是假设是否为真，也不是结论是否为真——除非假设为真的时候。而除非命题得到证明，否则我们就无法确认假设和结论的关系是否为真。命题所证明的，纯粹是这种关系是否为真。别无其他。

说这样的东西是优美的，有夸大其词吗？我们并不这么认为。我们在这里所谈的只是针对一个**真正有范围限制的问题，作出真正逻辑的解释**。在解释的清晰与问题范围有限制的特质之中，有一种特别的吸引力。在一般的谈话中，就算是非常好的哲学家在讨论，也没法将问题如此这般说得一清二楚。而在哲学问题中，即使用上逻辑的概念，也很难像这样清晰地解说出来。

关于前面所列举的"命题五"的论点，与最简单的三段论法之间的差异性，我们再作些说明。所谓三段论法就是：

所有的动物终有一死；

所有的人都是动物；

因此，所有的人终有一死。

这个推论也确实适用于某些事。我们可以把它想成是数学上的推论。假定有动物及人这些东西，再假设动物是会死的。那就可以导引出像前面所说三角形那样确切的结论了。但这里的问题是动物和人是确切存在的，我们是就一些真实存在的东西来假设一些事情。我们一定得用数学上用不着的方法，来检验我们的假设。欧几里得的命题就不担心这一点。他并不在意到底有没有等腰三角形这回事。他说的是，如果有等腰三角形，如果如此定义，那一定可以导引出两个底角相同的结论。你真的用不着怀疑这件事——永远不必。

## 掌握科学作品中的数学问题

关于欧几里得的话题已经有点离题了。我们所关心的是在科学作品中有相当多的数学问题，而这也是一个主要的阅读障碍。关于这一点有几件事要说明如下。

第一，你至少可以把一些比你想象的基础程度的数学读得更明白。我们已经建议你从欧几里得开始，我们确定你只要花几个晚上把《几何原理》读好，就能克服对数学的恐惧心理。读完欧几里得之后，你可以进一步，看看其他经典级的希腊数学大师的作品——阿基米德（Archimedes）、阿波罗尼乌斯（Apollonius）、尼各马可（Nicomachus）。这些书并不真的很难,而且你可以跳着略读。

这就带入了我们要说的第二个重点。如果你阅读数学书的企图是要了解数学本身,当然你要读数学,从头读到尾——手上还要拿支笔,这会比阅读任何其他的书还需要在书页空白处写些笔记。但是你的企图可能并非如此,而是只想读一本有数学在内的科学书,这样跳着略读反而是比较聪明的。

以牛顿的《自然哲学的数学原理》为例,书中包含了很多命题,有作图问题与定理。但你用不着真的每一个都仔细地去读,尤其第一次从头看一遍的时候更是如此。先看定理的说明,再看看结论,掌握一下这是如何证明出来的。读读引理(lemmas)及系理(corollaries)的说明,再读所谓旁注(scholiums)(基本上这是讨论命题与整个问题之间的关系)。这么做了之后,你会看到整本书的全貌,也会发现牛顿是如何架构这个系统的——哪个先哪个后,各个部分又如何密切呼应起来。用这样的方法读这本书,觉得困难就不要看图表(许多读者是这么做的),只挑你感兴趣的内容来看,但要确定没错过牛顿所强调的重点。其中一个重点出现在第三卷的结尾,名称是"宇宙系统",牛顿称之为一般的旁注,不但总结了前人的重点,也提出了一个物理学上几乎所有后人都会思考的伟大问题。

牛顿的《光学》(*Optics*)也是另一部伟大的科学经典作品,你应该也试着读一下。其实书中谈到的数学部分不多,但你一开始看时可能不这么认为,因为书中到处都是图表。其实这些图表只是用来说明牛顿的实验:让阳光穿过一个小洞,射进一个黑暗的房间,用棱镜截取光线,下面放一张白纸,就可以看到光线中各种不同的颜色呈现在纸上。你自己就可以很简

第十七章　如何阅读科学与数学 | 281

单地重复这样的实验，这是做起来很好玩的事，因为色彩很美丽，而且描绘得一清二楚。除了有关这个实验的形容，你还会想读一下有关不同定理或命题的说明，以及三卷书中每卷结尾部分的讨论，牛顿在这里会对他的发现作个总结，并指出其意义。第三卷的结尾尤其出名，在这里牛顿对科学这个行业作了一些说明，很值得一读。

科学作品中经常会包括数学，主要因为我们前面说过数学精确、清晰与范围限定的特质。有时候你能读懂一些东西，却用不着深入数学的领域，像牛顿的书就是个例子。奇怪的是，就算数学对你来说可怕得不得了，但是一点也没有数学有时造成的麻烦还可能更大呢！譬如在伽利略的《两种新科学》中，这是物质能量与运动的名作，对现代读者来说特别困难，因为基本上这不是数学的书，而是以对话形式来进行的。对话的形式被诸如柏拉图的大师运用在舞台或哲学讨论上，非常适合，运用在科学的讨论上就不太适合了。因此要明白伽利略到底谈的是什么其实是很困难的。不过如果你试着读一下，你会发现他在谈一些革新的创见。

当然，并不是所有的科学经典作品都用上了数学，或是一定要用数学。像希腊医学之父，希波克拉底（Hippocrates）的作品就没有数学。你可以很容易读完这本书，发现希波克拉底的医学观点——预防胜于治疗的艺术。不幸的是，现代已经不流行这样的想法。威廉·哈维讨论血液循环的问题，或是威廉·吉伯特讨论磁场的问题，都与数学无关。只要你记住，你的责任**不是成为这个主题的专家，而是要去了解相关的问题**，在阅读时就会轻松许多。

## 关于科普书的重点

从某一方面而言，关于阅读科普书，我们没有什么更多的话要说了。就定义上来说，这些书——不论是书或文章——都是为广泛的大众而写的，而不只是为专家写的。因此，如果你已经读了一些科学的经典名作，这类流行书对你来说就毫无问题了。这是因为这些书虽然与科学有关，但一般来说，读者都已经避免了阅读原创性科学巨著的两个难题。第一，**他们只谈论一点相关的实验内容**（他们只报告出实验的结果）。第二，**内容只包括一点数学**（除非是以数学为主的畅销书）。

科普文章通常比科普书要容易阅读，不过也并非永远如此。有时候这样的文章很好——像《科学美国人》（Scientific American）月刊或更专业的《科学》（Science）周刊。当然，无论这些刊物有多好，编辑有多仔细多负责任，都还是会出现上一章结尾时所谈到的问题。在阅读这些文章时，我们就得靠记者为我们过滤资讯了。如果他们是好的记者，我们就很幸运。如果不是，我们就一无所获。

阅读科普书绝对比阅读故事书要困难得多。就算是一篇三页没有实验报告，没有图表，也没有数学方程式需要读者去计算的有关DNA的文章，阅读的时候如果你不全神贯注，就是没法理解。因此，在阅读这种作品时所需要的主动性比其他的书还要多。要确认主题。要发现整体与部分之间的关系。要与作者达成共识。要找出主旨与论述。在评估或衡量意义之前，要能完全了解这本书才行。现在这些规则对你来说应该都很熟悉了。但是在这里运用起来更有作用。

短文通常都是在传递资讯，你阅读的时候用不着太多主动的思考。你要做的只是去了解，明白作者所说的话，除此之外大多数情况就用不着花太大的力气了。至于阅读另外一些很出色的畅销书，像怀特海的《数学入门》（*Introduction to Mathematics*）、林肯·巴内特（Lincoln Barnett）的《宇宙和爱因斯坦博士》、巴瑞·康孟纳（Barry Commoner）的《封闭的循环》（*The Closing Circle*），等等，需要的则比较多了。康孟纳的书更是如此，他所谈的主题——环保危机——对现代的我们来说都很感兴趣又很重要。他的书写得很密实，需要一直保持注意力。整本书就是一个暗示，仔细的读者不该忽略才对。虽然这不是实用的作品，不是我们在第十三章中所谈到的作品，但是书中的结论对我们的生活有重大影响。书中的主题——环保危机——谈的就是这个。环保问题是我们的问题，如果出现了危机，我们就不得不注意。就算作者没有说明——事实上他说了——我们还是身处在危机中。在面对危机时，（通常）会出现特定的反应，或是停止某种反应。因此康孟纳的书虽然基本上是理论性的，但已经超越了理论，进入实用的领域。

这并不是说康孟纳的书特别重要，而怀特海或巴内特的书不重要。《宇宙和爱因斯坦博士》写出来之后，像这样一本为一般读者所写，研究原子的历史的理论书，让大家警觉到以刚发明不久的原子弹为主要代表、但不是全部代表的原子物理本质上的严重危机。因此，理论性的书一样会带来实际的结果。就算现代人不注意逐渐逼近的原子或核战争，阅读这类书仍然有实际的需要。因为原子或核物理是我们这个年代最伟大的成就，为我们带来许多美好的承诺，同样也带来许多重大危机。一个有知识、而且有心的读者应该尽可能阅读有关这方面的书籍。

在怀特海的《数学入门》中，是另一个有点不同的重要讯息。数学是现代几个重要的神秘事物之一。或许，也是最有指标性的一个，在我们社会中占有像古代宗教所占有的地位。如果我们想要了解我们存活的这个年代，我们就该了解一下数学是什么，数学家是如何运用数学，如何思考的。怀特海的作品虽然没有深入讨论这个议题，但对数学的原理却有卓越的见解。如果这本书对你没有其他的作用，至少也对细心的读者显示了数学家并不是魔术师，而是个普通的人。这样的发现，对一个想要超越一时一地的思想与经验，想要扩大自己领域的读者来说尤其重要。

# 第十八章　如何阅读哲学书

小孩常会问些伟大的问题："为什么会有人类？""猫为什么会那样做？""这世界最初名叫什么？""上帝创造世界的理由是什么？"这些话从孩子的口中冒出来，就算不是智慧，至少也是在寻找智慧。根据亚里士多德的说法，哲学来自怀疑。那必然是从孩提时代就开始的疑问，只是大多数人的疑惑也就止于孩提时代。

孩子是天生的发问者。并不是因为他提出的问题很多，而是那些问题的特质，使他与成人有所区别。成人并没有失去好奇心，好奇心似乎是人类的天生特质，但是他们的好奇心在性质上有了转化。他们想要知道事情是否如此，而非为什么如此。但是孩子的问题并不限于百科全书中能解答的问题。

从托儿所到大学之间，发生了什么事使孩子的问题消失了？或是使孩子变成一个比较呆板的成人，对于事实的真相不再好奇？我们的头脑不再被好问题所刺激，也就不能理解与欣赏最好的答案的价值。要知道答案其实很容易。但是要发展出不断追根究底的心态，提出真正有深度的问题——这又是另一回事了。

为什么孩子天生就有的心态，我们却要努力去发展呢？在我们成长的过程中，不知是什么原因，成人便失去了孩提时代原本就有的好奇心。或许是因为学校教育使头脑僵化了——死背的学习负荷是主因，尽管其中有大部分或许是必要的。另一个更可能的原因是父母的错。就算有答案，我们也常告诉孩子说没有答案，或是要他们不要再问问题了。碰到那些看来回答不了的问题时，我们觉得困窘，便想用这样的方法掩盖我们的不自在。所有这些都在打击一个孩子的好奇心。他可能会以为问问题是很不礼貌的行为。人类的好问从来没有被扼杀过，但却很快地降格为大部分大学生所提的问题——他们就像接下来要变成的成人一样，只会问一些资讯而已。

对这个问题我们没有解决方案，当然也不会自以为是，认为我们能告诉你如何回答孩子们所提出来的深刻问题。但是我们要提醒你一件很重要的事，就是最伟大的哲学家所提出来的深刻问题，正是孩子们所提出的问题。能够保留孩子看世界的眼光，又能成熟地了解到保留这些问题的意义，确实是非常稀有的能力——拥有这种能力的人也才可能对我们的思想有重大的贡献。

我们并不一定要像孩子般地思考，才能了解存在的问题。孩子们其实并不了解，也没法了解这样的问题——就算真有人能了解的话。但是我们一定要能够用赤子之心来看世界，怀疑孩子们怀疑的问题，问他们提出的问题。成人复杂的生活阻碍了寻找真理的途径。伟大的哲学家总能厘清生活中的复杂，看出简单的差别——只要经由他们说明过，原先困难无比的事就变得很简单了。如果我们要学习他们，提问题的时候就一定也要有孩子气的单纯——而回答时却成熟而睿智。

## 哲学家提出的问题

这些哲学家所提出的"孩子气的单纯"问题，到底是些什么问题？我们写下来的时候，这些问题看起来并不简单，因为要回答起来是很困难的。不过，由于这些问题都很根本也很基础，所以乍听之下很简单。

下面就拿"有"或"存在"这样的问题作例子：存在与不存在的区别在哪里？所有存在事物的共同点是什么？每一种存在事物的特质是什么？事物存在的方法是否各有不同——各有不同的存在形式？是否某些事物只存在心中，或只为了心灵而存在？而存在于心灵之外的其他事物，是否都为我们所知，或是否可知？是否所有存在的事物都是具体的，或是在具体物质之外仍然存在着某些事物？是否所有的事都会改变，还是有什么事是永恒不变的？是否任何事物都有存在的必要？还是我们该说：目前存在的事物不见得从来都存在？是否可能存在的领域要大于实际存在的领域？

一个哲学家想要探索存在的特质与存在的领域时，这些就是他们会提出来的典型问题。因为是问题，并不难说明或理解，但要回答，却难上加难——事实上困难到即使是近代的哲学家，也无法作出满意的解答。

哲学家会提的另一组问题不是存在，而是跟**改变**或**形成**有关。根据我们的经验，我们会毫不迟疑地指出某些事物是存在的，但是我们也会说所有这些事物都是会改变的。它们存在过，却又消失了。当它们存在时，大多数都会从一个地方移动到另一个地方，其中有许多包括了质与量上的改变：它们会变大或变小，变重或变轻，或是像成熟的苹果与过老的牛排，颜色会有改变。

改变所牵涉到的是什么呢？在每一个改变的过程中，是否有什么坚持不变的东西？以及这个坚持不变的东西是否有哪些方面还是要遭逢改变？当你在学习以前不懂的东西时，你因为获得了知识而在某方面有了改变，但你还是和以前一样是同一个人。否则，你不可能说因为学习而有所改变了。是否所有的改变都是如此？譬如对于生死这样巨大的改变——也就是存在的来临与消失——是否也是如此？还是只对一些不太重要的改变，像某个地区内的活动、成长或某种质地上的变动来说，才如此？不同的改变到底有多少种？是否所有的改变都有同样的基本要素或条件？是否所有这些因素或条件都会产生作用？我们说造成改变的原因是什么意思呢？在改变中是否有不同的原因呢？造成改变——或变化的原因，跟造成存在的原因是相同的吗？

哲学家提出这样的问题，就是从注意事物的存在到注意事物的转变，并试着将存在与改变的关系建立起来。再强调一次，这些问题并不难说明及理解，但要回答得清楚又完整却极不容易。从上面两个例子中，你都可以看出来，他们对我们所生活的世界抱持着一种多么孩子气的单纯心态。

很遗憾，我们没有多余的篇幅继续深入探讨所有这些问题。我们只能列举一些哲学家提出并想要解答的问题。那些问题不只关于存在或改变，也包括必然性与偶然性，物质与非物质，自然与非自然，自由与不确定性（indeterminacy），人类心智的力量与人类知识的本质及范围，以及自由意志的问题。

就我们用来区别理论与实用领域的词义而言，以上这些问题都是属于思辨性或理论性的问题。但是你知道，哲学并不只限于理论性的问题而已。

以善与恶为例。孩子特别关心好跟坏之间的差别，如果他们弄错了，可能还会挨打。但是直到我们成人之后，对这两者之间的差异也不会停止关心。在善与恶之间，是否有普遍被认可的区别？无论在任何情况中，是否某些事永远是好的，某些事永远是坏的？或是就像哈姆雷特引用蒙田的话："没有所谓好跟坏，端看你怎么去想它。"

当然，善与恶跟对与错并不相同。这两组词句所谈的似乎是两种不同的事。尤其是，就算我们会觉得凡是对的事情就是善的，但我们可能不觉得凡是错的事情就一定是恶的。那么，要如何才能清楚地区分呢？

"善"是重要的哲学字眼，也是我们日常生活重要的字眼。想要说明善的意义，是一件棘手的事。在你弄清楚以前，你已经深陷哲学的迷思中了。有许多事是善的，或像我们常用的说法，有许多善行。能将这些善行整理出条理来吗？是不是有些善行比另一些更重要？是否有些善行要依赖另一些善行来完成？在某些情况中，是否两种善行会互相抵触，你必须选择一种善行，而放弃另一种？

同样，我们没有篇幅再深入讨论这个问题。我们只能在这个实用领域中再列举一些其他问题。有些问题不只是善与恶、对与错或是善行的等级，同时是义务与责任，美德与罪行，幸福与人生的目标，人际关系与社会互动之中的公理及正义，礼仪与个人的关系，美好的社会与公平的政府与合理的经济，战争与和平等问题。

　　我们所讨论的两种问题，区分出两种主要不同的哲学领域。第一组，关于存在与变化的问题，与这个世界上**存在**与**发生**的事有关。这类问题在哲学领域中属于理论或思辨型的部分。第二组，关于善与恶，好与坏的问题，和我们**应该**做或探寻的事有关，我们称这是隶属于哲学中实用的部分，更正确来说该是规范（normative）的哲学。一本教你做些什么事的书，像烹饪书，或是教你如何做某件事，像驾驶手册，用不着争论你该不该做个好厨师或好驾驶，他们假设你有意愿要学某件事或做某件事，只要教你如何凭着努力做成功而已。相比之下，哲学规范的书基本上关心的是所有人都**应该**追求的目标——像过好生活，或组织一个好社会——与烹饪书或驾驶手册不同的是，他们就**应该**运用什么方法来达成目的的这一点上，却仅仅只会提供一些最普遍的共识。

　　哲学家提出来的问题，也有助于哲学两大领域中次分类的区分。如果思辨或理论型的哲学主要在探讨存在的问题，那就属于形上学。如果问题与变化有关——关于特质与种类的演变，变化的条件与原因——就是属于自然哲学的。如果主要探讨的是知识的问题——关于我们的认知，人类知识的起因、范围与限制，确定与不确定的问题——那就属于认识论（epistemology）的部分，也称作知识论。就理论与规范哲学的区分而言，如果是关于如何过好生活，个人行为中善与恶的标准，这都与伦理学有关，也就是理论哲学的领域；如果是关于良好的社会，个人与群体之间的行为问题，则是政治学或政治哲学的范畴，也就是规范哲学的领域。

## 现代哲学与传承

为了说明简要，让我们把世上存在及发生了什么事，或人类该做该追求的问题当作"第一顺位问题"。我们要认知这样的问题。然后是"第二顺位问题"：关于我们在第一顺位问题中的知识，我们在回答第一顺位问题时的思考模式，我们如何用语言将思想表达出来等问题。

区别出第一顺位与第二顺位问题是有帮助的。因为那会帮助我们理解近年来的哲学界发生了什么变化。当前主要的专业哲学家不再相信第一顺位的问题是哲学家可以解决的问题。目前大多数专业哲学家将心力投注在第二顺位的问题上，经常提出来的是如何用言语表达思想的问题。

往好处想，细部挑剔些总没什么坏处。问题在于今天大家几乎全然放弃了第一顺位的疑问，也就是对门外汉读者来说最可能感兴趣的那些问题。事实上，今天的哲学，就像当前的科学或数学一样，已经不再为门外汉写作了。第二顺位的问题，几乎可以顾名思义，都是些诉求比较窄的问题，而专业的哲学家，就像科学家一样，他们唯一关心的只有其他专家的意见。

这使得现代哲学作品对一个非哲学家来说格外难读——就像科学书对非科学家来说一样的困难。只要是关于第二顺位的哲学作品，我们都无法指导你如何去阅读。不过，还是有一些你可以读的哲学作品，我们相信也是你该读的书。这些作品提出的问题是我们所说的第一顺位问题。毫无意外的，这些书主要也是为门外汉而写的，而不是专业哲学家写给专业同行看的。

上溯至1930年或稍晚一点，哲学书是为一般读者而写作的。哲学家希望同行会读他们的书,但也希望一般有知识的读者也能读。因为他们所提的问题,想要回答的问题都是与一般人切身相关的,因此他们认为一般人也该知道他们的思想。

从柏拉图以降,所有哲学经典巨著,都是从这个观点来写作的。一般门外汉的读者也都能接受这样的书,只要你愿意,你就能读这些书。我们在这一章所说的一切,都是为了鼓励你这么做。

## 哲学的方法

至少就提出与回答第一顺位问题的哲学而言,了解哲学方法的立足点是很重要的。假设你是一个哲学家,你对我们刚才提的那些孩子气的单纯问题感到很头痛——像任何事物存在的特质,或是改变的特质与成因等问题。那你该怎么做?

如果你的问题是科学的,你会知道要如何回答。你该进行某种特定的研究,或许是发展一种实验,以检验你的回答,或是广泛地观察各种现象以求证。如果你的问题是关于历史的,你会知道也要做一些研究,当然是不同的研究。但是要找出普遍存在的特质,却没有实验方法可循。而要找出改变是什么,事情为什么会改变,既没有特殊的现象可供你观察,更没有文献记载可以寻找阅读。你唯一能做的是思考问题本身,简单来说,哲学就是一种思考,别无他物。

当然,你并不是在茫然空想。真正好的哲学并不是"纯"思维——脱离现实经验的思考。观念是不能任意拼凑的。回答哲学问题,有严格的检验,以确认答案是否合乎逻辑。但这样的检验纯粹是来自一般的经验——你身而为人就有的经验，而不是哲学家才有的经验。你透过人类共同经验而对"改变"这种现象的了解，并不比任何人差——有关你的一切，都是会改变的。只要改变的经验持续下去，你就可以像个伟大的哲学家一样，思考有关改变的特质与起因。而他们之所以与你不同，就在他们的思想极为缜密：他们能整理出所有可能问到的最尖锐的问题，然后再仔细清楚地找出答案来。他们用什么方法找出答案来呢？不是观察探索，也不是寻找比一般人更多的经验，而是比一般人更深刻地思考这个问题。

了解这一点还不够。我们还要知道哲学家所提出来与回答的问题，并非全部都是真正哲学的问题。他们自己没法随时觉察到这一点，因而在这一点上的疏忽或错误，常会让洞察力不足的读者倍增困扰。要避免这样的困难，读者必须有能力把哲学家所处理真正哲学性的问题，和他们可能处理，但事实上应该留给后来科学家来寻找答案的其他问题作一区别。哲学家看不出这样的问题可以经由科学研究来解决的时候，就会被误导——当然，在他写作的那个年代，他很可能料想不到有这一天。

其中一个例子是古代哲学家常会问天体（celestial bodies）与地体（terrestrial bodies）之间的关系。因为没有望远镜的帮助，在他们看来，天体的改变移动只是位置的移动，从没有像动物或植物一样诞生与消失的问题，而且也不会改变尺寸或性质。因为天体只有一种改变的方式——位置的移动——而地体的改变却是不同的方式，古人便下结论说组成天体的成分必然是不同的。他们没有臆测到，他们也不可能臆测到，在望远镜发明之后，我们会知道天体的可变性远超过我们一般经验所知。因此，过去认为应该由哲学家回答的问题，其实该留到后来由科学家来探索。这样的调查研究是从伽利略用望远镜发现木星的卫星开始的，这引发了后来开普勒（Kepler）发表革命性的宣言：天体的性质与地球上的物体完全一样。而这又成了后来牛顿天体机械理论的基础，在物理宇宙中，各运动定律皆可适用。

整体来说，除了这些可能会产生的困扰之外，缺乏科学知识的缺点并不影响到哲学经典作品的本身。原因是当我们在阅读一本哲学书时，所感兴趣的是哲学的问题，而不是科学或历史的问题。在这里我们要冒着重复的风险再说一次，我们要强调的是，要回答哲学的问题，除了思考以外，别无他法。如果我们能建造一架望远镜或显微镜，来检验所谓存在的特质，我们当然该这么做，但是不可能有这种工具的。

我们并不想造成只有哲学家才会犯我们所说的错误的印象。假设有一位科学家为人类该过什么样的生活而困扰。这是个规范哲学的问题，除了思考以外没有别的回答方法。但是科学家可能不了解这一点，而认为某种实验或研究能给他答案。他可能会去问一千个人他们想要过什么样的生活，然后他的答案便是根据这些回答而来的。但是，显然他的答案是毫无意义的，就像亚里士多德对天体的思考一样是离题的。

## 哲学的风格

虽然哲学的方法只有一种，但是在西方传统中，伟大的哲学家们至少采用过五种论述的风格。研究或阅读哲学的人应该能区别出其间的不同之处，以及各种风格的优劣。

（1）**哲学对话**：第一种哲学的论说形式，虽然并不是很有效，但首次出现在柏拉图的《对话录》（*Dialogues*）中。这种风格是对话的，甚至口语的，一群人跟苏格拉底讨论一些主题（或是后来一些对话讨论中，是和一个名叫"雅典陌生人"〔the Athenian Stranger〕的人来进行的）。通常在一阵忙乱的探索讨论之后，苏格拉底会开始提出一连串的问题，然后针对主题加以说明。在柏拉图这样的大师手中，这样的风格是启发性的，的确能引领读者自己去发现事情。这样的风格再加上苏格拉底的故事的高度戏剧性——或是说高度的喜剧性——就变得极有力量。

柏拉图却一声不响地做到了。怀特海有一次强调，全部西方哲学，不过是"柏拉图的注脚"。后来的希腊人自己也说："无论我想到什么，都会碰到柏拉图的影子。"无论如何，不要误会了这些说法。柏拉图自己显然并没有哲学系统或教条——若不是没有教条，我们也没法单纯地保持对话，提出问题。因为柏拉图，以及在他之前的苏格拉底，已经把后来的哲学家认为该讨论的所有重要问题，几乎都整理、提问过了。

（2）**哲学论文或散文**：亚里士多德是柏拉图最好的学生，他在柏拉图门下学习了二十年。据说他也写了对话录，却完全没有遗留下来。所遗留下来的是一些针对不同的主题，异常难懂的散文或论文。亚里士多德无疑是个头脑清晰的思想家，但是所存留的作品如此艰涩，让许多学习者认为这些原来只是演讲或书本的笔记——不是他自己的笔记，就是听到大师演讲的学生记录下来的。我们可能永远不知道事情的真相，但是无论如何，亚里士多德的文章是一种哲学的新风格。

亚里士多德的论文所谈论的主题，所运用的各种不同的叙述方式，都表现出他的研究发现，也有助于后来几个世纪中建立起哲学的分科与方法。关于他的作品，一开始是一些所谓很普及的作品——大部分是对话录，传到今天只剩下一些残缺不全的资料。再来是文献的收集，我们知道其中最重要的是希腊158个城邦的个别宪法。其中只有雅典的宪法存留下来，那是1890年从一卷纸莎草资料中发现的。最后是他主要的论文，像《物理学》、《形而上学》(*Metaphysics*)、《伦理学》、《政治学》与《诗学》。这些都是纯粹的哲学作品，是一些理论或规范。其中有一本《灵魂论》(*On the Soul*)则是混合了哲学理论与早期的科学研究。其他一些诸如生物论文的作品，则是自然历史中主要的科学著作。

虽然从哲学的观点来看，康德受到柏拉图的影响很大，但是他采用了亚里士多德的论说方法。与亚里士多德不同的是，康德的作品是精致的艺术。他的书中会先谈到主要问题，然后有条不紊地从方方面面完整地讨论主题，最后，或是顺便再讨论一些特殊的问题。也许，康德与亚里士多德作品的清楚明白，立足于他们处理一个主题的秩序上。我们可以从他们的作品中看到哲学论述的开头、发展与结尾。同时，尤其是在亚里士多德的作品中，我们会看到他提出观点与反对立场。因此，从某个角度来看，论文的形式与对话的形式差不多。但是在康德或亚里士多德的作品中都不再有戏剧化的表现手法，不再像柏拉图是由立场与观点的冲突来表达论说，而是由哲学家直接叙述自己的观点。

**（3）面对异议**：中世纪发展的哲学风格，以圣托马斯·阿奎那的《神学大全》为极致，兼有前述两者的风貌。我们说过，哲学中不断提到的问题大部分是柏拉图提出的；我们应该也谈到，苏格拉底在对话过程中问的是那种小孩子才会问的简单又深刻的问题。而亚里士多德，我们也说过，他会指出其他哲学家的不同意见，并作出回应。

阿奎那的风格，结合了提出问题与面对异议的两种形态。《神学大全》分成几个部分：论文、问题与决议。所有文章的形式都相同。先是提出问题，然后是呈现对立面（错误）的回答，然后演绎一些支持这个错误回答的论述，然后先以权威性的经文（通常摘自《圣经》）来反驳这些论述，最后，阿奎那提出自己的回答或解决方案。开头一句话一定是："我回答如下"，陈述他自己的观点之后，针对每一个错误回答的论述作出回应。

对一个头脑清晰的人来说，这样整齐有序的形式是十分吸引人的。但这并不是托马斯式的哲学中最重要的一点。在阿奎那的作品中，最重要的是，他能明确指陈各种冲突，将不同的观点都说明出来，然后再面对所有不同的意见，提出自己的解决方案。从对立与冲突中，让真理逐渐浮现，这是中世纪非常盛行的想法。在阿奎那的时代，哲学家接受这样的方式，事实上是因为他们随时要准备当众，或在公开的论争中为自己的观点作辩护——这些场合通常群聚着学生和其他利害相关的人。

中世纪的文化多半以口述方式流传，部分原因可能是当时书籍很少，又很难获得。一个主张要被接受，被当作是真理，就要能接受公开讨论的测试。哲学家不再是孤独的思考者，而是要在智力的市场上（苏格拉底可能会这么说），接受对手的挑战。因此，《神学大全》中便渗透了这种辩论与讨论的精神。

（4）哲学系统化：在17世纪，第四种哲学论说形式又发展出来了。这是两位著名的哲学家，笛卡尔与斯宾诺莎所发展出来的。他们着迷于数学如何组织出一个人对自然的知识，因此他们想用类似数学组织的方式，将哲学本身整理出来。

笛卡尔是伟大的数学家，虽然某些观点可能是错的，也是一位值得敬畏的哲学家。基本上，他尝试要做的是为哲学披上数学的外衣——给哲学一些确定的架构组织，就像二千年前，欧几里得为几何学所作的努力。在这方面，笛卡尔并不算完全成功，但是他主张思想要清楚又独立，对照着当时混乱的知识氛围，其影响在相当程度上是不言自明的。他也写一些多少有点传统风格的哲学论文，其中包括一些他对反对意见的回应。

斯宾诺莎将这样的概念发展到更深的层次。他的《伦理学》（*Ethics*）是用严格的数学方式来表现的，其中有命题、证明、系理、引理、旁注等等。然而，关于形上学或伦理道德的问题，用数学的方法来解析不能让人十分满意，数学的方法还是比较适合几何或其他的数学问题，而不适合用在哲学问题上。当你阅读斯宾诺莎的时候，可以像你在阅读牛顿的时候那样略过很多地方，在阅读康德或亚里士多德时，你什么也不能略过，因为他们的理论是一直连续下来的。读柏拉图时也不能省略，你漏掉一点就像看一幕戏或读一首诗时,错过了其中一部分,这样整个作品就不完整了。

或许,我们可以说,遣字用句并没有绝对的规则。问题是,像斯宾诺莎这样用数学的方法来写哲学的作品,是否能达到令人满意的结果?就像伽利略一样,用对话的形式来写科学作品,是否能产生令人满意的科学作品?事实上,这两个人在某种程度上都无法与他们想要沟通的对象作沟通,看起来,这很可能在于他们所选择的沟通形式。

**(5)格言形式**:还有另一种哲学论说形式值得一提,只不过没有前面四种那么重要。这就是格言的形式,是由尼采在他的书《查拉图斯特拉如是说》(*Thus Spake Zarathustra*)中所采用的,一些现代的法国哲学家也运用这样的方式。上个世纪这样的风格之所以受到欢迎,可能是因为西方的读者对东方的哲学作品特别感兴趣,而那些作品就多是用格言的形式写作的。这样的形式可能也来自帕斯卡尔的《思想录》(*Pensées*)。当然,帕斯卡尔并不想让自己的作品就以这样简短如谜的句子面世,但是在他想要以文章形式写出来之前,他就已经去世了。

用格言的形式来解说哲学,最大的好处在于有启发性。这会给读者一个印象,就像在这些简短的句子中还有言外之意,他必须自己运用思考来理解——他要能够自己找出各种陈述之间的关联,以及不同论辩的立足点。同样,这样的形式也有很大的缺点,因为这样的形式完全没法论说。作者就像个撞了就跑的司机,他碰触到一个主题,谈到有关的真理与洞见,然后就跑到另一个主题上,却并没有为自己所说的话作适当的辩解。

因此，格言的形式对喜欢诗词的人来说是很有意思的，但对严肃的哲学家来说却是很头痛的，因为他们希望能跟随着作者的思想，对他作出评论。

到目前为止，我们知道在西方的文化传统中，没有其他重要的哲学形式了。[像卢克莱修的《物性论》(*On the Nature of Things*) 并不是特例，这本书原是以韵文写作，但是风格发展下去，跟其他的哲学论文又差不多了。不管怎么说，今天我们读到的一般都是翻译成散文的版本。] 也就是说，所有伟大的哲学作品都不出这五种写作形式，当然，有时哲学家会尝试一种以上的写作方式。不论过去或现在，哲学论文或散文都可能是最普遍的形式，从最高超最困难的作品，像康德的书，到最普遍的哲学论文都包括在其中。对话形式是出了名的难写，而几何形式是既难读又难写。格言形式对哲学家来说是绝对不能满意的。而托马斯形式则是现代较少采用的一种方式。或许这也是现代读者不喜欢的一种方式，只是很可惜这样的方式却有很多的好处。

## 阅读哲学的提示

到目前为止，读者应该很清楚在阅读任何哲学作品时，最重要的就是要发现问题，或是找到书中想要回答的问题。这些问题可能详细说明出来了，也可能隐藏在其中。不管是哪一种，你都要试着找出来。

作者会如何回答这些问题，完全受他的中心思想与原则的控制。在这一方面作者可能也会说明出来，但不一定每本书都如此。我们前面已经引述过巴兹尔·威利的话,要找出作者隐藏起来、并未言明的假设,是多么困难——也多么重要的——事情。这适用于每一种作品。运用在哲学书上尤其有力。

伟大的哲学作品不至于不诚实地隐藏起他们的假设,或是提出含混不清的定义或假定。一位哲学家之所以伟大,就是因为他能比其他的作者解说得更淋漓尽致。此外,伟大的哲学家在他的作品背后,都有自己特定的中心思想与原则。你可以很容易就看出他是否清楚地写在你读的那本书里。但是他也可能不这么做,保留起来在下一本书里再说明白。也可能他永远都不会明讲,但是在每本书里都有点到。

这样的中心思想的原则,很难举例说明。我们所举出的例子可能会引起哲学家的抗议,我们在这里也没有多余的空间能为自己的选择作辩解。然而,我们可以指出柏拉图一个中心思想的原则是什么——他认为,有关哲学主题的对话,可能是人类所有活动中最重要的一个活动。在柏拉图的各种对话中,几乎看不到他明讲这种观点——只有《申辩篇》(*Apology*)中苏格拉底讲过没有反省的生活是不值得活下去的生活,以及柏拉图在《第七封信》(*Seventh Letter*)中提到过。重点是,柏拉图在许多其他地方都提到这样的观点,虽然使用的字数不多。譬如在《诡辩篇》(*Protagoras*)中,诡辩者罗普罗泰格拉斯不愿意继续跟苏格拉底谈话时,旁边的听众就表现出很不满意的样子。另一个例子是在《理想国》第一卷,克法洛斯刚好有事要办,便离去了。虽然并没有详尽的说明,但柏拉图想要说的似乎是:一个人不论是为了任何理由而拒绝参与追求真理,都是人性最深沉的背叛。但是,就像我们强调过的,一般人并不会把这一点当作柏拉图的一个"观念",因为在他的作品中,几乎从没有明白地讨论过这一点。

我们可以在亚里士多德中找到其他的例子。在阅读亚里士多德的书时,一开始就要注意到一件重要的事:在他所有作品中,所讨论的问题都是彼此相关的。他在《工具论》(*Organon*)中详细说明的逻辑基本原则,在《物理学》中却是他的假设。其次,由于部分原因归之于这些论文都是未完成的工作,因此他中心思想的原则也就没法到处都很清楚地说明出来。《伦理学》谈到很多事:幸福、习惯、美德、喜悦等等——可以写上一长串。但是只有最细心的读者才能看出他所领悟的原则是什么。这个领悟就是幸福是善的**完整**(whole of the good),而不是**最高的**(highest)善,因为如果是那样,那就只有一种善了。认知到这一点,我们可以看出幸福并不是在追求自我完美或自我改进的善,虽然这些在一些部分的善中是最高的。幸福,如亚里士多德所言,是一个**完整**生命的品质。他所说的"完整"不只是从一时的观点来看,也是从整体生命的所有角度来看的。因而我们现在或许可以说,一个幸福的人,是具现了生命的完整,而且一生都保持这种完整的人。这一点几乎影响到《伦理学》中所有其他想法与观点的中心思想,但是在书中却并没有怎么明白说明。

再举个例子。康德的成熟思想通常被认为是批判的哲学。他自己将"批判主义"与"教条主义"作了比较,把过去许多哲学家归类为后者。他所谓的"教条主义",就是认为只要凭着思考,用不着考虑本身的局限性,人类的知性就可以掌握最重要的真理。照康德的看法,人类的第一要务就是要严格地检查并评估心智的资源与力量。因此，人类心智的局限就是康德中心思想的原则，在他之前没有任何一位哲学家这样说过。在《纯粹理性批判》中，这个概念被清楚地解说出来了。但是在康德主要的美学著作《判断力批判》（*Critique of Judgment*）中，却没有说明出来，而只是假设如此。然而，不管怎么说，在那本书里，这还是他的中心思想原则。

关于由哲学作品中找出中心思想的原则，我们能说的就是这些，因为我们不确定能否告诉你如何找到这样的中心思想。有时候那需要花上许多年的时间，阅读很多书，然后又重新阅读过，才能找到。对一个思虑周详的好读者来说，这是一个理想的目标，毕竟，你要记得，如果你想要了解你的作者，这还是你必需要做的事。尽管要找出中心思想的原则很困难，但是我们仍然不主张你走捷径，去阅读一些关于哲学家生活或观察点的书。你自己找到的原则，会比其他人的观点还更有价值。

一旦你找到作者中心思想的原则后，你就会想要看作者怎能将这样的概念在整本书中贯彻到底。遗憾的是，哲学家们，就算是最好的哲学家，通常也做不到这一点。爱默生说过，一贯性"是小智小慧的骗人伎俩"（hobgoblin of little minds）。虽然我们也该记住这个非常轻松的说法，但也不该忘了，哲学家前后不一致是个非常严重的问题。如果哲学家前后说法不一，你就要判断他所说的两个想法中哪一个才是真的——他在前面说的原则，还是最后没有从原则中导引出来的结论？或许你会决定两者都不可信。

阅读哲学作品有些特点，这些特点和哲学与科学的差异有关。我们这里所谈的哲学只是理论性作品，如形上学的论述或关于自然哲学的书。

289　　哲学问题是要去解说事物的本质，而不像科学作品要的是描述事物的本质。哲学所询问的不只是现象之间的联系，更要追寻潜藏在其中的最终原因与条件。要回答这些问题，只有清楚的论述与分析，才能让我们感到满意。

因此，读者最要花力气的就是作者的词义与基本主旨。虽然哲学家跟科学家一样，有一些专门的技术用语，但他们表达思想的词句通常来自日常用语，只是用在很特殊的意义上。读者需要特别注意这一点。如果他不能克服自己，总是想将一个熟悉的字看作一般意义的想法，最后他会让整本书变成胡说八道又毫无意义。

哲学讨论的基本词义就像科学作品一样，当然是抽象的。其实，任何具有共通性的知识，除了抽象的词义外，无从表达。抽象并没什么特别难的。我们每天都在运用，也在各谈话中运用这些抽象词义。不过，似乎很多人都为"抽象"或"具体"的用词而感到困扰。

每当你一般性地谈到什么事情，你就使用抽象的字眼。你经由感官察觉到的永远是具体与个别的，而你脑中所想的永远是抽象又普遍的。要了解一个"抽象的字眼"，就要掌握这个字眼所表达的概念。所谓你对某件事"有了概念"，也就是你对自己具体经验到的某些事情的普遍性层面有了了解。你不能看到，碰触到，甚或想象到这里所谓的普遍性层面。如果你做得到，那么感官与思想就毫无差别了。人们总想想象出是什么概念在困扰他们，最后却会对所有抽象的东西感到绝望。

在阅读科学作品时，归纳性的论证是读者特别需要注意的地方。在哲学作品中也是一样，你一定要很注意哲学家的原则。这很可能是一些他希望你跟他一起接受的假设，也可能是一些他所谓的自明之理。假设的本身没有问题。但就算你有自己相反的假设，也不妨看看他的假设会如何导引下去。假装相信一些其实你并不相信的事，是很好的心智训练。当你越清楚自己的偏见时，你就越不会误判别人的偏见了。

另外有一种原则可能会引起困扰。哲学作品几乎没有不陈述一些作者认为不证自明的主旨。这种主旨都直接来自经验，而不是由其他主旨证明而来。

要记住的是，我们前面已经提过不止一次，这些来自哲学本身的经验，与科学家的特殊经验不同，是人类共同的经验。哲学家并没有在实验室中工作，也不做田野研究调查。因此要了解并测验一位哲学家的主要原则，你用不着借重经由方法调查而获得的特殊经验，这种额外的助力。他诉求的是你自己的普通常识，以及对你自己所生存的这个世界的日常观察。

换句话说，你在阅读哲学书时要用的方法，就跟作者在写作时用的方法是一样的。哲学家在面对问题时，除了思考以外，什么也不能做。读者在面对一本哲学书时，除了阅读以外，什么也不能做——那也就是说，要运用你的思考。除了思考本身外，没有任何其他的帮助。

这种存在于读者与一本书之间的必要的孤独，是我们在长篇大论讨论分析阅读时，一开始就想象到的。因此你可以知道，为什么我们在叙述并说明阅读的规则、认为这些规则用在哲学书上的时候，会比其他书来得更适用。

## 厘清你的思绪

一本好的哲学理论的书,就像是好的科学论文,不会有滔滔雄辩或宣传八股的文字。你用不着担心作者的"人格"问题,也不必探究他的社会或经济背景。不过,找一些周详探讨过这个问题的其他伟大的哲学家的作品来读,对你来说会有很实际的帮助。在思想的历史上,这些哲学家彼此之间已经进行了长久的对话。在你确认自己能明白其中任何一人在说些什么之前,最好能仔细倾听。

哲学家彼此意见往往不合这一点,不应该是你的困扰。这有两个原因。第一,如果这些不同的意见一直存在,可能就指出一个没有解决,或不能解决的大问题。知道真正的奥秘所在是件好事。第二,哲学家意见合不合其实并不重要,你的责任只是要厘清自己的思路。就哲学家透过他们的作品而进行的长程对话,你一定要能判断什么成立,什么不成立才行。如果你把一本哲学书读懂了——意思是也读懂了其他讨论相同主题的书——你就可以有评论的立场了。

的确,哲学问题的最大特色就在每个人必须为自己回答这些问题。采用别人的观点并没有解决这些问题,只是在逃避问题而已。你的回答一定要很实在,而且还要有理论根据。总之,这跟科学研究不同,你无法依据专家的证词来回答。

原因是,哲学家所提出的问题,比其他任何人所提的问题都简单而重要。孩子除外。

## 关于神学的重点

神学有两种类型,自然神学(natural theology)与教义神学(dogmatic theology)。自然神学是哲学的一支,也是形而上学的最后一部分。譬如你提出一个问题,因果关系是否永无止境?每件事是否都有起因?如果你的答案是肯定的,你可能会陷入一种永无止境的循环当中。因此,你可能要设定某个不因任何事物而发生的原始起因的别称。亚里士多德称这种没有起因的原因是"不动的原动者"(unmoved mover)。你可以另外命名——甚至可以说那不过是上帝的别称——但是重点在,你要透过不需要外力支援的——自然进行的——思考,达成这番认知。

教义神学与哲学则不同,因为教义神学的首要原则就是某个宗教的教徒所信奉的经文。教义神学永远依赖教义与宣扬教义的宗教权威人士。

如果你没有这样的信仰,也不属于某个教派,想要把教义神学的书读好,你就得拿出读数学的精神来读。但是你得永远记住,在有关信仰的文章中,信仰不是一种假设。对有信仰的人来说,那是一种确定的知识,而不是一种实验性的观点。

今天许多读者了解这一点似乎很困难。一般来说,在面对教义神学的书时,他们会犯一两个错。第一个错是拒绝接受——即使是暂时的接受——作者首要原则的经文。结果,读者一直跟这些首要原则挣扎,根本注意不到书的本身。第二个错是认为,既然整本书的首要原则是教义的,依据这些教义而来的论述,这些教义所支持的推论,以及所导引出来的结论,都必然也都是属于教义的。当然，如果我们接受某些原则，立足于这些原则的推论也能令人信服，那么我们就必须接受这样所得出的结论——至少在那些原则的范围内如此。但是如果推论是有问题的，那么原来再可以接受的首要原则，也会导出无效的结论。

谈到这里，你该明白一个没有信仰的读者要阅读神学书时有多困难了。在阅读这样的书时，他要做的就是接受首要原则是成立的，然后用阅读任何一本好的论说性作品都该有的精神来阅读。至于一个有信仰的读者在阅读与自己信仰有关的书籍时，要面对的则是另一些困难了。这些问题并不只限于阅读神学才出现。

## 如何阅读"经书"

有一种很有趣的书，一种阅读方式，是我们还没提到的。我们用"经书"（canonical）来称呼这种书，如果传统一点，我们可能会称作"圣书"（sacred）或"神书"（holy）。但是今天这样的称呼除了在某些这类书上还用得着之外，已经不适用于所有这类书籍了。

一个最基本的例子就是《圣经》。这本书不是被当作文学作品来读，而是被当作神的话语来读。

经书的范围不只这些明显的例子。任何一个机构——教会、政党或社会——在其他的功能之外，如果（1）有教育的功能，（2）有一套要教育的课本（a body of doctrine to teach），（3）有一群虔诚又顺服的成员，那么属于这类组织的成员在阅读的时候都会必恭必敬。他们不会——也不能——质疑这些对他们而言就是"经书"的书籍的权威与正确的阅读方法。信仰使得这些信徒根本不会发现"神圣的"经书中的错误，更别提要找出其中道理不通的地方。

正统的犹太人是以这样的态度来阅读《旧约》的。基督徒则是这样阅读《新约》。回教徒是这样读《古兰经》。马克思主义信徒则是这样阅读马克思或列宁的作品，有时看政治气候的转变，也会这样读斯大林的作品。弗洛伊德心理学的信徒就是这样读弗洛伊德的。美国的陆军军官是这样读步兵手册的。你自己也可以想出更多的例子。

事实上，对大多数人来说，就算没有严重到那个程度，在阅读某些必须要当作经典的作品时，也是抱着这种心态来读的。一位准律师为了通过律师考试，一定要用虔敬的心来阅读某些特定的教材，才能在考试中赢得高分。对医生或其他专业人士来说也都是如此。事实上，对大多数人来说，还在学生时代时，我们都会依照教授的说法，"虔诚地"阅读教科书。（当然，并不是所有的教授都会把跟他唱反调的学生判为不及格！）

这种阅读的特质，我们或许可以用"正统"两个字来概括。这两个字几乎是放诸四海皆准的，在英文中，"正统"（orthodox）原始的字根来自希腊文，意思是"正确观点"。这类作品是**一本或唯一的一本正确的读物**，阅读任何其他的作品都会带来危机，从考试失去高分到灵魂遭天谴都有可能。这样的特质是有义务性的。一个忠诚的读者在阅读经书时，有义务要从中找到意义，并能从其他的"事实"中举证其真实性。如果他自己不能这么做，**他就有义务去找能做到的人**。这个人可能是牧师或祭司，或是党派中的上级指导者，或是他的教授。在任何状况中，他都必须接受对方提供给他的解决之道。他的阅读基本上是没有自由可言的。作为回报，他也会获得阅读其他书所没有的一种满足感。

其实我们该停止了。阅读《圣经》的问题——如果你相信那是神的话语——是阅读领域中最困难的一个问题。有关如何阅读《圣经》的书，加起来比所有其他指导阅读的书的总和还多。所谓上帝的话语，是人类所能阅读的作品中最困难的一种，而如果你真的相信那是上帝的话语，对你来说也是最重要的一种。信徒阅读这本书要付出的努力和难度成正比。至少在欧洲的传统中，《圣经》是一本有多重意义的书。在所有的书籍中，那不只是读者最广泛，同时也是被最仔细地阅读的一本书。

# 第十九章　如何阅读社会科学

社会科学的观念与术语几乎渗透了所有我们今天在阅读的作品中。

譬如像现代的新闻记者，不再限定自己只报导事实。只有在报纸头版出现，简短的"谁——发生了什么事——为什么发生——何时何地发生"新闻提要，才是以事实为主。一般来说，记者都会将事实加上诠释、评论、分析，再成为新闻报导。这些诠释与评论都是来自社会科学的观念与术语。

这些观念与术语也影响到当代许多书籍与文章，甚至可以用社会评论来作一个归类。我们也看到许多文学作品是以这类的主题来写作的：种族问题、犯罪、执法、贫穷、教育、福利、战争与和平、好政府与坏政府。这类文学作品便是向社会科学借用了思想意识与语言。

社会科学作品并不只限定于非小说类。仍然有一大批重要的当代作家所写的是社会科学的小说。他们的目标是创立一个人造的社会模型，能够让我们在科技的发展之下，检验出社会受到的影响。在小说、戏剧、故事、电影、电视中，对社会的权力组织、各种财富与所有权、财富的分配都作了淋漓尽致的描绘、谴责与赞扬。这些作品被认为有社会意义，或是包含了

"重要的讯息"。在这同时，他们取得也散播了社会科学的元素。

此外，无论是任何社会、经济或政治的问题，几乎全都有专家在作研究。这些专家不是自己作研究，就是由直接面对这些问题的官方单位邀请来做。在社会科学专家的协助下，这些问题有系统地阐释出来，并要想办法解决这些问题。

社会科学的成长与普及，最重要的因素是在高中与大专教育中引进了社会科学。事实上，选修社会科学课程的学生，远比选修传统文学或语言课程的学生还要多很多。而选修社会科学的学生也远超过选修"纯"科学的学生。

## 什么是社会科学？

我们在谈论社会科学时，好像是在谈一个完全独立的学科。事实上并非如此。

究竟社会科学是什么呢？有一个方法可以找出答案，就是去看看大学中将哪些学科与训练课程安排在这样的科系之下。社会科学的部门中通常包括了人类学、经济学、政治学与社会学。为什么没有包括法律、教育、商业、社会服务与公共行政呢？所有这些学科也都是运用社会科学的概念与方法才发展出来的啊？对于这个问题，最常见的回答是：后面这些学科的目的，在于训练大学校园以外的专业工作者，而前面所提的那些学科却是比较专注于追求人类社会的系统知识，通常是在大学校园中进行的。

目前各个大学都有建立跨科系的研究中心或机构的趋势。这些研究中心超越传统社会科学与专业科系的界限，同时针对许多理论与方法的研究，其中包括了统计学、人口学、选举学（关于选举与投票的科学）、政策与决策制定、人事训练管理、公共行政、人类生态学，以及其他等等。这些中心产生的研究与报告，往往结合了十多种以上的专业。光是要辨认这许多种专业努力的结果就已经够复杂了，更别提还要判断这些发现与结论是否成立。

那么心理学呢？一些划分严格的社会科学家会将心理学排除在社会科学之外，因为他们认为心理学所谈的是个人的特质问题，而社会科学关心的却是文化、制度与环境因素。一些区分比较没那么严格的学者，则认为生理心理学应该归类为生物科学，而不论是正常或变态心理学则该隶属于社会科学，因为个人与社会整体是不可分割的。

附带一提的是，在现在的社会科学课程中，心理学是最受学生欢迎的一门课。如果全国统计起来，选修心理学的学生可能比任何其他课系的学生都要多。有关心理学的著作，从最专业到最普遍的都出版了许多。

那么行为科学呢？他们在社会科学中担任什么样的角色？依照原始的用法，行为科学中包括了社会学、人类学、行为生物学、经济学、地理学、法律、心理学、精神病学与政治科学。行为科学特别强调对可观察、可测量的行为作系统化的研究，以获得可被证实的发现。近年来，行为科学几乎跟社会科学变成同义词了，但许多讲究传统的人反对这样的用法。

最后要谈的是，历史呢？大家都知道，社会科学引用历史的研究，是为了取得资料，并为他们的推论作例证。然而，虽然历史在叙述特殊事件与人物时，在知识的架构上勉强称得上科学，但是就历史本身对人类行为与发展模式及规则所提供的系统知识而言，却称不上科学。

那么，我们能给社会科学下个定义吗？我们认为可以，至少就这一章的目的来说可以。诸如人类学、经济学、政治学、社会学的学科，都是组成社会科学的核心，几乎所有的社会科学家都会将这些学科归纳进来。此外，我们相信大部分社会科学家应该会认为，即使不是全部，但大部分有关法律、教育、公共行政的作品，及一部分商业、社会服务的作品，再加上大量的心理学作品，也都适合社会科学的定义。我们推测这样的定义虽然并不精密，但你可以明白接下来我们要说的了。

## 阅读社会科学的容易处

绝大部分社会科学看起来都像是非常容易阅读的作品。这些作品的内容通常取材自读者所熟悉的经验——在这方面，社会科学就跟诗与哲学一样——论说的方式也经常是叙述式的，这对读过小说与历史的读者来说都很熟悉。

此外，我们都已经很熟悉社会科学的术语，而且经常在使用。诸如文化（比较文化、反文化、次文化）、集团、疏离、地位、输入/输出、下层结构、伦理、行为、共识等很多这样的术语，几乎是现代人交谈与阅读时经常会出现的字眼。

想想"社会"，这是一个多么变色龙的词，前面不知可以加上多少形容词，但它总是在表达一种人民群居生活，而非离群索居的广阔定义。我们听到过失序的社会、不健全的社会、沉默的社会、贪婪的社会、富裕的社会……，我们可以从英文字典中第一个字母找起,最后找到"发酵的"(zymotic)社会这样的形容词——这是指持续动荡的社会,就跟我们所处的社会一样。

我们还可以把"社会"看作是形容词,同样有许多熟悉的意义。像社会力量、社会压力、社会承诺,当然还有无所不在的社会问题。在阅读或写作社会科学时,最后一种是特别容易出现的题材。我们敢打赌,如果不是在最近几周,也是在最近的几个月内,你总可能读过,甚至写过有关"政治、经济与社会问题"的文章。当你阅读或写作时,你可能很清楚政治与经济问题所代表的意义,但是你,或是作者所说的社会问题,到底指的是什么呢?

社会学家在写作时所用的术语及隐喻,加上字里行间充满深刻的情感,让我们误以为这是很容易阅读的。书中所引用的资料对读者来说是很熟悉的,的确,那是他们天天读到或听到的字眼。此外,读者的态度与感觉也都跟着这些问题的发展紧密联系在一起。哲学问题所谈论的也是我们一般知道的事情,但是通常我们不会"投入"哲学问题中。不过对于社会科学所讨论的问题,我们都会有很强烈的意见。

## 阅读社会科学的困难处

说来矛盾,我们前面所说的让社会科学看来很容易阅读的因素,却也是让社会科学不容易阅读的因素。譬如我们前面所提到的最后一个因素——你身为一个读者,要对作者的观点投入一些看法。许多读者担心,如果承认自己与作者意见不合,而且客观地质疑自己阅读的作品，是一种对自己投入不忠的行为。但是，只要你是用分析阅读来阅读，这样的态度是必要的。我们所谈的阅读规则中已经指出了这样的态度，至少在做大纲架构及诠释作品的规则中指出过。如果你要回答阅读任何作品都该提出的头两个问题，你一定要先检查一下你自己的意见是什么。如果你拒绝倾听一位作者所说的话，你就无法了解这本书了。

社会科学中熟悉的术语及观点，同时也造成了理解上的障碍。许多社会科学家自己很清楚这个问题。他们非常反对在一般新闻报导或其他类型的写作中，任意引用社会科学的术语及观点。譬如国民生产总值（GNP——Gross National Product）这个概念，在严肃的经济作品中，这个概念有特定限制的用法。但是，一些社会科学家说，许多记者及专栏作者让这个概念承担了太多的责任。他们用得太浮滥，却完全不知道真正的意义是什么。显然，如果在你阅读的作品中，作者将一个自己都不太清楚的词句当作是关键字，那你一定也会跟着摸不着头脑的。

让我们把这个观点再说明清楚一点。我们要先把社会科学与自然科学——物理、化学等——区分出来。我们已经知道，科学作品（指的是后面那种"科学"）的作者会把假设与证明说得十分清楚，同时也确定读者很容易与他达成共识，并找到书中的主旨。因为在阅读任何论说性作品时，与作者达成共识并找到主旨是最重要的一部分，科学家的做法等于是帮你做了这部分的工作。不过你还是会发现用数学形式表现的作品很难阅读，如果你没法牢牢掌握住论述、实验，以及对结论的观察基础，你会发现很难对这本书下评论——也就是回答"这是真实的吗?""这本书与我何干?"的问题。然而,有一点很重要的是,阅读科学作品要比阅读任何其他论说性作品都来得容易。

换句话说,自然科学的作者必须做的是"把他的用语规定出来"——这也就是说,他告诉你,在他的论述中有哪些基本的词义,而他会如何运用。这样的说明通常会出现在书的一开头,可能是解释、假设、公理等等。既然说明用语是这个领域中的特质,因此有人说它们像是一种游戏,或是有"游戏的架构"。说明用语就像是一种游戏规则。如果你想打扑克牌,你不会争论三张相同的牌,是否比两对的牌要厉害之类的游戏规则。如果你要玩桥牌,你也不会为皇后可以吃杰克(同一种花色),或是最高的王牌可以吃任何一张牌(在定约桥牌中)这样的规则而与人争辩。同样,在阅读自然科学的作品时,你也不会与作者争辩他的使用规则。你接受这些规则,开始阅读。

直到最近,在自然科学中已经很普遍的用语说明,在社会科学中却仍然不太普遍。其中一个理由是,社会科学并不能数学化,另一个理由是在社会或行为科学中,要说明用语**比较困难**。为一个圆或等腰三角形下定义是一回事,而为经济萧条或心理健康下定义又是另一回事。就算一个社会科学家想要为这样的词义下定义,他的读者也会想质疑他的用法是否正确。结果,社会科学家只好在整本书中为自己的词义挣扎不已——他的挣扎也带给读者阅读上的困难。

阅读社会科学作品最困难的地方在于:事实上,在这个领域中的作品是混杂的,而不是纯粹的论说性作品。我们已经知道历史是如何混杂了虚构与科学,以及我们阅读时要如何把这件事谨记在心。对于这种混杂,我们已经很熟悉,也有大量的相关经验。但在社会科学的状况却完全不同。太多社会科学的作品混杂了科学、哲学与历史，甚至为了加强效果，通常还会带点虚构的色彩。

如果社会科学只有一种混杂法，我们也会很熟悉，因为历史就是如此。但是实际上并非如此。在社会科学中，每一本书的混杂方式都不同，读者在阅读时必须先确定他在阅读的书中混杂了哪些因素。这些因素可能在同一本书中就有所变动，也可能在不同的书中有所变动。要区分清楚这一切，并不容易。

你还记得分析阅读的第一个步骤是回答这个问题：这是本什么样的书？如果是小说，这个问题相当容易回答。如果是科学或哲学作品，也不难。就算是形式混杂的历史，一般来说读者也会知道自己在读的是历史。但是组成社会科学的不同要素——有时是这种，有时是那种，有时又是另一种模式——使我们在阅读任何有关社会科学的作品时，很难回答这个问题。事实上，**这就跟要给社会科学下定义是同样困难的事。**

不过，分析阅读的读者还是得想办法回答这个问题。这不只是他要做的第一件工作，也是最重要的工作。如果他能够说出他所阅读的这本书是由哪些要素组成的，他就能更进一步理解这本书了。

要将一本社会科学的书列出纲要架构不是什么大问题，但是要与作者达成共识，就像我们所说的，这可是极为困难的事。原因就在于作者无法将自己的用语规则说明清楚。不过，还是可以对关键字有些概括性的了解。从词义看到主旨与论述，如果是本好书，这些仍然都不是问题。但是最后一个问题：这与我何干？就需要读者有点自制力了。这时，我们前面提过的一种情况就可能发生——读者可能会说:"我找不出作者的缺点,但是我就是不同意他的看法。"当然,这是因为读者对作者的企图与结论已经有偏见了。

## 阅读社会科学作品

在这一章里,我们说过很多次"社会科学作品",却没说过"社会科学书"。这是因为在阅读社会科学时,关于一个主题通常要读好几本书,而不会只读一本书。这不只是因为社会科学是个新领域,只有少数经典作品,还因为我们在阅读社会科学时,主要的着眼点在一个**特殊的事件或问题**上,而非一个**特殊的作者或一本书**。譬如我们对强制执行法感兴趣,我们会同时读上好几本相关的书。或许我们关心的是种族、教育、税收与地方政府的问题,这也是同样的状况。基本上,在这些领域中,并没有什么权威的著作,因此我们必须读很多本相关的书。而社会科学家本身也有一个现象,就是为了要能跟得上时代,他们必须不断地推陈出新,重新修订他们的作品,新作品取代旧作品,过时的论述也不断被淘汰了。

在某个程度上说,如我们所看到的,哲学也会发生同样的状况。要完全了解一位哲学家,你应该阅读这位哲学家自己在阅读的书,以及影响他的其他哲学家的书。在某种程度上,历史也是如此。我们提到过,如果你想要发现过去的事实,你最好多读几本书,而不是只读一本书。不过在这些情况中,你找到一本主要的、权威的著作的可能,是相当大的。社会科学中却并非如此,因此在阅读这类书时更需要同时阅读许多相关书籍了。

分析阅读的规则并不适用于就一个主题同时阅读很多本书的情况。分析阅读适用于阅读个别的书籍。当然，如果你想要善用这些规则，就要仔细地研究观察。接下来要介绍的新的阅读规则，则需要我们通过第三层次的阅读（分析阅读），才能进入这第四层次的阅读（主题阅读）。我们现在就准备要讨论第四层次的阅读。因为社会科学作品有这样的特质，所以必须要用这样的阅读。

指出这一点，就可以说明为什么我们会把社会科学的问题放在本书第三篇的最后来讨论。现在你应该明白为什么我们会这样整理我们的讨论。一开始我们谈的是如何阅读实用性作品，这与其他的阅读完全不同，因为读者有特定的义务，也就是如果他同意作者的观点，就要采取行动。然后我们讨论小说与诗，提出和阅读论说性作品不同的问题。最后，我们讨论的是三种理论性的论说作品——科学与数学、哲学、社会科学。社会科学放在最后，是因为这样的书需要用上主题阅读。因此这一章可说是第三篇的结尾，也是第四篇的引言。

第四篇

# 阅读的最终目标

# 第二十章　阅读的第四个层次：
## 主题阅读

　　到目前为止，我们还没有仔细谈过关于就同一个主题阅读两三本书的问题。我们在前面提到过，在讨论某个特定的主题时，牵涉到的往往不只是一本书。我们也一再非正式地提醒过，甚至其他领域中相关的作者与书籍，都与这个特定的主题有关。在作主题阅读时，第一个要求就是知道：对一个特定的问题来说，所牵涉的绝对不是一本书而已。第二个要求则是：要知道就总的来说，应该读的是哪些书？第二个要求比第一个要求还难做到。

　　我们在检验这个句子："与同一个主题相关两本以上的书"时，困难就出现了。我们所说的"同一个主题"是什么意思？如果这个主题是单一的历史时期或事件，就很清楚了，但是在其他的领域中，就很难作这样清楚的区分。《飘》与《战争与和平》都是关于伟大战争的小说——但是，两者相似之处也止于此了。司汤达的《帕玛修道院》(*The Charterhouse of Parma*)谈的拿破仑战争，也是托尔斯泰作品中谈的战争。但是这两本书当然都不是在谈这场战争，也不是与一般战争有关的书。在这两个故事中，战争只是提供了一个环境或背景，故事的本身所谈的是人类的生存与挣扎，战争不过是作者想吸引读者注意的手法。我们可能会了解有关这场战役的一些事情——事实上，托尔斯泰就说过，从司汤达所描述的滑铁卢之役中，他学到很多有关这场战役的事——但是如果我们的主题是要研究战争，就用不着拿这些小说来读了。

你可能料到小说有这种情况。因为作品的特性，小说沟通问题的方法跟论说性作品不同。但是，论说性作品也有同样的问题。

譬如说你对"爱"这个概念很感兴趣，想要阅读相关的读物。因为关于爱的作品很广泛，你要整理出一个相关书目来阅读是有点困难的。假设你向专家求教，到一个完备的图书馆中寻找书目，还对照一位优秀学者所写的论文，终于把书目弄出来了。再假设你进一步舍弃诗人和小说家谈的这个主题，只想从论说性的作品中找答案（在后面我们会说明为什么这样的做法是明智的）。现在你开始依照书目来阅读这些书了。你发现什么？

即使只是匆匆的浏览，你也会找到一大堆相关的资料。人类的行为，几乎没有任何一种行为没有被称作是爱的行为——只是称呼的方式不同而已。而且爱并不只限于人类。如果你进一步往下阅读，你会发现宇宙中的万事万物皆有爱。也就是说，任何存在的事物都可能爱与被爱——或二者兼而有之。

石头是爱，因为它是地球的中心。火焰会上扬，是因为爱的功能。铁刀会吸引磁铁，被形容为爱的结果。有些书专门研究变形虫、草履虫、蜗牛、蚂蚁的爱情生活。更别提一些较高等的动物，它们会爱它们的主人，也会彼此相爱。谈到人类的爱，我们发现作者谈到也写到他们对男人们、女人们、一个男人、一个女人、孩子、他们自己、人类、金钱、艺术、家庭生活、原则、原因、职业或专业、冒险、安全、想法、乡村生活、爱的本身、牛排或美酒之爱。在某些教材中，天体的运转被认为是受到爱的启发。而天使与魔鬼的不同就在爱的品质不同。至于上帝，当然是要来爱人的。

　　面对如此庞大的相关资料，我们要如何决定我们要研究的主题是什么呢？我们能确定这中间只有一个单一的主题吗？当一个人说："我爱起司。"另一个人说"我爱橄榄球。"而第三个人说"我爱人类"时，他们三个人所用的同样一个爱字，代表着同样的意义吗？毕竟，起司是可以吃的，橄榄球或人类是不能吃的。一个人可以玩橄榄球，却不能玩起司或其他的人。而不论"我爱人类"是什么意思，这个爱都与起司或橄榄球之爱不同。但是这三个人用的都是同样一个爱字。在这其中是否有深刻的理由？一些无法立即浮现的理由？就像这个问题本身的困难，在我们找到答案之前，我们能说我们已经确认了"同一个主题"吗？

　　面对如此的混乱，你可能会决定把范围缩小到人类的爱上——人与人之间的爱，同性爱或异性爱，同年之爱或忘年之爱等等。其中的规则又跟我们前面说的三种爱法不同了。但是就算你只读了一小部分与主题相关的书，你仍然会找到一堆的相关资料。譬如你会发现某些作者说：爱只是一种占有的欲望，通常是性的欲望，也就是说，爱只是一种所有动物在面对异性时会产生的吸引力。但是你也会发现另一个作者所谈的爱是不包含占有的欲望，而是一种慈善。如果说占有的欲望总是暗示着想要为自己追求好东西，而慈善却暗示着要**为别人**追求好东西。那么占有的欲望与慈善之间，是否有相通之处？

至少在占有的欲望与慈善之间，分享着一种共同的倾向，那就是渴望某种非常抽象的东西。但是你对这个主题的研究很快又让你发现：某些作者主张的爱是心灵的，而非肉欲的。这些作者认为爱是知性的行为，而非感性的行为。换句话说，**知道**某个人是**值得仰慕的**，总会引发渴望之心，不论是前面所说的哪一种渴望都行。这类作者并不否认有这样的渴望，但他们不承认那就是爱。

让我们假设——事实上，我们认为可以做得到——在这么多有关人类之爱的构想中，你能找出一些共通的意义。就算是这样，你的问题还是没有解决。再想想看，在人际之间，爱所表现出来的方式其实是截然不同的。男女之间的爱在恋爱期间、结婚之后、二十多岁时、七十多岁时都相同吗？一个女人对丈夫的爱与对孩子的爱相同吗？当孩子长大时，母亲对他们的爱就改变了吗？一个兄弟对姊妹的爱，跟他对父亲的爱是一样的吗？一个孩子长大之后，对父母的爱会改变吗？男人对女人的爱——无论是妻子或其他的女人——跟他对朋友的爱是相同的吗？他和不同朋友之间的关系——像是某人跟他一起打保龄球，某人是一起工作的伙伴，某人是知性的伙伴等——是否各有不同？"爱情"与"友情"之所以不同，是因为其中牵涉到的情绪（如果这是它们被命名的原因）不同，才有不同的名称吗？两个不同年纪的人也能做朋友吗？两个在财富与知识水平上有明显差距的人，也能做朋友吗？女人之间真的有友谊吗？兄弟姊妹，或哥哥弟弟、姊姊妹妹之间真的能成为朋友吗？如果你向人借钱，或是借钱给人，你们之间的友谊能保持下去吗？如果不能，为什么？一个男孩子能爱上自己的老师吗？而这个老师是男是女，会不会造成什么样的差别？如果真的有像人一样的机器人，人类会爱他们吗？如果我们在火星或其他星球上发现了有智慧的生物，我们会爱他们吗？我们会不会爱上一个素昧平生的人，像是电影明星或总统？如果我们觉得恨某个人，那是否其实是一种爱的表现？

你只不过读了一小部分有关爱的论说性作品，这些问题就会浮现在你脑海中，其实还有更多其他的问题会出现。无论如何，我们已经说到重点了。在做主题阅读时，会出现一种很矛盾的现象。虽然这个层次的阅读被定义为就同一个主题，阅读两种以上的书，意思也是指在阅读开始之前，这个主题就已经被确认了，但是换个角度来说，这个主题也是跟着阅读走的，而不是事前就能定出来的。以爱这个例子来说，在你决定自己要读些什么之前，你可能已经读了好几百本相关的著作了。等你都读完之后，你会发现有一半的书其实跟主题根本无关。

## 在主题阅读中，检视阅读所扮演的角色

我们已经说过很多次，阅读的层次是渐进累积的。较高层次的阅读中也包括了前面的，或较低层次的阅读。在主题阅读中，我们就要说明这一点。

你可能还记得，在解说检视阅读与分析阅读的关系时，我们指出在检视阅读中的两个步骤——第一个是浏览，第二个是

粗浅地阅读——也就是分析阅读的前两个步骤。浏览能帮助你准备做分析阅读的第一个步骤：你能确定自己在读的是什么主题，能说明这是什么样的书，并拟出大纲架构。粗浅的阅读对分析阅读的第一步骤也有帮助。基本上这是进入第二步骤的准备动作。在第二个步骤中，你要能够与作者达成共识，说明他的主旨，跟随他的论述，才能够诠释整本书的内容。

同样，检视阅读与分析阅读也可以当作是进入主题阅读的前置作业或准备动作。事实上，在这个阶段，检视阅读已经是读者在阅读时主要的工具或手段了。

举例来说，你有上百本的参考书目，看起来全是与爱有关的主题。如果你全部用分析阅读来阅读，你不只会很清楚你在研究的主题是什么——主题阅读中的"同一主题"——你还会知道你所阅读的书中，那些跟主题无关，是你不需要的书。但是要用分析阅读将一百本书读完，会花上你十年的时间。就算你能全心投注在这个研究上，仍然要花上好几个月的时间。再加上我们前面谈过的主题阅读中会出现的矛盾问题，显然必要有一些捷径。

这个捷径是要靠你的检视阅读技巧来建立的。你收集好书目之后，要做的第一件事是**检视书单上所有的书**。在做检视阅读之前，绝不要用分析阅读来阅读。检视阅读不会让你明白有关主题的所有错综复杂的内容，或是作者所有的洞察力，但却具有两种基本的功能。第一，它会让你对自己想要研究的主题有个清晰的概念，这样接下来你针对某几本书做分析阅读时，会大有助益。第二，它会简化你的书目到一个合理的程度。

对学生，尤其是研究生来说，我们很难想到还有比这更管用的方式。只要他们肯照着做，一定会有帮助。根据我们的经验，在研究生程度的学生中，确实有些人能做到主动的阅读与分析阅读。这对他们来说还不够，他们或许不是完美的读者，但是至少他们知道要如何掌握一本书的重点，能明确地说出书中的要点，并把这些观点纳入他们研究主题的一部分。但是他们的努力有一大半是浪费掉了，因为他们不知道要**如何才能比别人读得快一点**。他们阅读每一本书或每一篇文章都花上同样的时间与努力，结果他们该花精神好好阅读的书却没有读好，倒把时间花在那些不太值得注意的书上了。

　　能够熟练检视阅读的读者，不但能在心中将书籍分类，而且能对内容有一个粗浅的了解。他也会用非常短的时间就发现，**这本书谈的内容对他研究的主题到底重不重要**。这时他可能还不清楚哪些资料才是最重要的——这可能要等到读下本书的时候才能发现。但是有两件事至少他已经知道其中之一。那就是他不是发现这本书必须回头再读一次，以获得启发，便是知道不论这本书多有趣又多丰富，却毫无启发性，因此不值得重新再读。

　　这个忠告通常会被忽略是有原因的。我们说过，在分析阅读中，技巧熟练的阅读者可以同时用上许多技巧，而初学者却必须把步骤分开来。同样，主题阅读的准备工作——先检视书目上所有的书，在开始做分析阅读之前先检视一遍——可以在做分析阅读时一并进行。但我们不相信任何读者能做到这一点，就算技巧再熟练也不行。这也是许多年轻研究生所犯的毛病。他们自以为两个步骤可以融合为一个，结果阅读任何书都用同样的速度，对某些特殊的作品来说不是太快就是太慢，但无论如何，对他们阅读的大部分书来说，这样的方法都是不对的。

一旦你检视过，确定某些书跟你研究的主题相关后，你就可以开始做主题阅读了。要注意的是，我们并没有像你以为的说："开始做分析阅读"。当然，你需要研读每一本书，再组合起跟你主题相关的资料，你在做分析阅读时就已经学会了这些技巧。但是绝不要忘了，**分析阅读的技巧只适用于单一的作品**，主要的目标是要了解这本书。而我们会看到，主题阅读的目标却大不相同。

## 主题阅读的五个步骤

现在我们准备好要说明如何做主题阅读了。我们的假设是：你已经检视了相当多的书，你至少对其中一些书在谈些什么有点概念了，而且你也有想要研究的主题了。接下来你该怎么办？

在主题阅读中一共有五个步骤。这些步骤我们不该称之为规则——虽然也许我们会——因为只要漏掉其中一个步骤，主题阅读就会变得很困难，甚至读不下去了。我们会简略地介绍一下这些步骤的顺序，不过这些步骤彼此之间还是可以互相取代的。

**主题阅读步骤一：找到相关的章节**。当然，我们假设你已经学会分析阅读了，如果你愿意，你能把所有相关的书都看透彻了。但是你可能会把阅读单本的书放在第一顺位，而把自己的主题放在其次。事实上，这个顺序应该颠倒过来，**在主题阅读中，你及你关心的主题才是基本的重点，而不是你阅读的书。**

在你已经确定哪些书是相关的之后，主题阅读的第一个步骤就是把这些书整体检视阅读一遍。你的目标是找出书中与你的主题极为相关的章节。你选择的书不太可能全本都与你的主题或问题相关。就算是如此，也一定是少数，你应该很快地把这本书读完。你不该忘了，你的阅读是别有用心的——也就是说，你是为了要解决自己的问题才阅读——而不是为了这本书本身的目的而阅读。

看起来，这个步骤似乎与前面所说的，为了发现这本书是否与你主题相关的检视阅读当同一件事来进行。许多状况的确可以这么做。但是如果你认为永远都可以这么做的话，可能就不太聪明了。记住，第一步的检视阅读是要集中焦点在你要进一步做主题阅读的主题上。我们说过，除非你已经检阅过书单上大部分的书，否则你无法完全理解这个问题。因此，在确认哪些是相关的书籍的同时，还要确认哪些是相关的章节，其实是很危险的做法。除非你的技巧已经很熟练，而且对你要研究的主题已经很清楚了，否则你最好是将两部分分开来做。

在主题阅读中，能够把你所阅读的第一批书，与你后来针对这个主题阅读的许多本书的差别区分出来，是很重要的事。对后来的这些书来说，你可能对自己的主题已经有了很清楚的概念，这时就可以把两种检视阅读合并在一起。但是在一开始时，却要明显地区分出来，否则你在找相关章节时会犯下严重的错误，到后来要更正这些错误时又要花上很多的时间与精力。

总之，要记得你最主要的工作不是理解整本书的内容，而是找出这本书对你的主题有什么帮助,**而这可能与作者本身的写作目的相去甚远**。在这个阶段的过程中,这并不重要。作者可能是在无意之间帮你解决了问题。我们已经说过,在主题阅读中,是书在服务你,而不是你在服务书。因此,主题阅读是最主动的一种阅读法。当然,分析阅读也需要主动的阅读方式。但是你在分析阅读一本书时,你就像是把书当作主人,供他使唤。而你在做主题阅读时,却一定要做书的主人。

因此,在与作者达成共识这一点上,这个阶段有不同的做法。

**主题阅读步骤二:带引作者与你达成共识**。在诠释阅读中(分析阅读的第二步骤),第一个规则是要你与作者达成共识,也就是要能找出关键字,发现他是如何使用这些字的。但是现在你面对的是许多不同的作者,他们不可能每个人都使用同样的字眼,或相同的共识。**在这时候就是要由你来建立起共识,带引你的作者们与你达成共识,而不是你跟着他们走。**

在主题阅读中,这可能是最困难的一个步骤。真正的困难在于要**强迫作者使用你的语言**,而不是使用他的语言。这跟我们一般的阅读习惯都不相同。我们也指出过很多次,我们假设:我们想要用分析阅读来阅读的作者,是比我们优秀的人。尤其如果这是一本伟大的著作时,就更可能如此。无论我们在了解他的过程中花了多少力气,我们都会倾向于接受他的词义与他安排的主题结构。但在主题阅读中,如果我们接受任何一位作者所提出来的词汇(terminology),我们很快就会迷失。我们可能会了解他的书,却无法了解别人的书。我们也很难找到与自己感兴趣的主题的资料。

我们不只要能够坚决拒绝接受**任何一位**作者的词汇，还得愿意面对可能**没有任何一位**作者的词汇对我们来说是有用的事实。换句话说，我们必须要接受一个事实：我们的词汇刚好与任何一位书目上的作者相同时，只是一种巧合。事实上，这样的巧合还蛮麻烦的。因为如果我们使用了某一位作者的一个或一组词义，我们就可能继续引用他书中其他的词义，而这只会带给我们麻烦，没有其他的帮助。

简单来说，主题阅读是一种大量的翻译工作。我们并不是将一种语言翻成另一种语言，像法语翻成英语，但是我们要将一种共通的词汇加诸在许多作者身上，无论他们所使用的是不是相同的语言，或是不是关心我们想解决的问题，是否创造了理想的词汇供我们使用。

这就是说，在进行主题阅读时，我们要建立一组词汇，首先帮助我们了解所有的作者，而不是其中一两个作者；其次帮助我们解决我们的问题。这一点认识会带我们进入第三个步骤。

**主题阅读步骤三：厘清问题**。诠释阅读的第二个规则是要我们找出作者的关键句子。然后从中逐步了解作者的主旨。主旨是由词义组成的，在主题阅读中，当然我们也要做同样的工作。但是因为这时是由我们自己来建立词汇，因此，**我们也得建立起一组不偏不倚的主旨**。最好的方法是先列出一些可以把我们的问题说得比较明白的问题，然后让那些作者来回答这些问题。

这也是很困难的工作，这些问题必须要以某种形式，某种秩序来说明，以帮助我们解决我们提出的问题，同时这些问题也要是大多数作者都能回答的问题。难就难在我们认为是问题的地方，作者也许并不认为是问题。他们对我们认定的主题可能有相当不同的看法。

事实上，有时候我们必须接受作者可能一个问题也回答不了。在这样的状况中，我们必须要将他视为是对这个问题保持沉默，或是尚未作出决定。但是就算他并没有很清楚地讨论这个问题，有时我们也可以在他书中找到间接的回答。我们会得出这么一个结论：如果他考虑到这个问题的话，那就会如何如何回答这个问题。在这里需要一点自我约束。我们不能把思想强加在作者脑海中，也不能把话语放进他们的口中。但是我们也不能完全依赖他们对这个问题的解说。如果我们真的能靠其中任何一位作者来解释这个问题，或许我们根本就没有问题要解决。

我们说过要把问题照秩序排列出来，好帮助我们在研究时使用。当然，这个秩序是跟主题有关的，不过还是有一般的方向可循。第一个问题通常跟我们在研究的概念或**现象的存在或特质有关**。如果一位作者说这种现象的确存在，或这种概念有一种特质，那么对于他的书我们就要提出更进一步的问题了。这个问题可能跟**这个现象是如何被发现，或这个概念是如何表现出来的有关**。最后一部分的问题则是**与回答前面问题所产生的影响有关**。

我们不该期望所有的作者都用同一种方法来回答我们的问题。如果他们这么做了，我们就又没有问题要解决了。那个问题会被一致的意见解决了。正因为每个作者都不相同，因此我们要再面对主题阅读的下一个步骤。

**主题阅读步骤四：界定议题**。如果一个问题很清楚，如果我们也确定各个作者会用不同的方式来回答——不论赞成或反对——那么这个议题就被定义出来了。这是介于用这种方法回答问题的作者，和用另外一种（可能是相反的）方法来回答问题的作者之间的议题。

如果检验过后，所有的作者提供的答案只有正反两面的意见，那么这个问题算是简单的问题。通常，对一个问题会有超过两种以上的答案。在这种情况下，我们就要找出不同意见彼此之间的关联，再根据作者的观点来作分类。

当两个作者对同一个问题有相当的了解，所作的回答却完全相反或矛盾时，这才是一个真正有参与的议题。但是这样的现象并不像我们希望的那样经常发生。通常，答案之不同固然来自于**各人对这个主题有不同的观点**，但也有很多情况是来自于对问题本身的认知不同。所以在做主题阅读的读者，要尽可能地确保议题是大家所共同参与的。有时候这会迫使他在列出问题的时候，小心不采取任何一位作者明白采用的方法。

我们要处理的问题，可能会出现很多种不同的议题，不过通常都可以分门别类。譬如像考虑到某种概念的特质的问题，就会出现一堆相关的议题。许多议题绕着一组相互关联密切的问题打转，就会形成这个主题的**争议**。这样的争议可能很复杂，这时主题阅读的读者就要将所有争议的前后关系整理清楚——尽管没有任何作者做这件事。厘清争议，同时将相关议题整理出来之后，我们便要进入主题阅读的最后一个步骤。

**主题阅读步骤五：分析讨论**。到目前为止，我们已经检验过作品，找出相关的章节，设定了一个不偏不倚的共识，适用于所有被检视过的作者，再设定出一整套的问题，其中大部分都能在作者的说明中找到答案。然后就不同的答案界定并安排出议题。接下来该怎么做呢？

前面四个步骤与分析阅读的前两组规则是互相辉映的。这些规则应用在任何一本书中，都会要我们回答一个问题：这本书在说些什么？是如何说明的？在主题阅读中，对于与我们的问题相关的讨论，我们也要回答类似的问题。在只阅读一本书的分析阅读中，剩下还有两个问题要回答：这是真实的吗？这与我何干？而在主题阅读中，我们对于讨论也要准备回答同样的问题。

让我们假设起头的那个阅读问题并不单纯，是个几世纪以来与许多思考者纷争不已的长久问题，许多人家不同意，并且会继续不同意的问题。在这个假设中，我们要认知的是，身为主题阅读的读者，我们的责任不只是要自己回答这些问题——这些问题是我们仔细整理出来，以便易于说明主题的本身与讨论的内容。有关这类问题的真理并不容易发现。如果我们期望真理就存在某一组问题的答案之中，那可能太轻率了。就算能找到答案，也是在一些相互矛盾的答案的冲突中找到令人信服的证据，而且有支持自己的确切理由。

因此，就可以发现的真理而言，就我们可以找到的问题答案而言，与其说是立足于任何一组主旨或主张上，不如说是立足于顺序清楚的讨论的本身。因此，为了要让我们的头脑接受这样的真相——也让别人接受——我们要多做一点工作，不只是问问题与回答问题而已。我们要依照特定的顺序来提问题，也要能够辨认为什么是这个顺序。我们必须说明这些问题的不同答案，并说明原因。我们也一定要能够从我们检视过的书中找出支持我们把答案如此分类的根据。只有当我们做到这一切时，我们才能号称针对我们问题的讨论作了分析，也才能号称真正了解了问题。

事实上，我们所做的可能超过这些。对一个问题完整地分析过后，将来其他人对同一个问题要作研究时，我们的分析讨论就会提供他一个很好的研究基础。那会清除一些障碍，理出一条路，让一个原创性的思考者能突破困境。如果没有这个分析的工作，就没法做到这一点，因为这个问题的各个层面就无法显现出来。

## 客观的必要性

要完整地分析一个问题或某个主题，得指出这个讨论中的主要议题，或是一些基本的知性反对立场。这并不是说在所有的讨论中，反对的意见总是占主导的。相反，同意或反对的意见总是互相并存的。也就是说，在大多数的议题中，正反两面的意见总是有几个，甚至许多作者在支持。在一个争议性的立场上，我们很少看到一个孤零零的支持者或反对者。

人类对任何领域某种事物的特质达成一致的观点，都建立一种假设，意味着他们共同拥有的意见代表着真理。而不同的观点则会建立起另一个相反的假设——无论你是否参与，这些争论中的观点可能没有一个是完全真实的。当然，在这些冲突的观点中，也可能有一个是完全真实的，而其他的则是虚假的。不过也可能双方面都只是表达了整体真理的一小部分。除了一些单调或孤立的争论之外（就我们在这里所读的问题，不太可能有这种形式的讨论），很可能**正反双方的意见都是错的**，一如所有的人可能都同意了一种错误的观点。而另一些没有表达出来的观点才可能是真实的，或接近真实的。

换句话说，主题阅读的目的，并不是给阅读过程中发展出来的问题提供最终答案，也不是给这个计划开始时候的问题提供最终解答。当我们要给这样的主题阅读写一份读者报告的时候，这个道理特别清楚。如果这份报告就任何所界定并分析过的重要议题，想要主张或证明某一种观点的真实或虚假，都会太过教条，失去对话的意义。如果这么做，主题阅读就不再是主题阅读，而只是讨论过程中的另一个声音，失去了疏离与客观性。

我们要说的，并不是我们认为对人类关心的重要议题多一个声音无足轻重。我们要说的是我们在追求理解的过程中，可以而且应该多贡献一种不同的形式。而这样的形式必须是绝对客观又公正的。主题阅读所追求的这种特质，可以用这句话来作总结："辩证的客观。"

简单来说，主题阅读就是要能**面面俱到，而自己并不预设立场**。当然，这是个严格的理想，一般人是没法做到的。而绝对的客观也不是人类所能做到的事。他可能可以做到不预设立场，毫无偏见地呈现出任何观点，对不同的意见也保持中立。但是采取中立比面面俱到要容易多了。在这一方面，主题阅读的读者注定会失败的。一个议题有各种不同的观点，不可能巨细靡遗地全都列出来。虽然如此，读者还是要努力一试。

虽然我们说保持中立要比面面俱到容易一些，但还是没那么容易。主题阅读的读者必须抗拒一些诱惑，厘清自己的思绪。对于某些冲突性的观点避免作出**明白**的真伪判断，并不能保证就能做到完全的公正客观。偏见可能会以各种微妙的方式进入你的脑海中——可能是总结论述的方式，可能是因为强调与忽略的比重，可能是某个问题的语气或评论的色彩，甚至可能因为对某些关键问题的不同答案的排列顺序。

要避免这样的危险，谨慎的主题阅读的读者可以采取一个明显的手段，尽量多加利用。那就是他要**不断回头参阅诸多作者的原文**，重新再阅读相关的章节。并且，当他要让更多的人能应用他的研究结果时，他必须照原作者的原文来引用他的观点或论述。虽然看起来有点矛盾，但这并不影响我们前面所说的，在分析问题时必须先建立一套中立的词汇。这样的中立语言还是必要的，而且在总结一个作者的论述时，一定要用这套中立的语言，而不是作者的语言。但是伴随着总结，一定要有仔细引用的作者原文，以免对文意有所扭曲，这样阅读者才能自己判断你对作者所作的诠释是否正确。

主题阅读的读者必须能够坚决地避免这个问题，才不会偏离公正客观的立场。要达到这样的理想，必须要能不偏不倚地在各种相对立的问题中保持平衡，放下一切偏见，反省自己是否有过与不及的倾向。在最后的分析中，一份主题阅读的书面报告是否达到对话形式的客观，虽然也可以由读者来判断，但只有写这份报告的人才真正明白自己是否达到这些要求。

## 主题阅读的练习实例：进步论

举个例子可以说明主题阅读是如何运作的。让我们以进步这个概念做例子。我们并不是随便找的这个例子。对这个问题我们做了相当多的研究。*否则这个例子对你来说不会很有用。

我们花了很长的时间研究这个重要的历史与哲学问题。第一个步骤是列出与研究主题相关的章节——也就是列出书目（最后出现的书单超过450本）。要完成这项工作，我们运用了一连串的检视阅读。针对许多书籍、文章与相关著作，做了许多次的检视阅读。对于讨论"进步"这个概念来说，这是非常重要的一个过程。同样，对其他的重大研究来说这也是很重要的过程。许多最后被判定为相关的资料多少都是无意间发现的，或至少也是经过合理的猜测才找到的。许多近代的书籍都以"进步"为书名，因此要开始寻找资料并不困难。但是其他的书并没有标明进步这两个字，尤其是一些古书，内容虽然相关，却并没有运用这个词句。

我们也读了一些小说或诗，但最后决定以论说性的作品为主。我们早说过，在主题阅读中，要包括小说、戏剧与诗是很困难的，原因有很多个。第一，故事的精髓在情节，而非对某个议题所秉持的立场。第二，就算是最能言善道的角色也很少对某个议题清楚表达出立场——譬如托马斯·曼的《魔山》（*Magic Mountain*）中，斯坦布林尼就对进步发表过一些

---

\* 我们在1976年，于纽约普拉格（Praeger）出版社出版了相关的研究结果，书名为《进步的观念》（*The Idea of Progress*）。这项研究是由"哲学研究中心"（Institute for Philosophical Research）赞助的，我们负责监督及指导。

见解——我们无法确定那是不是**作者**本人的观点。是作者在利用他的角色对这个议题作出反讽？还是他想要你看到这个观点的愚蠢，而非睿智？一般来说，要将小说作者的观点列入议题的某一方时，需要作很多很广泛的努力。要花的努力很多，得到的结果却可能是半信半疑的，因此通常最好放弃在这方面的努力。

可以检验进步这个概念的其他许多作品，一如常见的情况，显得一片混乱。面对这样的问题，我们前面说过，就是要建立起一套中立的语言。这是一个很复杂的工作，下面的例子可以帮助我们说明这是如何进行的。

所谓"进步"一词，不同的作者有许多不同的用法。这些不同的用法，大部分显示的只是意义的轻重不同，因而可以用分析的方法来处理。但是**有些**作者也用这个词来指出历史上某种特定的变化，而这种变化不是改善的变化。既然**大多数**作者都用"进步"来指出历史上某种为了促进人类朝向更美好生活的变化，并且既然往更改善的状态的变化是这个概念的基础，那么同样的字眼就不能适用于两种相反的概念了。因此，本例我们取大多数人的用法，那些主张历史上"非关改善的进展"（non-meliorative advance）的作者，就只好划为少数派了。我们这么说的目的是，在讨论这些少数作者的观点时，**就算他们自己运用了"进步"这样的字眼，我们也不能将他们纳入"进步"的概念中。**

我们前面说过，主题阅读的第三步是厘清问题。在"进步"的例子中，我们对这个问题一开始的直觉，经过检验之后，证明是正确的。第一个要问的问题，也是各个作者被认为提供各种不同答案的问题，是"历史上真的有'进步'这回事吗？"说历史的演变整体是朝向改善人类的生存条件，的确是事实吗？基本上，对这个问题有三种不同的回答：（1）是；（2）否；（3）不知道。然而，回答"是"可以用许多不同的方式来表达，回答"否"也有好几种说法，而说"不知道"也至少有三种方式。

对这个基本问题所产生的各式各样相互牵连的答案，构成我们所谓关于进步的**一般性**争议。所谓一般性，是因为我们研究的每个作者，只要对这个主题有话要说，就会在这个主题所界定的各个议题上选边站。但是对于进步还有一种特殊的争论，参与这种议题的，都是一些主张进步论的作者——这些作者主张进步确实发生。**身为进步论的作者**，他们全都强调进步是一种历史的事实，而所有的议题都应该和进步的本质或特质相关。这里的议题其实只有三种，只是个别讨论起来都很复杂。这三个议题我们可以用问题的形式来说明：（1）进步是必要的？还是要取决于其他事件？（2）进步会一直无止境地持续下去？还是会走到终点或高原期而消失？（3）进步是人类的天性，还是养成的习惯——来自人类动物的本能，或只是外在环境的影响？

最后，就进步发生的**面向**而言，还有一些次要议题，不过，这些议题仍然只限于在主张进步论的作者之间。有六个面向是某些作者认为会发生，另外有些作者虽然多少会反对其中一两个的发生，但不会全部反对（因为他们在定义上就是肯定进步发生的作者）。这六个面向是：（1）知识的进步；（2）技术的进步；（3）经济的进步；（4）政治的进步；

（5）道德的进步；（6）艺术的进步。关于最后一项有些特殊的争议。因为在我们的观点里，没有一位作者坚信在这个面向中真的有进步，甚至有些作者**否认**这个面向有进步。

我们列举出"进步"的分析架构，只是要让你明白，在这个主题中包含了多少的议题，与对这些讨论的分析——换句话说，这也是主题阅读的第四及第五个步骤。主题阅读的读者必须做类似的工作才行，当然，他用不着非得就自己的研究写一本厚厚的书不可。*

## 如何应用主题工具书

如果你仔细阅读过本章，你会注意到，虽然我们花了不少时间谈这件事，但我们并没有解决主题阅读中的矛盾问题。这个矛盾可以说明如下：除非你知道要读些什么书，你没法使用主题阅读。但是除非你能做主题阅读，否则你不知道该读些什么书。换句话说，这可以算是主题阅读中的根本问题。也就是说，如果你不知道从何开始，你就没法做主题阅读。就算你对如何开始有粗浅的概念，你花在寻找相关书籍与篇章的时间，远超过其他步骤所需时间的总和。

当然，至少理论上有一种方法可以解决这个矛盾的问题。理论上来说，你可以对我们传统中的主要经典作品有一番完整

---

\* 现在这样的一本书已经写成也出版了。我们希望这本书在诸如主题阅读的成果等看法上，可能造成一些突破；我们也希望这本研究"进步"的书能够对后来的研究者有所帮助，正如其他同样由"哲学研究中心"出版的书—关于自由、幸福、公平、爱等概念的书所产生的效果一样。而在这些书出现之前，相关的研究是非常困难的。

的认识，对每本书所讨论的各种观念都有相当的认知。如果你是这样的人，就根本用不着任何人帮忙，我们在主题阅读上也没法再多教给你什么了。

从另一个角度来看，就算你本身没有这样的知识，你还是可以找有这种知识的人帮忙。但你要认清一点，就算你能找到这样的人，他的建议最后对你来说，在帮助的同时，几乎也都会变成障碍。如果那个主题正好是他做过特殊研究的，对他来说就很难只告诉你哪些章节是重要相关的，而不告诉你该**如何读这些书**——而这一点很可能就造成你的阻碍。但是如果他并没有针对这个主题做过特殊的研究，他知道的也许还没有你多——尽管你们双方都觉得应该比你多。

因此，你需要的是一本工具书，能告诉你在广泛的资料当中，到哪里去找与你感兴趣的主题相关的章节，而用不着花时间教你如何读这些章节——也就是对这些章节的意义与影响不抱持偏见。譬如，主题工具书（Syntopicon）就是这样的一种工具。出版于1940年，名为《西方世界的经典名著》（*Great Books of the Western World*）的这套书，包含了三千种话题或主题，就每一个讨论到的主题，你可以按照页码找到相关的参考资料。某些参考资料长达多页，某些则只是几段关键文字。你用不着花太多时间，只需取出其中的某本书，动手翻阅便行了。

当然，主题工具书有一个主要的缺点。这仍然是一套书目的索引（尽管是很大的一套），至于这套书没有包含的其他作品里什么地方可以找到你要的东西，则只有一些粗略的指引。不过，不管你要做哪一类主题阅读，这套书至少总能帮助你知道从何处着手。同时，在这整套名著中的书，不论是关于哪个主题，也都是你真的想要阅读的书。因此，主题工具书能帮助成熟的学者，或刚开始研究特定问题的初学者节省许多基本的研究工具，能让他很快进入重点，开始做独立的思考。因为他已经知道前人的思想是什么了。

主题工具书对这种研究型的读者很有帮助，而且对初学者更有助益。主题工具书能从三方面帮助刚开始做研究的人：**启动阅读，建议阅读，指导阅读**。

在启动阅读方面，主题工具书能帮助我们在面对传统经典作品时，克服最初的困难。这些作品都有点吸引力，我们都很想读这些书，但往往做不到。我们听到很多建议，要我们从不同的角度来阅读这样的书，而且有不同的阅读进度，从简单的作品开始读，再进展到困难的作品。但是所有这类阅读计划都是要读完整本书，或是至少要读完其中的大部分内容。就一般的经验来说，这样的解决方案很少能达到预期的效果。

对于这类经典巨著，使用主题阅读再加上主题工具书的帮助，就会产生完全不同的解决方案。主题工具书可以帮读者就他们感兴趣的主题，启动他对一些经典著作的阅读——在这些主题上，先阅读来自大量不同作者的一些比较短的章节。这可以帮助我们在**读完**这些经典著作之前，**先读进去**。

使用主题阅读来阅读经典名著，再加上主题工具书的帮助，还能提供我们许多建议。读者一开始阅读是对某个主题特别感兴趣，但是会逐渐激发出对其他主题的兴趣。而一旦你开始研究某位作者，就很难不去探索他的上下文。就在你明白过来之前，这本书你已经读了一大半了。

最后，主题阅读加上主题工具书，还能从三种不同的方向指导关系。事实上，这是这个层次的阅读最有利的地方。

**第一，**读者阅读的章节所涉及的主题，能够给他一个诠释这些章节的方向。但这并不是告诉他这些章节是什么意思，因为一个章节可能从好几个或许多个方向与主题相关。而读者的责任就是要**找出这个章节与主题真正相关的地方在哪里**。要学习这一点，需要拥有很重要的阅读技巧。

**第二，**针对同一个主题，从许多不同的作者与书籍中收集出来的章节，能帮助读者**强化对各个章节的诠释能力**。有时候我们从同一本书中依照顺序来阅读的章节，以及挑出来比对阅读的章节，相互对照之下可以让我们更了解其中的含意。有时候从不同书中摘出来的章节是互相冲突的，但是当你读到彼此冲突的论点时，就会更明白其中的意义了。有时候从一个作者的书中摘出来的章节，由另一个作者的书的某个章节作补充或评论，实际上可以帮助读者对第二位作者有更多的了解。

**第三，**如果主题阅读运用在许多不同的主题上，当你发现同一个章节被主题工具书引述在许多不同主题之下的时候，这件事情本身就很有指导阅读的效果。随着读者针对不同的主题要对这些章节进行多少不同的诠释，他会发现这些章节含有丰富的意义。这种多重诠释的技巧，不只是阅读技巧中的基本练习，同时也会训练我们的头脑面对任何含义丰富的章节时，能习惯性地作出适当的调整。

因为我们相信，对想做这个层次的阅读的读者来说，无论他是资深的学者或初学者，主题工具书都很有帮助，因此我们称这一阅读层次为主题阅读。我们希望读者能原谅我们一点点的自我耽溺。为了回报您的宽容，我们要指出很重要的一点。

主题阅读可以说有两种，一种是单独使用的主题阅读，一种是与主题工具一起并用。后一种可以当作是构成前一种阅读计划的**一部分**，一开始由这里着手，是最聪明的做法。而前一种主题阅读所应用的范围要比后一种广义许多。

## 构成主题阅读的原则

有些人说主题阅读（就上述广义的定义来说）是不可能做到的事。他们说在一个作者身上强加一套语言，即使是最"中立"的一套词汇（就算真有这回事的话），也是错的。作者本身的词汇是神圣不可侵犯的，因为阅读一本书时绝不能"脱离上下文"，而且将一组词汇转成另一种解释总是很危险的，因为文字并不像数学符号那么容易控制。此外，反对者认为主题阅读牵涉的作者太广，时空不同，基本的风格与性质也不同，而主题阅读就像是将他们都聚在同一个时空，彼此一起讨论——这完全扭曲了事实的真相。每位作者都有自己的天地，虽然同一位作者在不同时空所写的作品之间可能有些联系（他们提醒说即使这样也很危险），但是在这位作者与另一位作者之间却没有明显的联系。最后，他们坚持，作者所讨论的**主题**比不上讨论的**方法**重要。他们说风格代表一个人，如果我们忽略作者是**如何谈一件事**，却只顾他谈的是**什么事**，结果只会两头落空，什么也没了解到。

当然，我们对所有这些指控都不同意，我们要依序回答这些指控。让我们一次谈一个。

首先，是关于**词汇**的问题。否认一个概念可以用不同的**词**

汇来说明，就像否认一种语言可以翻译成另一种语言。当然，这样的否认是刻意制造出来的。譬如最近我们阅读《古兰经》的一个新译本，前言一开始便说要翻译《古兰经》是不可能的事。但是因为译者接着又解释他是如何完成的，所以我们只能假设他的意思是：要翻译这样一本被众人视为神圣的典籍，是一件极为困难的事。我们也同意。不过困难并不代表做不到。

事实上，所谓作者本身的词汇是神圣不可侵犯的说法，其实只是在说要将一种说法翻译成另一种说法是非常困难的。这一点我们也同意。但同样，虽然困难，并非不可能做到。

其次，谈到**作者各自区隔与独立的特性**。这就像说有一天亚里士多德走进我们办公室（当然穿着长袍），身边跟着一位又懂现代英语又懂古希腊语的翻译，而我们却无法听懂他讲什么，他也无法听懂我们讲什么一样。我们不相信有这回事。毫无疑问，亚里士多德对他看到的许多事一定觉得很讶异，但我们确信在十分钟之内，只要我们想，我们就能跟他一起讨论某个我们共同关心的问题。对于一些特定的概念一定会发生困难，但是只要我们能够发现，就能解决。

如果这是可行的（我们不认为任何人会否认），那么让一本书经由翻译——也就是主题阅读的读者——与另一本书的作者"谈话"，并不是不可能的事。当然，这需要很谨慎，而且你要把双方的语言——也就是两本书的内容——了解得越透彻越好。这些问题并非不能克服，如果你觉得无法克服只是在自欺欺人。

最后，谈到风格的问题。我们认为，这就像是说人与人之间无法作理性的沟通，而只能作情绪上的沟通——就像你跟宠物沟通的层次。如果你用很愤怒的腔调对你的狗说："我爱你！"

它会吓得缩成一团,并不知道你在说什么。有谁能说:人与人之间的语言沟通,除了语气与姿势外就没有其他的东西?说话的语气是很重要的——尤其当沟通的主要内容是情绪关系的时候;而当我们只能听(或者看?)的时候,肢体语言中可能就有些要告诉我们的事情。但是人类的沟通,不只这些东西。如果你问一个人出口在哪里?他告诉你沿着B走廊就会看到。这时他用的是什么语气并不重要。他可能对也可能错,可能说实话也可能撒谎,但是重点在你沿着B走廊走,很快就能找到出口了。你知道他说的**是什么**,也照着做了,这跟他**如何**说这句话一点关系也没有。

只要相信翻译是可行的(因为人类一直在做这件事),书与书之间就能彼此对谈(因为人类也一直在这么做)。只要愿意这么做,人与人之间也有理性客观的沟通能力(因为我们能彼此互相学习),所以我们相信主题阅读是可行的。

## 主题阅读精华摘要

我们已经谈完主题阅读了。让我们将这个层次的阅读的每个步骤列举出来。

我们说过,在主题阅读中有两个阶段。一个是准备阶段,另一个是主题阅读本身。让我们复习一下这些不同的步骤:

一、观察研究范围:主题阅读的准备阶段
(1)针对你要研究的主题,设计一份试验性的书目。你可以参考图书馆目录、专家的建议与书中的书目索引。

（2）浏览这份书目上所有的书，确定哪些与你的主题相关，并就你的主题建立起清楚的概念。

二、主题阅读：阅读所有第一阶段收集到的书籍

（1）浏览所有在第一阶段被认定与你主题相关的书，找出最相关的章节。

（2）根据主题创造出一套中立的词汇，带引作者与你达成共识——无论作者是否实际用到这些词汇，所有的作者，或至少绝大部分的作者都可以用这套词汇来诠释。

（3）建立一个中立的主旨，列出一连串的问题——无论作者是否明白谈过这些问题，所有的作者，或者至少大多数的作者都要能解读为针对这些问题提供了他们的回答。

（4）界定主要及次要的议题。然后将作者针对各个问题的不同意见整理陈列在各个议题之旁。你要记住，各个作者之间或之中，不见得一定存在着某个议题。有时候，你需要针对一些不是作者主要关心范围的事情，把他的观点解读，才能建构出这种议题。

（5）分析这些讨论。这得把问题和议题按顺序排列，以求突显主题。比较有共通性的议题，要放在比较没有共通性的议题之前。各个议题之间的关系也要清楚地界定出来。

注意：理想上，要一直保持对话式的疏离与客观。要做到这一点，每当你要解读某个作家对一个议题的观点时，必须从他自己的文章中引一段话来并列。

# 第二十一章　阅读与心智的成长

我们已经完成了在本书一开始时就提出的内容大要。我们已经说明清楚，良好的阅读基础在于主动的阅读。阅读时越主动，就读得越好。

所谓主动的阅读，也就是能提出问题来。我们也指出在阅读任何一本书时该提出什么样的问题，以及不同种类的书必须怎样以不同的方式回答这些问题。

我们也区分并讨论了阅读的四种层次，并说明这四个层次是累积渐进的，前面或较低层次的内容包含在后面较高层次的阅读里。接着，我们刻意强调后面较高层次的阅读，而比较不强调前面较低层次的阅读。因此，我们特别强调分析阅读与主题阅读。因为对大多数的读者来说，分析阅读可能是最不熟悉的一种阅读方式，我们特别花了很长的篇幅来讨论，定出规则，并说明应用的方法。不过分析阅读中的所有规则，只要照最后一章所说的略加调整，就同样适用于接下来的主题阅读。

我们完成我们的工作了，但是你可能还没有完成你的工作。我们用不着再提醒你，这是一本实用性的书，或是阅读这种书的读者有什么特殊的义务。我们认为，如果读者阅读了一本实用的书，并接受作者的观点，认同他的建议是适当又有效的，那么读者一定要照着这样的建议行事。你可能不接受我们所支持的主要目标——也就是你应该有能力读得更透彻——也不同意我们建议达到目标的方法——也就是检视阅读、分析阅读与主题阅读的规则。（但如果是这样，你可能也读不到这一页了。）不过如果你接受这个目标，也同意这些方法是适当的，那你就一定要以自己以前可能从没有经历过的方式来努力阅读了。

这就是你的工作与义务。我们能帮得上什么忙吗？

我们想应该可以。这个工作主要的责任在你——你要做这所有的事（同时也获得所有的利益）。不过有几件关于目标与手段的事情还没谈到。现在就让我们先谈谈后者吧！

## 好书能给我们什么帮助

"手段"（means）这两个字可以解释成两种意义。在前面的章节中，我们将手段当作是阅读的规则，也就是使你变成一个更好的阅读者的**方法**。但是手段也可以解释为**你所阅读的东西**。空有方法却没有可以运用的材料，就和空有材料却没有可以运用的方法一样是毫无用处的。

以"手段"的后一种意思来说，未来提升你阅读能力的手段其实是你将阅读的那些书。我们说过，这套阅读方法适用于任何一本，以及任何**一种**你所阅读的书——无论是小说还是非小说，想象文学还是论说性作品，实用性还是理论性。但是事实上，起码就我们在探讨分析阅读与主题阅读过程中所显示的这套方法**并不适用于所有的书**。原因是有些书根本用不上这样的阅读。

## 第二十一章　阅读与心智的成长

　　我们在前面已经提过这一点了，但我们想要再提一遍，因为这与你马上要做的工作有关。**如果你的阅读目的是想变成一个更好的阅读者，你就不能摸到任何书或文章都读**。如果你所读的书都在你的能力范围之内，你就没法提升自己的阅读能力。你必须能操纵超越你能力的书，或像我们所说的，阅读超越你头脑的书。只有那样的书能帮助你的思想增长。除非你能增长心智，否则你学不到东西。

　　因此，对你来说最重要的是，你不只要能读得好，还要有能力分辨出哪些书能帮助你增进阅读能力。一本消遣或娱乐性的书可能会给你带来一时的欢愉，但是除了享乐之外，你也不可能再期待其他的收获了。我们并不是反对娱乐性的作品，我们要强调的是**这类书无法让你增进阅读的技巧**。只是报导一些你不知道的事实，却没法让你增进对这些事实的理解的书，也是同样的道理。为了讯息而阅读，就跟为了娱乐阅读一样，没法帮助你心智的成长。也许看起来你会以为是有所成长，但那只是因为你脑袋里多了一些你没读这本书之前所没有的讯息而已。然而，你的心智基本上跟过去没什么两样，只是阅读数量改变了，技巧却毫无进步。

　　我们说过很多次，一个好的读者也是自我要求很高的读者。他在阅读时很主动，努力不懈。现在我们要谈的是另外一些观念。你想要用来练习阅读技巧，尤其是分析阅读技巧的书，一定要**对你也有所要求**。这些书一定要看起来是超越你的能力才行。你大可不必担心真的如此，只要你能运用我们所说的阅读技巧，没有一本书能逃开你的掌握。当然，这并不是说所有的技巧可以一下子像变魔术一样让你达到目标。无论你多么努力，总会有些书是跑在你前面的。事实上，这些书就是你要找的书，因为它们能让你变成一个更有技巧的读者。

有些读者会有错误的观念，以为那些书——对读者的阅读技巧不断提出挑战的书籍——都是自己不熟悉的领域中的书。结果一般人都相信，对大多数读者来说，只有科学作品，或是哲学作品才是这种书。但是事实并非如此。我们已经说过，伟大的科学作品比一些非科学的书籍还要容易阅读，因为这些科学作者很仔细地想要跟你达成共识，帮你找出关键主旨，同时还把论述说明清楚。在文学作品中，找不到这样的帮助，所以长期来说，那些书才是要求最多，最难读的书。譬如从许多方面来说，荷马的书就比牛顿的书难读——尽管你在第一次读的时候，可能对荷马的体会较多。荷马之所以难读，是因为他所处理的主题是很难写好的东西。

我们在这里所谈的困难，跟阅读一本烂书所谈的困难是不同的。阅读一本烂书也是很困难的事，因为那样的书会抵消你为分析阅读所作的努力，每当你认为能掌握到什么的时候又会溜走。事实上，一本烂书根本不值得你花时间去努力，甚至根本不值得作这样的尝试。你努力半天还是一无所获。

读一本好书，却会让你的努力有所回报。最好的书对你的回馈也最多。当然，这样的回馈分成两种：第一，当你成功地阅读了一本难读的好书之后，你的阅读技巧必然增进了。第二——长期来说这一点更重要——一本好书能教你了解这个世界以及你自己。你不只更懂得如何读得更好，还更懂得生命。你变得更有智慧，而不只是更有知识——像只提供讯息的书所形成的那样。你会成为一位智者，对人类生命中永恒的真理有更深刻的体认。

毕竟，人间有许多问题是没有解决方案的。一些人与人之间，或人与非人世界之间的关系，谁也不能下定论。这不光在科学与哲学的领域中是如此，因为关于自然与其定律，存在与演变，谁都还没有，也永远不可能达到最终的理解，就是在一些我们熟悉的日常事物，诸如男人与女人，父母与孩子，或上帝与人之间的关系，也都如此。这事你不能想太多，也想不好。伟大的经典就是在帮助你把这些问题想得更清楚一点，因为这些书的作者都是比一般人思想更深刻的人。

## 书的金字塔

西方传统所写出的几百万册的书籍中，百分之九十九都对你的阅读技巧毫无帮助。这似乎是个令人困恼的事实，不过连这个百分比也似乎高估了。但是，想想有这么多数量的书籍，这样的估算还是没错。有许多书只能当作娱乐消遣或接收资讯用。娱乐的方式有很多种，有趣的资讯也不胜枚举，但是你别想从中学习到任何重要的东西。事实上，你根本用不着对这些书做分析阅读。扫描一下便够了。

第二种类型的书籍是可以让你学习的书——学习如何阅读，如何生活。只有百分之一，千分之一，甚或万分之一的书籍合乎这样的标准。这些书是作者的精心杰作，所谈论的也是人类永远感兴趣，又有特殊洞察力的主题。这些书可能不会超过几千本，对读者的要求却很严苛，值得做一次分析阅读——一次。如果你的技巧很熟练了，好好地阅读过一次，你就能获得所有要获得的主要概念了。你把这本书读过一遍，便可以放回架上。你知道你用不着再读一遍，但你可能要常常翻阅，找出一些特定的重点，或是重新复习一下一些想法或片段。（你在这类书中的空白处所做的一些笔记，对你会特别有帮助。）

你怎么知道不用再读那本书了呢？因为你在阅读时，你的心智反应已经与书中的经验合而为一了。这样的书会增长你的心智，增进你的理解力。就在你的心智成长，理解力增加之后，你了解到——这是多少有点神秘的经验——这本书对你以后的心智成长不会再有帮助了。你知道你已经掌握这本书的精髓了。你将精华完全吸收了。你很感激这本书对你的贡献，但你知道它能付出的仅止于此了。

在几千本这样的书里，还有更少的一些书——很可能不到一百种——却是你读得再通，也不可能尽其究竟。你要如何分辨哪些书是属于这一类的呢？这又是有点神秘的事了，不过当你尽最大的努力用分析阅读读完一本书，把书放回架上的时候，你心中会有点疑惑，好像还有什么你没弄清楚的事。我们说"疑惑"，是因为在这个阶段可能仅只是这种状态。如果你确知你错过了什么，身为分析阅读者，就有义务立刻重新打开书来，厘清自己的问题是什么。事实上，你没法一下子指出问题在哪里，但你知道在哪里。你会发现自己忘不了这本书，一直想着这本书的内容，以及自己的反应。最后，你又重看一次。然后非常特殊的事就发生了。

如果这本书是属于前面我们所说第二种类型的书，重读的时候，你会发现**书中的内容好像比你记忆中的少了许多**。当然，原因是在这个阶段中你的心智成长了许多。你的头脑充实了，

## 第二十一章　阅读与心智的成长 | 357

理解力也增进了。书籍本身并没有改变，改变的是你自己。这样的重读，无疑是让人失望的。

但是如果这本书是属于更高层次的书——只占浩瀚书海一小部分的书——你在重读时会发现**这本书好像与你一起成长了**。你会在其中看到新的事物——一套套全新的事物——那是你以前没看到的东西。你以前对这本书的理解并不是没有价值（假设你第一次就读得很仔细了），真理还是真理，只是过去是某一种面貌，现在却呈现出不同的面貌。

一本书怎么会跟你一起成长呢？当然这是不可能的。一本书只要写完出版了，就不会改变了。只是你到这时才会开始明白，你最初阅读这本书的时候，这本书的层次就远超过你，现在你重读时仍然超过你，未来很可能也一直超过你。因为这是一本真正的好书——我们可说是伟大的书——所以可以适应不同层次的需要。你先前读过的时候感到心智上的成长，并不是虚假的。那本书的确提升了你。但是现在，就算你已经变得更有智慧也更有知识，这样的书还是能提升你，而且直到你生命的尽头。

显然并没有很多书能为我们做到这一点。我们评估这样的书应该少于一百本。**但对任何一个特定的读者来说，数目还会更少。**人类除了心智力量的不同之外，还有许多其他的不同。他们的品味不同，同一件事对这个人的意义就大过对另一个人。你对牛顿可能就从没有对莎士比亚的那种感觉，这或许是因为你能把牛顿的书读得很好，所以用不着再读一遍，或许是因为数学系统的世界从来就不是你能亲近的领域。如果你喜欢数学——像达尔文就是个例子——牛顿跟其他少数的几本书对你来说就是伟大的作品,而不是莎士比亚。

我们并不希望很权威地告诉你,哪些书对你来说是伟大的作品。不过在我们的第一个附录中,我们还是列了一些清单,因为根据我们的经验,这些书对许多读者来说都是很有价值的书。我们的重点是,**你该自己去找出对你有特殊价值的书来**。这样的书能教你很多关于阅读与生命的事情。这样的书你会想一读再读。这也是会帮助你不断成长的书。

## 生命与心智的成长

有一种很古老的测验——上一个世纪很流行的测验——目的在于帮你找出对你最有意义的书目。测验是这样进行的:如果你被警告将在一个无人荒岛度过余生,或至少很长的一段时间,而假设你有时间作一些准备,可以带一些实际有用的物品到岛上,还能带十本书去,你会选哪十本?

试着列这样一份书单是很有指导性的,这倒不只是因为可以帮助你发现自己最想一读再读的书是哪些。事实上,和另外一件事比起来,这一点很可能是微不足道的。那件事就是:当你想象自己被隔绝在一个没有娱乐、没有资讯、没有可以理解的一般事物的世界时,比较起来你是否会对自己了解得更多一点?记住,岛上没有电视也没有收音机,更没有图书馆,只有你跟十本书。

你开始想的时候,会觉得这样想象的情况有点稀奇古怪,不太真实。当真如此吗?我们不这么认为。在某种程度上,我们都跟被放逐到荒岛上的人没什么两样。我们面对的都是同样的挑战——如何找出内在的资源，过更美好的人类生活的挑战。

人类的心智有很奇怪的一点，主要是这一点划分了我们心智与身体的截然不同。我们的身体是有限制的，心智却没有限制。其中一个迹象是，在力量与技巧上，身体不能无限制地成长。人们到了30岁左右，身体状况就达到了巅峰，随着时间的变化，身体的状况只有越来越恶化，而**我们的头脑却能无限地成长与发展下去**。我们的心智不会因为到了某个年纪死就停止成长，只有当大脑失去活力，僵化了，才会失去了增加技巧与理解力的力量。

这是人类最明显的特质，也是万物之灵与其他动物最主要不同之处。其他的动物似乎发展到某个层次之后，便不再有心智上的发展。但是人类独有的特质，却也潜藏着巨大的危险。**心智就跟肌肉一样，如果不常运用就会萎缩**。心智的萎缩就是在惩罚我们不经常动脑。这是个可怕的惩罚，因为证据显示，心智萎缩也可能要人的命。除此之外，似乎也没法说明为什么许多工作忙碌的人一旦退休之后就会立刻死亡。他们活着是因为工作对他们的心智上有所要求，那是一种人为的支撑力量，也就是外界的力量。一旦外界要求的力量消失之后，他们又没有内在的心智活动，他们便停止了思考，死亡也跟着来了。

电视、收音机及其他天天围绕在我们身边的娱乐或资讯，也都是些人为的支撑物。它们会让我们觉得自己在动脑，因为我们要对外界的刺激作出反应。但是这些外界刺激我们的力量毕竟是有限的。像药品一样，一旦习惯了之后，需要的量就会越来越大。到最后，这些力量就只剩下一点点，甚或毫无作用了。这时，如果我们没有内在的生命力量，我们的智力、品德与心灵就会停止成长。当我们停止成长时，也就迈向了死亡。

好的阅读，也就是主动的阅读，不只是对阅读本身有用，也不只是对我们的工作或事业有帮助，更能帮助我们的心智保持活力与成长。

# 附录一 建议阅读书目

下面所列举的书单，都是值得你花时间一读的书。我们说"值得你花时间"是很认真的。虽然这些书并不全都是一般人所认为的那种"伟大"，但只要你肯花时间努力，你就能得到回馈。所有这些书都超越了大多数的水平——超出许多。因而这些书会强迫大部分读者作心智上的成长，以了解并欣赏这样的书。当然，如果你想要增进自己的阅读技巧，这样的书就是你该找的书，同时你也会发现在我们文化传统中有过哪些伟大的思想与说法。

就我们在上一章所谈的特殊意义而言有些书特别了不起。每次你重读，都会发现许多新的想法。这些书是可以一读再读，永不会厌倦的。换句话说，这些书——我们不会正确地指出有多少这样的书，也不会指出是哪些书，因为这是由个人判断的——超越过所有读者的水平，就算最有技巧的读者也不能超越这样的书。我们在上一章说过，这些作品就是每个人都该特别努力去研读的书。这些书是真正的伟大作品，任何一个人要去荒岛，都该带着这些书一起去。

这个书单很长，看起来有点难以消受。我们鼓励你不要因为这个书单而觉得为难。一开始，你可能会先要辨识大部分的作者是谁。这里面没什么是一般人难以了解，因而就该冷僻的道理。最重要的是，我们要提醒你，不论基于什么理由，最聪明的做法都是从你最感兴趣的书开始读。我们已经说过许多次，主要的目标是要读得好，而不是要读得广。如果一年当中你读不了几本书，其实不必觉得失望。书单上的书并不是要你在特定时间里读完的。这也不是非要读完所有的书才算完成的挑战。相反，这是一个你可以从容接受的邀请，只要你觉得很自在，任何时候都可以开始。

作者名单是按时间前后顺序排出来的，以他们确实或大约的出生时期为准。一位作者有很多本书时，也是尽可能按作品时间顺序排列的。学者们对每一本书的最早出版时间可能不见得有一致的看法，但这对你来说没什么影响。要记得的重点是：这个书单就像是一个时代的演进表，当然，你用不着依时间先后的顺序来读。你甚至可以从最近出版的一本书来读，再回溯到荷马及《旧约》。

我们并没有把每一位作者所有的书都列出来。通常我们都只挑选比较重要的作品，以论说性作品而言，我们挑选的根据是尽可能表现一位作者在不同学习领域里作了哪些贡献。在另外一些例子中，我们会列举一位作者的几部作品，然后把其中特别重要又有用的书用括号标示出来。

要拟这份书单，最困难的总是跟当代作品有关的部分。作者越接近我们的年代，越难作很公正的评断。时间能证明一切是句好话，但我们不想等那么久。因此对现代的作者或作品，我们预留了一些不同观点的空间，因此在我们书单比较后面部分的书，我们不敢说前面那些书公认的地位。

对前面部分的书，可能也有人有些不同的观点，因为我们没有列入某些作品，可能会认为我们在挑选时有偏见。在某些例子中，我们承认自己是有些偏见。这是我们开的书单，自然会跟别人开的书单有点不同。不过如果任何人想要认真地研拟一份值得一生阅读的好书书单，以增进阅读能力的话，其间的差别应该不会太大才对。当然，最后你还是要自己拟出一份书单，然后全力以赴。无论如何，在你列出自己的书单之前，先看一份被一致公认为好书的书单，是很聪明的做法。这份书单是一个可以开始的地方。

我们还要提出一个疏漏之处，这可能会让一些不幸的读者觉得很受打击。这份书单只列出了西方的作品，不包括中国、日本或印度的作品。我们这么做有几个理由。其中一个是我们对西方传统文化以外的文化并不十分在行，我们建议的书单也不会有什么分量。另一个原因是东方并不像西方这样是单一的传统，我们必须要明白所有的东方文化传统之后，才能将这份书单拟好。而很少有学者能对所有的东方文化都有深刻的了解。第三，在你想要了解其他世界的文化之前，应该要先了解自己的文化。现代有许多人试着要读《易经》或《薄伽梵歌》（*Bhagavad-Gita*），都觉得很困难，不只是因为这样的书本身就很难懂，也因为他们并没有先利用自己文化中比较容易理解的书——他们比较容易接近的书——把阅读技巧练习好。

还有另外一个疏忽之处要提提。虽然是一份书单，其中主要以抒情诗诗人为人熟知的作者却没几位。当然，书单中另外有些作者也写抒情诗，但他们较为人知的是一些较长的其他著作。这方面不该当作是我们对抒情诗有偏见。读诗，我们认为从一本好的合选集开始阅读，会比从某一位作者的个人选集开始要好得多。帕尔格雷夫（Palgrave）编辑的《英诗金库》（*The Golden Treasury*）及《牛津英诗选》（*The Oxford Book of English Verse*）是最好的入门书。这些老的诗选应该要有现代人做增补的工作——像塞尔登·罗德曼（Selden Rodman）的《现代诗一百首》（*One Hundred Modern Poems*），这本书用很有趣的概念，广泛收集了当代随手可得的英诗。因为阅读抒情诗需要特殊的技巧，我们也介绍了其他相关的指导书籍——像马克·范多伦的《诗歌入门》（*Introduction to Poetry*），是一本合选集，同时也包含了一些短论，谈到如何阅读许多有名的抒情诗。

我们依照作者及书名将书单列出来，却没有列出出版者及特殊的版本。书单上几乎所有的书都可以在书店中找到，有许多出了不同的版本，平装或精装都有。不过，如果哪位作者或哪本作品已经收录进我们自己所编辑的两套书，那就会特别标示出来。其中出现在《西方世界的经典名著》（*Great Books of the Western World*）中的，打一个星号；出现在《名著入门》（*Gateway to the Great Books*）中的，打两个星号。

1. 荷马（公元前9世纪？）
   *《伊利亚特》
   *《奥德赛》
2. 《旧约》
3. 埃斯库罗斯（公元前525—前456）
   *悲剧
4. 索福克勒斯（公元前495—前406）

＊悲剧

5. 希罗多德（公元前484—前425）

   ＊《历史》

6. 欧里庇得斯（公元前485—前406）

   ＊悲剧

   （特别是《美狄亚》、《希波利图斯》、《酒神的女祭司们》）

7. 修昔底德（公元前460—前400）

   ＊《伯罗奔尼撒战争史》

8. 希波克拉底（公元前460—前377？）

   ＊医学著作

9. 阿里斯托芬（公元前448—前380）

   ＊喜剧

   （特别是《云》、《鸟》、《蛙》）

10. 柏拉图（公元前427—前347）

    ＊对话录

    （特别是《理想国》、《会饮篇》、《斐多篇》、《美诺篇》、《申辩篇》、《斐德若篇》、《诡辩篇》、《高尔吉亚篇》、《智者篇》、《泰阿泰德篇》）

11. 亚里士多德（公元前384—前322）

    ＊著作

    （特别是《工具论》、《物理学》、《形而上学》、《灵魂论》、《尼各马可伦理学》、《政治学》、《修辞学》、《诗学》）

12. ＊＊伊壁鸠鲁（公元前341—前270）

    《致希罗多德的信》、《致美诺西斯的信》

13. 欧几里得（活跃于公元前300）

*《几何原理》

14. 阿基米德（公元前287—前212）

    * 著作

    （特别是《论平面图形的平衡》、《论浮体》、《沙粒的计算》）

15. 佩尔加的阿波罗尼乌斯（活跃于公元前240）

    *《圆锥曲线论》

16. ** 西塞罗（公元前106—前43）

    著作

    （特别是《演说集》、《论友谊》、《论老年》）

17. 卢克莱修（公元前95—前55）

    *《物性论》

18. 维吉尔（公元前70—前19）

    * 著作

19. 贺拉斯（公元前65—前8）

    著作

    （《颂歌与长短句》、《诗艺》）

20. 李维（公元前59—公元17）

    《罗马史》

21. 奥维德（公元前43—公元17）

    著作

    （特别是《变形记》）

22. ** 普鲁塔克（公元45—120）：

    *《希腊罗马名人传》

23. ** 塔西佗（55—117）

    *《历史》

*《编年史》

《农业志》

《日耳曼尼亚志》

24. 杰拉什的尼各马可（活跃于公元100）

*《数学入门》

25. **爱比克泰德（60—120）

*论说集

《道德手册》

26. 托勒密（100—178；活跃于127—151）

*《天文学大成》

27. **卢西安（120—190）

著作

（特别是《历史写作方法》、《真实的故事》、《待售的哲学》）

28. 马尔库斯·奥勒留（121—180）

*《沉思录》

29. 盖伦（130—200）

*《论自然机能》

30. 《新约》

31. 普罗提诺（205—270）

*《九章集》

32. 圣奥古斯丁（354—430）

著作

（特别是《论教师》、*《忏悔录》、*《上帝之城》、*《基督教教义》）

33. 罗兰之歌（12世纪？）

34. 尼布龙根之歌（13世纪？）
35. 萨加（北欧神话）
36. 托马斯·阿奎那（1225—1274）
    *《神学大全》
37. **但丁（1265—1321）
    著作
    （特别是《新生》、《论世界帝国》、《神曲》）
38. 乔叟（1340—1400）
    著作
    （特别是*《特洛伊罗斯与克丽希达》、*《坎特伯雷故事集》）
39. 达芬奇（1452—1519）
    《笔记》
40. 马基雅维里（1469—1527）
    *《君主论》
    《论李维前十书》
41. 伊拉斯谟（1469—1536）
    《愚人颂》
42. 哥白尼（1473—1543）
    *《天体运行论》
43. 托马斯·莫尔（1478—1535）
    《乌托邦》
44. 马丁·路德（1483—1546）
    《三檄文》
    《席间谈》

45. 拉伯雷（1495—1553）
    *《巨人传》
46. 约翰·加尔文（1509—1564）
    《基督教教义》
47. 蒙田（1533—1592）
    *《随笔》
48. 威廉·吉尔伯特（1540—1603）
    *《磁石论》
49. 塞万提斯（1547—1616）
    *《堂吉诃德》
50. 埃德蒙·斯宾塞（1552—1599）
    《婚前曲》
    《仙后》
51. ** 弗兰西斯·培根（1561—1626）
    《随笔》
    《学术的进步》
    《新工具》
    《新大西岛》
52. 莎士比亚（1564—1616）
    * 著作
53. ** 伽利略（1564—1642）
    《星际使者》
    *《论两种新科学及其数学演化》
54. 开普勒（1571—1630）
    *《哥白尼天文学概要》

《论世界的和谐》

55. 威廉·哈维（1578—1657）

　　*《动物的心血运行论》

　　*《论血液循环》

　　*《论动物的生殖》

56. 托马斯·霍布斯（1588—1679）

　　*《利维坦》

57. 勒内·笛卡尔（1596—1650）

　　*《指导心智的规则》

　　*《论方法》

　　*《几何学》

　　*《第一哲学沉思录》

58. 约翰·弥尔顿（1608—1674）

　　著作

　　（特别是*短诗，*《论出版自由》、*《失乐园》、*《力士参孙》）

59. **莫里哀（1622—1673）

　　喜剧

　　（特别是《守财奴》、《太太学堂》、《恨世者》、《讨厌自己的医生》、《答丢夫》，等等

60. 帕斯卡尔（1623—1662）

　　*《致外省人信札》

　　*《思想录》

　　*《科学论文》

61. 克里斯蒂安·惠更斯（1629—1695）

*《光学论》

62. 斯宾诺莎（1632—1677）
    *《伦理学》

63. 约翰·洛克（1632—1704）
    *《论宽容》
    *《政府论》
    *《人类理解论》

64. 让-巴蒂斯特·拉辛（1639—1699）
    悲剧
    （特别是《昂朵马格》、《费德尔》等）

65. 牛顿（1642—1727）
    *《自然哲学的数学原理》
    *《光学》

66. 莱布尼茨（1646—1716）
    《形而上学序论》
    《人类理智新论》
    《单子论》

67. ** 丹尼尔·笛福（1660—1731）
    《鲁滨逊漂流记》

68. ** 乔纳森·斯威夫特（1667—1745）
    《木桶的故事》
    《致斯黛拉小札》
    *《格列弗游记》
    《一个小小的建议》

69. 威廉·康格里夫（1670—1729）

《如此世道》

70. 乔治·贝克莱（1685—1753）

 *《人类知识原理》

71. 亚历山大·蒲伯（1688—1744）

 《论批评》

 《鬈发历劫记》

 《论人》

72. 孟德斯鸠（1689—1755）

 《波斯人信札》

 *《论法的精神》

73. **伏尔泰（1694—1778）

 《英国书简》

 《赣第德》

 《哲学词典》

74. 亨利·菲尔丁（1707—1754）

 《约瑟夫·安德鲁斯》

 *《汤姆·琼斯》

75. **塞缪尔·约翰逊（1709—1784）

 《人类希望的虚妄》

 《英语词典》

 《拉塞拉斯》

 《诗人传》

76. **大卫·休谟（1711—1776）

 《人性论》

 《道德和政治论文集》

*《人类理解研究》

77. **让-雅克·卢梭（1712—1778）

*《论人类不平等的起源和基础》

*《论政治经济学》

《爱弥儿》

*《社会契约论》

78. 劳伦斯·斯特恩（1713—1768）

*《特里斯特拉姆·香第》

《多情客游记》

79. 亚当·斯密（1723—1790）

《道德情操论》

*《国富论》

80. **康德（1724—1804）

*《纯粹理性批判》

*《道德形而上学原理》

*《实践理性批判》

*《法的形而上学原理：权利的科学》

*《判断力批判》

《永久和平论》

81. 爱德华·吉朋（1737—1794）

*《罗马帝国衰亡史》

*《自传》

82. 詹姆斯·鲍斯韦尔（1740—1795）

《日记》

（特别是伦敦日记）

*《约翰逊博士传》

83. 拉瓦锡（1743—1794）
    *《化学原理》

84. 约翰·杰（1745—1829）、詹姆斯·麦迪逊（1751—1836）、亚历山大·汉密尔顿（1757—1804）
    *《联邦党人文集》
    （连同《邦联和永久联合条例》、《美国宪法》、《独立宣言》）

85. 杰里米·边沁（1748—1832）
    《道德与立法原理导论》
    《虚构理论》

86. 歌德（1749—1832）
    *《浮士德》
    《诗与真》

87. 让-巴普蒂斯特·约瑟夫·傅立叶（1768—1830）
    *《热的分析理论》

88. 黑格尔（1770—1831）
    《精神现象学》
    *《法哲学原理》
    *《历史哲学讲演录》

89. 威廉·华兹华斯（1770—1850）
    诗
    （特别是《抒情歌谣集》、《露茜组诗》、《十四行诗》、《序曲》）

90. 塞缪尔·柯勒律治（1772—1834）
    诗
    （特别是《忽必烈汗》、《古舟子咏》）

《文学传记》

91. 简·奥斯丁（1775—1817）

    《傲慢与偏见》

    《爱玛》

92. ** 卡尔·冯·克劳塞维茨（1780—1831）

    《战争论》

93. 司汤达（1783—1842）

    《红与黑》

    《帕玛修道院》

    《爱情论》

94. 拜伦（1788—1824）

    《唐璜》

95. ** 叔本华（1788—1860）

    《悲观论集》

96. ** 法拉第（1791—1867）

    《蜡烛的化学史》

    *《电学实验研究》

97. ** 查尔斯·莱尔（1797—1875）

    《地质学原理》

98. 奥古斯特·孔德（1798—1857）

    《实证哲学》

99. ** 巴尔扎克（1799—1850）

    《高老头》

    《欧也妮·葛朗台》

100. ** 拉尔夫·瓦尔多·爱默生（1803—1882）

《代表人物》

《随笔》

《日记》

101.** 纳撒尼尔·霍桑（1804—1864）

《红字》

102.** 阿列克西·德·托克维尔（1805—1859）

《论美国的民主》

103.** 约翰·斯图尔特·密尔（1806—1873）

《逻辑体系》

*《论自由》

*《代议制政府》

*《功利主义》

《论妇女的屈从地位》

《自传》

104.** 查尔斯·达尔文（1809—1882）

*《物种起源》

*《人类的由来》

《自传》

105.** 查尔斯·狄更斯（1812—1870）

著作

（特别是《匹克威克外传》、《大卫·科波菲尔》、《艰难时世》）

106.** 克劳德·贝尔纳（1813—1878）

《实验医学研究导论》

107.** 亨利·大卫·梭罗（1817—1862）

《论公民的不顺从》

《瓦尔登湖》

108. 卡尔·马克思（1818—1883）

*《资本论》

（连同*《共产党宣言》）

109. 乔治·爱略特（1819—1880）

《亚当·贝德》

《米德尔马契》

110. **赫尔曼·麦尔维尔（1819—1891）

*《莫比·迪克》（白鲸记）

《比利·巴德》

111. **陀思妥耶夫斯基（1821—1881）

《罪与罚》

《白痴》

*《卡拉马佐夫兄弟》

112. **古斯塔夫·福楼拜（1821—1880）

《包法利夫人》

《三故事》

113. **亨利克·易卜生（1828—1906）

戏剧

（特别是《海达·高布乐》、《玩偶之家》、《野鸭》）

114. **列夫·托尔斯泰（1828—1910）

*《战争与和平》

《安娜·卡列尼娜》

《何谓艺术？》

《二十三个故事》

115. ** 马克·吐温（1835—1910）

    《哈克贝利·芬历险记》

    《神秘陌生人》

116. ** 威廉·詹姆斯（1842—1910）

    *《心理学原理》

    《宗教经验之种种》

    《实用主义》

    《彻底经验主义论文集》

117. ** 亨利·詹姆斯（1843—1916）

    《美国人》

    《奉使记》

118. 尼采（1844—1900）

    《查拉图斯特拉如是说》

    《超越善恶》

    《道德谱系学》

    《强力意志》

119. 朱尔·亨利·彭加勒（1854—1912）

    《科学与假设》

    《科学与方法》

120. 西格蒙德·弗洛伊德（1856—1939）

    *《释梦》

    *《精神分析引论》

    *《文明及其不满》

    *《精神分析引论新编》

121. 萧伯纳（1856—1950）
    戏剧（以及前言）
    （特别是《人与超人》、《芭芭拉少校》、《恺撒和克莉奥佩特拉》、《卖花女》、《圣女贞德》）

122. ** 马克斯·普朗克（1858—1947）
    《量子理论的起源和发展》
    《科学往何处去？》
    《科学自传》

123. ** 亨利·柏格森（1858—1941）
    《时间与自由意志》
    《物质与记忆》
    《创造进化论》
    《道德和宗教的两个来源》

124. ** 约翰·杜威（1859—1952）
    《我们怎样思想？》
    《民主与教育》
    《经验与自然》
    《逻辑：探索的理论》

125. ** 阿尔弗雷德·诺思·怀特海（1861—1947）
    《数学导论》
    《科学与近代世界》
    《教育的目标及其他论文》
    《观念的探险》

126. ** 乔治·桑塔亚那（1863—1952）
    《理性的生活》

《怀疑主义与动物信仰》

《人与地》

127. 尼古拉·列宁（1870—1924）

《国家与革命》

128. 普鲁斯特（1871—1922）

《追忆似水年华》

129. ** 伯特兰·罗素（1872—1970）

《哲学问题》

《心的分析》

《意义和真理的探究》

《人类知识：其范围和限度》

130. ** 托马斯·曼（1875—1955）

《魔山》

《约瑟和他的兄弟们》

131. ** 阿尔伯特·爱因斯坦（1879—1955）

《相对论的意义》

《论理论物理学的方法》

《物理学的进化》（与L.英菲尔德合著）

132. ** 詹姆斯·乔伊斯（1882—1941）

《都柏林人》中的一篇《死者》

《一个青年艺术家的画像》

133. 雅克·马利坦（1882—1973）

《艺术与经院哲学》

《知识的等级》

《人权和自然法》

《真正的人道主义》

134. 弗朗兹·卡夫卡（1883—1924）

《审判》

《城堡》

135. 阿诺德·汤因比（1889—1975）

《历史研究》

《文明在考验中》

136. 让-保罗·萨特（1905—1980）

《恶心》

《无处可逃》

《存在与虚无》

137. 索尔仁尼琴（1918—2008）

《第一圈》

《癌病房》

# 附录二　四种层次阅读的练习与测验

## 前言

这个附录提供了极为精简的文章,读者可以自己做阅读练习,或是像读书会一样做小组的阅读练习。当然,这些习题不能像某些参考书一样,提供详尽完整的练习,但是却能告诉你基本的练习模式,同时找出所有的答案。

针对四种不同的阅读层次,这个附录含有简短的练习与问题测验:

第一层次的阅读——基础阅读——这是两位作者的传记,约翰·斯图亚特·密尔及牛顿,这两篇文章都收在《西方世界的经典名著》中。

第二层次的阅读——检视阅读——这是两本书的目录,但丁的《神曲》与达尔文的《物种起源》,收录于《西方世界的经典名著》。

第三层次的阅读——分析阅读——出自本书的内容。

第四层次的阅读——主题阅读——这是由两本书中摘要出来的章节,亚里士多德的《政治学》及卢梭的《社会契约论》,均收录于《西方世界的经典名著》。

读者可能会发现，比起后两种层次的阅读，前两种层次阅读中的例子比较熟悉，也比较传统。这个附录没法和复杂的参考书相提并论，只是把各种不同层次的阅读，以及各种不同书籍区分得清楚明显而已。这个附录并不能算是一种综合又密集的练习手册。

　　一般人批评阅读测验练习的理由很多：没有科学标准；有文化的歧视性；这些测验并不能预期学业上或事业上的成功与否；这些问题通常包含了一个以上的适当答案或"正确"答案；种种理由都在说明拿这样的测验来做评分标准是很武断的。

　　许多类似的批评理由都成立，尤其是某些重要的决策，诸如学校的评分标准或对学生的评估，关于员工的雇用机会，如果完全采用这类测验的结果为依据的话。然而，许多这类测验确实能有效地区分出不同层次的能力，也会持续广泛运用在判断个人学业或工作的倾向上。就算没有其他的理由，光是这种测验本身能让读者熟悉一些阅读技巧，也就值得一试了。

　　要特别提醒的是，大部分这种阅读测验的文章，基本上都是为了测验题目而挑选出来的。因而大部分文章互相没有关联，只是一些片段而已——一些科技上的知识或是一些讯息。

　　在这个附录中，虽然只是一些范本，强调的重点却大不相同。这些文章不只是可供测验之用，实际上也值得一读。事实上，任何人想要超越阅读的第一个层次，这些文章都是不可或缺的读物。这些挑选出来的文章，根据文章所设定的问题，都是提升阅读能力的工具。

　　接下来要说明的是这些问题的形式。一般来说，这样的测验中包含了许多不同的问题。当然，短文式的问题，要求受测者回答的也是他所阅读过的某种声明。多重选择题的形式也有很多种，通常是整组出现的问题。有时候测验中会出现一连串的声明，受测者要能指出哪一种声明最能诠释主旨或文中含意。另外有些问题是针对文中的某个细节，让读者作选择，其中只有一个是合理或比较适合的答案。还有一种方式是只有一个答案是不正确的，其他的都正确。这些问题也可能是一段原文的引述，看看读者是否注意到或记得这段文字。有时候一个问题可能会引用原文，或是直接取用原文，让读者在这段声明中发现一些空白处，看看删掉了哪一两个字。还有一些是选择题，让读者从中选择其一，使这段叙述变得很完整。

　　大部分问题可以从文章中直接找到答案。但有些问题要求读者运用他所知的其他资料，才能作出正确的回答。还有些问题是推论的：先从文章中引出一些推论的问题，然后要受测者从一堆推论中找出哪些出自文章之中，或是要他辨认或删除一些假的，或与文章无关的推论。

　　如果一个人要设计的是某种标准测验，可以广泛运用在学业或工作上的严格评估，那么问题的选择与问题本身的形式也就更严格了。幸好在这个附录中，我们用不着面对这样的问题。相对而言，我们只是要提出一些建议，试着帮助一些自己练习阅读的人增进他们的阅读技巧。我们所用的形式大多是我们刚描述过的形式——不像通常分隔成一组组的形式——再加上一些其他的问题类型。有些很简单，有些则很困难。要找出这类难题的答案，其实才是最有趣的地方。

　　因为有些问题非常困难——这是我们故意设计出来的，目的在于刺激你回想曾经读过的文章——所以我们的答案也比平常会出现的答案短,又比较晦涩难懂。尤其是在这附录中最后一部分的问题都是如此,那是主题阅读的部分。现在,我们冒昧地引导着读者,设计出一些问题来,这些问题可以当作对文章本身的诠释,而且尽可能写出答案,就像我们亲临考场一样。

## 第一个阅读层次的练习与测验:基础阅读

这是两篇简短的人物素描。一篇是有关密尔的生活,另一篇是关于牛顿的。密尔的传记先上场,不过当然牛顿的时期比他早了两个世纪。

这篇密尔的传记取材自《西方世界的经典名著》第43册。除了独立宣言、邦联条例、美国宪法与汉密尔顿、麦迪逊与杰伊的《联邦党人文集》——这些是美国立国的基本文献——之外,这一册还包括了密尔所完成的三件作品:《论自由》(*On Liberty*)、《代议制政府》(*Representative Government*)及《功利主义》(*Utilitarianism*)。这三部是密尔伟大的作品,但却并没有耗尽他的写作才华。譬如像《妇女的屈从地位》(*The Subjection of Women*)一书,是当代非常感兴趣的书。这不只是因为密尔是西方历史上第一个拥护女权的人,也因为文章的锐利风格吸引人,同时对男女之间的关系还表达出了超越时空的深刻洞察。

在第一种层次的阅读中,速度不是基本的问题。密尔的生活传记约有1200字长。我们建议你用自己觉得舒服的速度来阅读——大约六到十分钟。我们也建议你将特别感兴趣的句子或段落圈出来,或记一些笔记,然后试着回答我们附加的问题。

## 密尔（John Stuart Mill，1806-1873）

密尔在他的自传中说过，他在心智上的发展主要是受到两个人的影响：他的父亲詹姆斯·密尔，及他的妻子。

詹姆斯·密尔为他的儿子精心设计了包罗万象的教育课程，这是根据爱尔维修（Helvétius）与边沁（Bentham）的理论所设计的。那就像是一本百科全书，让密尔在13岁时就已经完成了大学教育所教导的学科。这位父亲就像这个男孩的教师，而且经常陪伴着他。他让密尔跟他在同一个房间里工作，甚至当他写《印度史》（History of India）、《大英百科全书》（Encyclopaedia Britannica）时，也让密尔进来打扰他。稍后密尔形容这样的结果，是让他"成为一个'制造'出来的人，一些特定的观点牢牢附着在我身上，我所能做的只是重复这些观点"。

这样的教育是从3岁开始的，一开始学的是希腊文与算术。到了8岁时，密尔已经读完了希罗多德的全集，六本柏拉图的对话录及相当多的历史书。在12岁之前，他研读欧几里得与代数、希腊与拉丁诗人及一些英国诗。他对历史的兴趣持续下去，他甚至试着要写一本有关罗马政府的书。12岁时，他开始学亚里士多德的《工具论》中的逻辑观，还有一些拉丁学者对这主题的教学手册。在他父亲教导他的最后一年，也就是他13岁时，主力放在政治经济学。这个儿子长大之后，提到这一点对他的著作《政治经济学原理》（Elements of Political Economy）有很大的帮助。接下来他的教育有一段时间是由父亲的朋友们来教导的，跟着奥斯汀（Austin）读法律，李嘉图（Ricardo）念经济。最后他以读边沁有关立法的论文完成自己的教育。他觉得这些书给他"一种信条、学说、哲学……与宗教",让他变成一个"不一样的人"。

虽然密尔从未正式与父亲断绝关系,但是到了20岁时,他产生了心理"危机"。那是从一个出现在他心里的问题开始的:"假设你生命中所有的目标都实现了,假设所有你期望的制度与思想的改变在此刻都发生了,这对你来说是不是极大的喜悦与幸福?"他说一种"不可抑制的自觉清楚地回答说:'不!'"结果他被忧郁症纠缠了好几年。后来首先让他破茧而出的是一本马蒙特尔(Marmontel)的《回忆录》(*Mémoires*):"我……读到他父亲去世的那一段。全家人都很悲痛,但突然间他受到启发,他不过是个小男孩,但他觉得,也让家人觉得他就是全家人的依靠了——他会提供所有他们失去的一切。"他被这一段景象感动得落泪了,从那一刻起,他的"重担减轻了"。

从17岁开始,密尔就在东印度公司工作以养活自己。他的父亲是那里的官员。虽然一开始他只是个普通职员,很快就晋升为助理审察员(assistant-examiner),一直做了20年。从他父亲去世的那一年,1836年,到整个公司的业务被英国政府收回为止,他主管的都是与印度的关系,让他对政府的问题有更广泛的实际经验。除了日常工作外,他还参与许多活动,准备重整公共舆论的法规。他,他的父亲,与他们的朋友形成一个人称为"哲学激进派"(philosophical radicals)的团体,他们所领导的一个辩论会带动了1832年的法案修正。密尔积极揭发他认为违背国会公正原则与法庭正义的事。他经常替对"激进派"很友善的报纸写稿,帮助成立并编辑《西敏寺评论》

（*Westminster Review*），当作是"激进派"的一个组织。他还参与了几个阅读与辩论的协会，讨论当代的知性与社会问题。

这些活动并没有妨碍他追求自己感兴趣的知识。他编辑了边沁的《司法审判证据的原理》（*Rationale of Judicial Evidence*）。他还学习逻辑与科学，希望能用科学的归纳性原理以调整三段论的逻辑，他还出版了《逻辑体系》（*System of Logic*）一书。在这同时，他继续探讨经济的问题。最早写出来的作品是《论政治经济学的若干未定问题》（*Essays on Some Unsettled Questions in Political Economy*），后来又写成系统化的论文《政治经济学原理》（*Principles of Political Economy*，1848）。

他将这些年的发展与贡献归功于他与哈丽雅特·泰勒（Harriet Taylor）女士的交往，她在1851年时成为他的妻子。密尔是在二十年前，他刚得忧郁症的"危机"时期不久认识她的。他对她影响自己作品这方面的贡献赞誉有加。虽然在他结婚的七年当中，他的出版品比过去少了许多，但他的思想更透彻了，也开始写作一生最重要的一些作品，包括《论自由》（1859）、《关于议会重组的思考》（*Thoughts on Parliamentary Reform*），后来这本书就改写成为《代议制政府》（1861），以及《功利主义》（1863）。他推崇她让他了解到人性中抽象的一面，这重新整合了他的主张。她去世后，他说道："她的回忆对我来说是一种宗教，她认可的标准总括来说都是值得尊敬的事，我会尽力去调整我的生活。"

密尔将余生大部分时间贡献在政治活动上。除了写作之外，他还是第一个女性投票权组织的创始者。1865年，他当选为国会议员。他是工党的激进派分子，在讨论迪斯雷利（Disraeli）的修正法上扮演了积极的角色，并鼓吹他长期研究的一些议案，像女性代议制、伦敦政府的重组、改变在爱尔兰占据的土地权。主要因为他支持的都是些不受欢迎的议案，所以他没有再被选为国会议员。他退休后住在亚维农的农庄中，这处农庄原本就是为了让他能接近妻子的墓园而建造的。1873年5月8日，他在农庄中去世。

注意：这个测验里的问题并非全是同一种类型，有些是多重选择题，有些是申论题。有些问题牵涉到一些并未在本文中出现的资讯——擅长阅读的人能从其他阅读中找到的背景资料。你要把所有你觉得好像正确的答案都选出来——无论是文章中明说还是隐含的，无论是你根据基本的逻辑还是你个人已经知道的背景资料。

**测验一：约翰·斯图尔特·密尔传的问题**

（1）在密尔的后半生，英国被谁统治着？（a）乔治四世（b）威廉四世（c）维多利亚女王（d）爱德华七世。

（2）密尔的早年教育大半是被谁设计出来的？（a）边沁（b）他的父亲詹姆斯·密尔（c）他父亲所编写的《大英百科全书》（d）马蒙特尔的《回忆录》。

（3）密尔8岁的时候，读了（a）希罗多德（b）柏拉图的六部对话录（c）林肯的盖茨堡宣言。

（4）密尔到东印度公司工作以养活自己，当时他几岁？（a）14（b）17（c）21（d）25。

（5）在20岁时，密尔经历了（a）与父亲争吵（b）心理上的危机（c）心理上的"危机"（d）与一个已婚的妇人有婚外情。

（6）密尔，他父亲，他们的朋友们自称为"哲学激进派"，因为他们相信（a）用暴力推翻政府（b）必须由国会议员来重组政府（c）大学课程中应该删掉哲学课。

（7）在密尔年轻时所读的书中，哪几位作者对他的影响最大？（a）亚里士多德（b）杜威（c）李嘉图（d）边沁。

（8）以下几本密尔的著作中，哪一本没有出现在本文中？（a）论自由（b）代议制政府（c）功利主义（d）女性的屈从地位。

（9）如果密尔活在今天，他会不会做以下的事？

（a）女权运动的支持者　　　会　　不会

（b）支持全民教育　　　　　会　　不会

（c）主张种族隔离主义　　　会　　不会

（d）强烈主张新闻审查制度　会　　不会

（10）从文中可以推测密尔认为他的妻子（哈丽雅特·泰勒女士），在他们的婚姻期间与她去世之后，都是他的（a）严格的批评者（b）最好的朋友（c）最伟大的敌人（d）缪思女神。

——————答案请见本书第413\*页"测验一"答案栏

对当前的学者与科学史学家来说，艾塞克·牛顿爵士是位极为有趣的人物。这有两个原因。第一个是老生常谈的理由。像伽利略或牛顿这样的人，能将分析与实验结合起来——能结合理论与系统化的观察来解说自然的现象——开创了思想上的

———————
\* 此指原书页码，参见中文版边码。下同。——编者

革命，引导我们进入现代科学的世界。不只是因为他们发现了物理世界的真相，而且这些发现一直是至关重大的，更重要的是，他们发展出研究自然的新法则，被证明为在各种学术研究中都极为有用。

我们说过，这些都是老生常谈的理由。关于牛顿的一生及其成就，几个世纪以来人们已经耳熟能详。近年来，牛顿更成为全世界研究天才特质的焦点。科学与文学界的学者及学生不断将一些作者及科学家作伟大等级的排列，或是将这些人从卓越排名到天才。而大量研究结论指出牛顿是个超级天才——有史以来最聪明的人。描述天才特质与成因的研究有很多。早熟，专心一致的能力，强烈的直觉力，精确的分析理解力——这些术语都是用来形容天才的。这些形容词似乎全都适用于牛顿。

以下的牛顿传记速写取材自《西方世界的经典名著》第34册。那一册也包括了牛顿的《自然哲学的数学原理》（通常称作牛顿原理）与他的《光学》。另外还包括了荷兰的物理学家克里斯蒂安·惠更斯（Christiaan Huygens）的《光论》（Treatise on Light）。牛顿传比密尔传稍长一点，因此要花上十到十二分钟来阅读。跟以上一篇一样，把最重要的段落圈出来，作笔记，然后试着回答问题。

## 牛顿（Sir Isaac Newton, 1642—1727）

1642年圣诞节那一天，牛顿出生于林肯郡的沃雪浦（Woolsthorpe）。他的父亲是一个卑微的农夫，在他出生几个月之前就死了。1645年，他的母亲再嫁给北威斯敏地区的牧师，牛顿被留下来跟着外婆住在沃雪浦。在邻近的一所小学里受过基础教育后，12岁时，牛顿进入葛森姆文法学校，住在一位药剂师的家中。根据他自己的说法，一开始他是个心不在焉的学生，直到有一次跟一个男孩吵起来，激起了他的竞争心，使他成为班上的第一名。他很早就表现出对机械设计的天赋与判断力，他做出了风车、水表、风筝、日晷，还有人说他发明了一种由骑士所带动的四轮马车。

1656年，牛顿的母亲在第二任丈夫去世之后，又回到沃雪浦，并要大儿子从学校回家，好准备接管农庄的事。但是她很快就知道他的兴趣不在农事，因此在他的叔叔，布登可格里斯的牧师建议之下，他被送到剑桥的三一学院。1661年他被正式录取时，跟其他一些男孩一样，要在学校做些杂事以支付学费。虽然学校并没有关于他就学时的正式记录，但是大家都知道他读了很多数学与机械的书。他在剑桥一开始读的是开普勒有关光学的作品，后来又回到欧几里得，因为他很困扰自己不能理解他在市集中买到的一本天文学书中某些特定的图表。等他发现书里一些命题不证自明，就当作是"一本无聊的书"扔到一边。直到他的老师，艾塞克·巴罗（Isaac Barrow）督促他再拿起来研究，他才又继续下去。他似乎是因为研究过笛卡尔的《几何学》，才启发他开始做原创性的数学工作。牛顿还是大学生的时候，有一本很普通的小本子，其中记录了关于尖角面积与四方形的曲线的文字，还有一些关于音符的估算，维耶达（Vieta）及范史考顿（Van Schooten）的几何问题，关于沃利斯（Wallis）《无穷大算术》（*Arithmetic of Infinities*）的注解，此外再加上一些对折射现象的观察，对磨光的球状光学镜片的看法、镜片出现误差的看法及各种开方根的方法。1665年，大约在他拿学士学位的时期，牛顿发现了二项式原理，第一次就记在他所发现的"流数法"（method of fluxions）*旁边。

1665年，大瘟疫从伦敦传到了剑桥，学院关闭了，牛顿回到林肯郡的农庄，在那里做了光学与化学实验，并继续有关数学的思索。也就在1666年，他被迫离开学校的这一年，他注明了发现万有引力理论的日子："在这同一年，我开始想到万有引力会延伸到月球……将月球固定在她的位置上的力，与地球表面的万有引力的力量相比较，发现两者的力差不多。"同时，对于光学的研究让他写出了关于白光的作品。关于这几年的作品，牛顿后来写道："所有这些都写于1665及1666这两年，因为那两年是我生命中主要的发明时期，对数学与哲学的体认也特别深刻。"

1667年，三一学院又开始上课了，牛顿被选为院士。两年后，在他27岁的生日之前，他被指派，接替亦师亦友的巴罗博士就任卢卡斯数学教席。1668年，牛顿已经建造了一个反射式的望远镜。1671年的12月，他把自己制造的第二架望远镜呈献给皇家协会。两个月后，身为协会的一员，他开始传播有关光学的发现，结果引发了长达多年的论战，像霍克（Hooke）、卢卡斯（Lucas）、南勒斯（Linus）等多人都牵涉进去了。牛顿总觉得论战是很令人不快的事，"都怪我的轻率，放弃了平静安宁的生活，去追逐一个看不见的影子。"他有关光学的著作，也是从1672年到1676年他向皇家协会传播的最重要资讯，收集在《光学》一书中（1704）。

一直到1684年，牛顿才开始想要让人知道万有引力的

---

\* 微分法的古称。——译者

概念。霍克、哈雷（Halley）及克里斯多弗·雷恩爵士（Sir Christopher Wren）各自都对万有引力发展出一些理念，但都无法成功地解释有关天体运行的轨道。那一年，哈雷向牛顿请教有关的问题，很惊讶地发现他已经解决了这个问题。牛顿向他呈递了四个理论与七个问题，后来知道这是他工作中最核心的发现。从1685年到1686年之间的十七或十八个月的时间里，他用拉丁文写作了《自然哲学的数学原理》。他甚至想到不要再写第三卷，而哈雷却坚持要他写完。1687年，皇家协会表示没法负担印刷费时，哈雷甚至自己掏腰包印制了这部书。这部书撼动了整个欧洲，1689年，当时最出名的科学家惠更斯亲自到英国来，对牛顿作私人的拜访。

在写作《原理》一书时，牛顿在大学教职上也更惹人注目了。因为他反对詹姆斯国王二世要破坏大学的忠诚与主权的誓约，被选为代表剑桥的国会议员。他再回到校园时，身体非常虚弱，在1692年到1693年之间几乎不能动弹，让他的朋友与同事们都很担心。等他恢复之后，他离开学校，开始替政府工作。他的朋友像洛克、雷恩与哈利法克斯勋爵（Lord Halifax）在1695年都被他任用为铸币厂的监督人，四年后他成为铸币厂的负责人，一直到他去世为止。

在他生命的最后三十年里，牛顿只做过一点点原创性的数学作品。在这个领域中，他仍然保持着兴趣与技巧，1696年他一夜之间就替伯努利（Bernoulli）解决了一个数学问题，而那是伯努利与人打赌要花六个月时间来解决的问题。1716年，他花了几个小时解决了莱布尼兹为了想要"感觉英国分析家的脉动"而向他请益的问题。这时他陷身两场数学的论战，深感压力。其中一个是皇家天文学会的天文观测的问题，另一个则是和莱布尼兹论战微积分是谁发明的。不过他还花时间对《原理》一书的第二版进行了校订，于1713年出版。

牛顿的科学作品带给他极大的名声。他经常出入宫廷，在1705年被封为爵士。欧洲大陆给了他极多殊荣，他和当时最顶尖的科学家都有来往。而络绎不绝的访客使他很苦恼。虽然名气很大，牛顿仍然一直保持朴实的本质。他在临死之前写道："我并不知道我在世人眼中是什么模样，对我自己来说，我似乎只像是一个在海边玩耍的男孩，不时找一颗平滑的卵石，或比较美丽的贝壳取悦一下自己，而真理的大海则横陈在我面前，一无发现。"

牛顿早年就对神学有兴趣，1690年他开始研究预言书。那一年，他写了一封信给洛克，就是《圣经中两位显要人物堕落的历史文献》(*Historical Account of Two Notable Corruptions of the Scriptures*)，其中有两段是关于三一学院的。他还留了一份手稿《评但以理书与启示录的预言》(*Observations on the Prophecies of Daniel and the Apocalypse*)，另外还有一些注解的作品。

1725年之后，牛顿的健康情况越来越糟，副厂长接下了他在铸币厂的工作。1727年2月，他在皇家协会担任了最后一次主席。那是他从1703年就开始担任的职务。1727年3月20日，他去世时享年八十五岁。他的灵柩停在耶路撒冷大厅让人瞻仰，最后被葬在西敏寺教堂中。

**测验二：艾塞克·牛顿爵士传的问题**

（1）在牛顿进入剑桥的三一学院之前，他已经对什么学科特别感兴趣了？（a）政治（b）神学（c）机械设备（d）科学与数学。

（2）牛顿是被哪一位国王封为爵士的？（a）查理二世（1666~1685）（b）詹姆斯二世（1685~1688）（c）安妮女王（1702~1714）（d）乔治一世（1714~1727）。

（3）1665~1667年，因为从伦敦传到剑桥的大瘟疫，使三一学院关闭了两年，在这期间牛顿跟其他的学生一样，到欧洲大陆度长假去了。（是或否）

（4）牛顿被选为国会议员，因为（a）因为他主持学生反皇室的暴动（b）他反对詹姆斯二世要破坏大学的忠诚与主权的誓约（c）在面对由伦敦传到剑桥的大瘟疫时，他妥善处理学生及教师的恐慌状态。

（5）在他的后半生，牛顿被哪两场论战的压力占据了（a）皇家天文学家对天文观测问题（b）微积分的发明（c）但以理书的预言。

（6）牛顿是用哪一种文字写作《自然哲学的数学原理》？（a）希腊文（b）拉丁文（c）英文。

（7）关于其他的事物，他的作品说明了（a）苹果为什么掉下来（b）天体的运行（c）如何使圆形变方形（d）从某个角度来看，上帝是个几何学家。

（8）光学是（a）研究人眼可见的光线，及照射在其他事物上的能量的一种学说（b）研究人眼及动物眼睛的一种学说（c）这是一种产生镜片的技术，可以用来做望远镜。

（9）牛顿在他的《光学》一书中（a）证明光线一小时速度三十万公里（b）揭露了未来关于白光的作品（c）形

容白光如何能经由棱镜被分解成七彩（d）列举军队使用望远镜的方法。

（10）牛顿年老时写道："我并不知道我在世人眼中是什么模样，对我来说，我似乎只像是一个在海边玩耍的男孩，不时找一颗平滑的卵石，或是比较美丽的贝壳来取悦自己，而真理的大海则横陈在我面前，一无发现。"请用250个字评论一下这段话。

————————答案请见本书第413页"测验二"答案栏

现在你已经完成了第一层次阅读两篇文章的练习。当然你注意到了，就跟我们提醒你的一样，这些问题不只是从本文中出来，还包含了历史或本文中没有的其他资料。对有能力的读者来说，就算是第一层次的阅读，也能从中获得许多有用的资讯。一般而言，他的素养越好，也就读得越好。

如果你都能回答这些问题，表示你是个非常有表达力的读者，你已经达到、甚至超越了基础阅读的标准。我们希望你也能认知，这个测验的设计不只是为了提升你的阅读技巧，还要帮助你学习一些值得知道的知识，或是在你阅读时应用上你已经知道的事。

## 第二个阅读层次的练习与测验：检视阅读

下面两本作品都取材自《西方世界的经典名著》一书。我们拿这两本书的目录，一方面当作文章阅读，一方面当作附录二这个部分的练习与测验。此外，两位作者——但丁与达尔文的传记也附在这里，一方面提供给读者多一点的资讯，一方面测验题也会从中找出一些题目来。

但丁的传记及他的《神曲》的目录都取材自《西方世界的经典名著》第21册。这一册全本所包括的内容就是《神曲》。不过但丁也写过其他作品，有散文也有韵文的，都非常优美又有趣，但只有他的《神曲》（这个神字是后人在他死后才加上的）被现代人广泛地阅读着。

你应该还记得，在第四章中谈到检视阅读的两个步骤。第一步我们称之为预读或浏览，第二步是粗浅的阅读。由于我们并没有拿全本的《神曲》当作阅读练习，所以会把这里全部列出的目录当作全书来读。在这里，我们建议你花十分钟（速度是这个阶段的基础）有系统地浏览整个目录之后，再回答问题。然后我们要你再粗浅地阅读一次目录——大约要花二十分钟——再回答更多问题。

因此，花在阅读《神曲》上的时间一共是三十分钟。考虑到一些学者一生花了三十年的时间在《神曲》上，我们敢说这三十分钟的检视阅读实在是很粗浅的。不过，这并不是胆大妄为或自视甚高，一个人确实能从这三十分钟的阅读中，对这本书有相当多的了解。对一个不太清楚但丁的《神曲》是什么的人来说，仔细检视这个目录能促使他们检视整本书，甚至带引他们对全书做分析阅读——第三层次的阅读。

在你开始检视——在预读或系统化浏览——这个目录之前请先花几分钟看一下但丁的传记。这会帮助你了解他是如何计划并写作《神曲》的——同时也能帮助你回答一些问题。

## 但丁（Dante Alighieri，1265—1321）

1265年的5月中旬，但丁出生于佛罗伦萨。这个城市第一次受到民主的统治，急剧地分成圭尔夫（Guelphs）的教皇党与吉伯林（Ghibellines）的保皇党。但丁的家族支持圭尔夫的政党。就在他几个月大时，圭尔夫在贝内文托一战中赢得决定性的胜利。阿利吉耶里家族虽然有贵族血统，却没有变得富有或被特殊地提拔起来。

但丁应该是在佛罗伦萨的圣克罗齐学校接受早年教育。他很明显受到布鲁内托·拉提尼（Brunetto Latini）的影响。拉提尼是个哲学家及学者，在佛罗伦萨的议会中很有影响力。在20岁之前，但丁就开始写诗，跟"新甜美风格"派的拉丁诗人开始互相往来，这派诗人喜欢用含有哲理的诗句赞扬他们的爱情与他们所爱的淑女。但丁的"淑女"是他唯一挚爱的独一无二的贝雅特丽齐。根据薄伽丘所写的但丁传，她是贝雅特丽齐·波尔蒂纳里（Beatrice Portinari），佛罗伦萨一位市民的女儿，嫁给一个有钱的银行家，大约在24岁时就去世了。但丁在《新生》（*Vita Nuova*，1292）中第一次写到贝雅特丽齐，那是一连串的诗与散文，详述他的爱情故事：他们是在双方九岁时第一次相见，彼此打了个招呼。然后是1283年的一个5月天又再见面，再来就是1290年贝雅特丽齐去世之时。

快到30岁时，但丁变得积极参与佛罗伦萨的政治活动。这个城市的宪法由各种公会来执行，但丁加入了医生与药剂师公会（这个公会也包括了书商），于是有资格开始参与政务。他参与议会的审议，担任特别的大使。1300年他与其他政府官员一共六人被选为最重要的政务官。过去在圭尔夫与吉伯林之间的冲突转化了一个面貌，又重新出现在政坛上，变成白党（Whites）与黑党（Blacks）之争。身为政务官之一，但丁发挥影响力，降低了派系之争，将敌对的领导者逐出了佛罗伦萨，其中包括他妻子的族人，黑党科尔索·多纳提（Corso Donati），及白党中的诗人圭多·卡瓦尔康提（Guido Cavalcanti），那也是他的"第一个朋友"。尽管但丁与白党领袖反对教皇干政，教皇卜尼法斯八世（Boniface VIII）还是在1301年邀请瓦卢瓦的查理（Charles of Valois），法王菲利普的兄弟，来到佛罗伦萨将两个不同的派系压制下去。事实上，他却帮助黑党掌握权力，六百多名白党的人被放逐。1302年，但丁与其他四个白党的同志被指控腐败贪污，要在三天之内付出五千弗洛林的罚款，否则就要失去他的产业，放逐两年，而且被褫夺公权，永远不能再担任公职。三个月后，因为他拒缴罚金，但丁被放逐了，并且声明如果他敢靠近这个共和国的领土就要将他活活烧死。

"在罗马最美丽又出名的女儿，佛罗伦萨市做了快乐的市民之后，她却把我从她甜美的酥胸中放逐了。"但丁在《飨宴》（Convivio）中写到他的放逐，"几乎所有和我们说同样语言的地方我都去过，非我所愿地显示我命运的伤痕。"有记录显示但丁参加过在圣戈登佐（San Godenzo）的一个会议，被放逐的白党与吉伯林派在那里结盟，但是他似乎并没有参与这两股势力在1304年，于拉斯塔展开的战役。或许他已经将自己与那些同样被放逐的"邪恶又愚蠢的同伴"区分开来了。"他自成一党"，而且在维罗纳的迪拉斯卡拉斯找到他的"第一个避难所与公寓"。接下来的几年，他大约到过博洛尼亚，又去了帕多瓦，据说乔托（Gioto）曾经在这里招待过他。1306年年底，他在卢尼贾纳接受马拉斯皮纳家族（Malaspinas）的招待，并担任他们的大使，与卢尼的主教（Bishop of Luni）缔结和平。过了一段时间，他到巴黎访问，并进入当地的大学作研究。

但丁在被放逐的初期，曾经作过一些研究，使他除了诗人以外，也赢得哲学家与神学家的美誉。《飨宴》一书可能写于1305年到1308年间，他在书中说明自从贝雅特丽齐死了之后，他怎么开始读西塞罗的《论友谊》（De Amicitia）及波爱修斯（Boethius）的《哲学的慰藉》（Consolatio Philosophiae），这些书唤醒了他对哲学的喜爱。为了要歌颂这一点，他开始写《飨宴》。他用诗与长篇叙述的散文，想要让这本书成为一种世界知识的宝藏。在这同时，他写了《论俗语》（De Vulgari Eloquentia），这是本拉丁文的著作，他为把意大利文当作文学的语言而作辩护。

1308年，卢森堡的亨利国王被选为神圣罗马帝国的皇帝，激起了但丁政治上的希望。1310年，亨利国王带领军队进入意大利时，但丁担任了传递国书的使者，对意大利的君主与人民宣告亨利大帝驾临的消息。在米兰，他个人赞扬亨利是至高无上的主宰。而佛罗伦萨与那不勒斯的罗伯特国王结盟，准备抗拒这个新帝王。但丁第二次担任使者，斥责他们的顽固，并预言他们的毁灭。在第三次的传书中，他责怪新帝王的迟缓，催促他赶快来对付佛罗伦萨。大约在这个时期，他写了《论世界帝国》（De Monarchia），鼓吹帝王制度是维持当代秩序的唯一主宰。经历了一年多毫无作用的战争之后，亨利大帝在1313年去世了，终于打消了但丁及同党的政治抱负。佛罗伦萨在1311

年及1315年两度重新为他定罪。

亨利大帝去世之后，但丁在伦巴第、托斯卡纳及罗马的几个君主保护下度过了余生。依照传统，他退隐到亚平宁榛泉的圣克罗采修道院（Santa Croce di Fonte Avellana），开始写作《神曲》——这本书的写作可能最早在1299年就计划了。某段时间他大约在为坎格兰德·德拉斯卡拉郡主工作，因为他将《神曲》的第三部《天堂》（*Paradiso*）献给了这个人。1315年，佛罗伦萨全面特赦放逐犯。但丁拒绝付罚款，"当祭品"，觉得这样返乡有损他的名誉与声望。在他生命终了之前，他似乎一直希望有一天能借由《神曲》而让这个城市向他敞开大门。

这位诗人生命中的最后几年是在拉韦纳度过的。他受到贵族圭多·达波兰塔（Guido da Polenta）的赞助，这人是弗兰切丝卡·达里米尼（Framcesca da Rimini）的外甥。但丁的女儿贝雅特丽齐在这个城中当修女，他的一个儿子在那儿当牧师，而他的妻子在他被放逐的这些年来似乎一直都住在佛罗伦萨。但丁在拉韦纳很受敬重，有一群志同道合的朋友。在那里他完成了《神曲》，并用拉丁文写了两首田园诗，对他生命最后一段时光的生活透露出一种满足感。1321年他代表赞助人去了一趟威尼斯，执行外交任务，在返回途中患上热病，于9月14日去世。他以"诗人及伟大哲学家的习俗"，极尽尊荣地葬在拉韦纳的大教堂正门前。

现在花十分钟浏览下面系统化的目录。这份目录使用的是查尔斯·艾略特·诺顿（Charles Eliot Norton）的翻译。其他译者译出的目录当然会略有不同。

## 《神曲》目录

### 地狱篇

第 一 章：但丁在森林中迷路了，来到一座山脚下，他开始往上攀爬。他被三头猛兽挡住。他退了回去，碰到维吉尔（Virgil），他提议要引导但丁进入不朽的世界。

第 二 章：但丁怀疑自己的能力，一开始很迟疑。维吉尔鼓励他，告诉他是贝雅特丽齐在天堂派他来帮助但丁的，但丁抛掉恐惧，两位诗人开始前进。

第 三 章：地狱之门。维吉尔带但丁进入。这里惩罚一些活着时没有善行也没有恶行的人。冥界的阿凯隆特。罪人在岸边。摆渡亡灵的船夫卡隆。地震。但丁昏厥。

第 四 章：冥河的对岸。维吉尔带引但丁进入地狱的边境，这是地狱的第一层，这里住着一些活着时遵守道德，却没有信仰基督的人。维吉尔受到一群诗人的欢迎。他们进入一个城堡，那里住了一些古代知名人物的鬼魂。见了这些人之后，维吉尔与但丁又启程了。

第 五 章：地狱的第二层，住着色欲的罪人。但丁遇到米诺斯。出现了一些古代知名的鬼魂。法兰切丝卡·达里米妮。

第 六 章：地狱的第三层，住着贪吃的人。碰到冥府的看门狗。与但丁同一时代，贪婪的人恰科变成一头猪。

383 第 七 章：地狱的第四层，住着贪得无厌的人与挥霍的浪荡子。冥王。幸运女神。斯提克斯沼泽。地狱的第五层，愤怒之地。

第 八 章：地狱的第五层。弗列阿斯与他的船。来自斯提克斯沼泽的旅客。愤怒的富人腓力普·尔詹提。恶魔狄斯之城。恶魔拒绝让两个诗人进城。

第 九 章：狄斯城。女巫艾瑞邱。三个复仇女神。天堂使者。地狱第六层，住着异教徒的罪人。

第 十 章：地狱第六层。见到法里纳塔·德利·乌贝尔帝，他是支持吉伯林党的。另外还有诗人圭多·卡瓦尔康提之父，卡波康帖·卡瓦尔康提。腓德烈二世。

第 十 一 章：地狱第六层。教皇阿纳斯塔修斯的坟墓。维吉尔谈论低层地狱的划分法。

第 十 二 章：地狱第七层，暴力之城。第一环是对人施暴的人。见到米诺陀，半人半马的怪兽、奇隆、涅索斯。罪人沉浮在热气沸腾的血河中。

第 十 三 章：地狱第七层，第二环：住着对自己及身边物品施暴的人。自杀者的森林。许多鸟身女妖。皮埃尔·德拉·维涅亚。任人宰割的西纳富人兰诺及其他人。

第 十 四 章：地狱第七层，第三环：对上帝施暴的人。火雨纷飞的沙地。被雷打死的骄傲的卡帕纽斯。克里特岛的地狱之河。

第 十 五 章：地狱第七层，第三环：对自然施暴的人。布鲁内托·拉提尼。预言但丁的不幸。

第 十 六 章：地狱第七层，第三环：对自然施暴的人。圭尔夫党的圭多·格瓦、特基阿育·俄多布兰地、齐可波·瑞斯提古奇都在其中。火之河发出怒吼，上下翻腾。绳索扔进深谷。

第 十 七 章：地狱第七层，第三环：对艺术施暴的人。怪兽格吕翁。放高利贷的人。下降到第八层地狱。

第 十 八 章：地狱第八层，骗子之城。第一囊：淫媒与诱奸者。博洛尼亚的圭尔夫党，维内地科·卡恰内米科、寻找金羊毛的伊阿宋都在此地。第二囊：虚假奉承的人，白党的阿纳西欧·因特米里、妓女泰丝都在此地。

第 十 九 章：地狱第八层，第三囊：买卖圣职的人。教皇尼古拉三世。

第 二 十 章：地狱第八层，第四囊：占卜者、预言者、魔术家。希腊预言家安菲亚诺斯。泰雷希阿斯。曼托。尤瑞波勒斯。另外还有佛罗伦萨的预言者亚伦斯。苏格兰的预言者麦可史考特。制鞋者及天文家亚斯坦提。

第 二十一 章：地狱第八层，第五囊：贪官污吏。路西亚的行政官在此。遇见鬼爪怪兽马拉布兰卡。与他们谈判。

第 二十二 章：地狱第八层，第五囊：贪官污吏。法国纳瓦尔的康波罗。修道士法·戈明塔。西西里人密歇尔·展区。怪兽马拉布兰卡在争吵。

第二十三章：地狱第八层，从第五囊逃出。第六囊：伪善者披着外面镀金的铅斗篷。两个享乐修士。大主教开亚伐斯及他的岳父安纳斯。又遇见两个修士之一的法提·康提兰诺。

第二十四章：地狱第八层，诗人从第六囊爬出。第七囊：布满狡猾的蛇，那是盗贼被折磨成的蛇。维尼·富奇在其中。又有预言说但丁将有大难临头。

第二十五章：地狱第八层，第七囊：诈欺的盗贼。卡西斯、安吉罗·伯尼纳西斯及其他人。

第二十六章：地狱第八层，第八囊：阴谋献计者。尤利西斯及狄奥墨德斯。

第二十七章：地狱第八层，第八囊：阴谋献计者。圭多·达·蒙泰菲尔特罗。

第二十八章：地狱第八层，第九囊：传播纷争与分歧的人。穆罕默德与阿里。法·多西诺。皮耶·狄米德西纳。克瑞诺。莫斯卡。贝尔特朗·德·鲍恩。

第二十九章：地狱第八层，第九囊：吉里·德尔·贝诺。第十囊：各种伪造者。炼金术士。阿雷左人。卡普吉诺。

第 三 十 章：地狱第八层，第十囊：假扮他人者、伪造货币者、说假话者。麦斯亚。吉安尼·史奇邱。马斯特·亚当。特洛伊战争中的塞能。

第三十一章：地狱第八层，三个巨人，尼姆拉、亚西艾尔斯、安提亚斯将诗人拉回了第九囊。

第三十二章：地狱第九层：背叛者。第一环：该隐环。蒙格纳伯爵。那麦西亚诺·狄披撒。第二环：安特诺尔环。波卡·狄吉尔阿贝塔。波索·狄杜耶拉。乌戈尼诺伯爵。

第三十三章：地狱第九层，第二环：安特诺尔环。乌戈尼诺伯爵。第三环：托勒密环。亚伯戈修士。巴瑞尼西亚·狄欧雷阿。

第三十四章：地狱第九层，第四环：犹大环。卢奇菲罗。犹大。布鲁吐斯与卡修斯。宇宙的中心。走过了地狱。升到南半球的表面。

## 炼狱篇

第 一 章：新主题。向缪斯求助。在炼狱的东方岸边，天刚破晓。四颗星升起。炼狱的看守者卡托。但丁洗尽因为地狱而染上的一脸污垢。

第 二 章：日出，诗人在岸边。他搭上一艘船。天使在前领路，带领一些灵魂进入炼狱。他们着陆。佛罗伦萨的音乐家卡塞拉与他的歌。卡托训斥灵魂赶快上山。

第 三 章：炼狱外围。因为对抗教堂而死的灵魂。西西里人孟非德。

第 四 章：炼狱外围。爬升到山壁的岩石上。漫不经心延迟到生命最后一小时才忏悔的人。贝拉夸出现。

第 五 章：炼狱外围。拖延忏悔，因为横死而临终忏悔的灵魂。雅科波·德尔·卡塞罗。达孔特·达·蒙泰菲尔特罗。皮娅。

第 六 章：炼狱外围。更多不肯忏悔，因为横死才忏悔的灵魂。祈祷的功效。诗人索瑞多罗。对意大利的哀叹。

第 七 章：维吉尔让他知道索瑞多罗是谁。索瑞多罗带诗人去见山谷里的君主，他们疏于拯救百姓而下炼狱。他指出他们的名字。

第 八 章：君主之谷。两个守护天使。因忙于尘事而临终才忏悔的法官尼洛·维斯康提。巨蛇出现。科瑞多·马拉斯披纳。

第 九 章：但丁的睡眠与梦。老鹰。圣路西亚。炼狱之门。守门天使在但丁的前额写上七死罪。但丁进入了第一崖。

第 十 章：炼狱的规矩。第一崖：骄傲。岩石上许多谦卑的范例。

第 十 一 章：第一崖：骄傲。祈祷者。欧巴托·阿多班德撒奇。奥德里西·达·古比奥。普罗文札诺·萨尔瓦尼。

第 十 二 章：第一崖：骄傲。地面上刻有犯骄傲罪者受惩罚的事例。遇到一位天使，涂掉了一个死罪。升到第二崖。

第 十 三 章：第二崖：忌妒。爱的例子。简陋的粗布所覆盖的身影，以及被铁丝穿透缝紧的眼睛。西雅拉的女贵族莎披亚。

第 十 四 章：第二崖：忌妒。圭多德尔·杜卡。里尼耶里·达·卡尔博利。忌妒被惩罚的例子。

第 十 五 章：第二崖：忌妒。一位天使擦去但丁头上的第二项死罪。有关分享仁爱的讨论。升到第三崖：易怒。看到自制力的例子。

第 十 六 章：第三崖：易怒。马可·伦巴多讨论到自由意志与世界的腐化。

第 十 七 章：第三崖：易怒。烟雾造成的问题。看到天使惩罚愤怒的例子。升到第四崖，怠惰的罪过。在炼狱的第二个黄昏。维吉尔解释爱如何成为善与恶的根源。

第 十 八 章：第四崖：怠惰。与维吉尔讨论爱与自由意志。许多灵魂急着去赎罪。热忱的例子。圣左罗修道院长。惩罚怠惰的例子。但丁睡着了。

第 十 九 章：第四崖。但丁梦到海妖。过去的天使。升到第五崖：贪婪。教皇阿德里安五世。

第 二 十 章：第五崖：贪婪。一个灵魂赞美贫困与慷慨的例子。乌哥·卡培托讨论他的子孙。惩罚贪婪的例子。山的震动。

第 二十一 章：第五崖：诗人史塔提乌斯的影子。山震动的原因。史塔提乌斯称赞维吉尔。

第 二十二 章：升到第六崖。史塔提乌斯与维吉尔的谈论。进入第六崖：贪食。神秘的树。一些对膳食自制的例子。

第 二十三 章：第六崖：贪食。佛雷塞·多纳蒂。奈拉。对佛罗伦萨女人们的指责。

第 二十四 章：第六崖：贪食。佛雷塞·多纳蒂。披卡达。陆西加的波纳钟塔。教皇马丁四世。波尼法丘。马尔凯塞爵爷。波纳钟塔关于"珍图卡"的预言，佛瑞塞关于科尔可索·多纳提的预言。第二棵神秘树。惩罚贪食的例子。节制天使。

第二十五章：升到第七崖：与史塔提乌斯谈论灵魂入一个身体，人死后灵魂的作用。第七崖：贪色。净化欲望的模式。贞洁的例子。

第二十六章：第七崖：贪色。罪人在火中，彼此走不同的方向。惩罚贪色的例子。圭多·圭尼采里。阿那尔多·丹尼埃洛。

第二十七章：第七崖：贪色。走过火墙。岩石中的阶梯。夜色攀上了石阶。但丁在做梦。早晨。升到伊甸园。维吉尔最后的话。

第二十八章：伊甸园。森林。一位贵妇人在溪边采花。与她谈论对自然的关怀。

第二十九章：伊甸园。神秘的队伍。凯旋车与狮鹰兽。

第 三 十 章：伊甸园。贝雅特丽齐出现了。维吉尔离去。贝雅特丽齐责备但丁。

第三十一章：伊甸园。贝雅特丽齐的指责与但丁的忏悔。渡过勒特河。称颂贝雅特丽齐的美德。她显露真容。

第三十二章：伊甸园。凯旋队伍的归来。凯旋车绑在神秘树上。但丁入睡。他醒来时发现凯旋队伍出发。凯旋车的转变。妓女与巨人。

第三十三章：伊甸园。贝雅特丽齐预言某人将使帝国复兴。她与但丁的谈话。渡过欧诺埃河。但丁喝了河水，得升天堂。

## 天堂篇

第 一 章：序诗。祈愿。贝雅特丽齐与但丁转变了身形，穿越火焰带，朝月球前进。贝雅特丽齐解释他们飞升的原因。

第 二 章：诗。升到月球天。月球上会有污点的原因。天堂的影响。

第 三 章：月球天。破坏了誓约的灵魂居住在此。皮卡尔达·多纳蒂。康斯坦丝女王。

第 四 章：但丁疑惑天堂的正义与永恒的幸福，贝雅特丽齐为他解答。但丁提出疑问，未偿的誓愿，是否还可以修补回来？

第 五 章：誓愿是神圣的，要立下誓愿或改变誓愿都是严重的事。飞升到水星天。见到朱斯蒂尼亚诺的影子。

第 六 章：朱斯蒂尼亚诺说出他一生的故事。关于罗马鹰的故事。住在水星上的灵魂。普罗旺斯伯爵的宠臣罗密欧出现了。

第 七 章：贝雅特丽齐的谈论。人类的堕落。救赎的计划。

第 八 章：飞升到金星天。爱人的灵魂。查尔斯·马尔泰洛王子谈论终有一死的事物之间的秩序与多变化。

第 九 章：金星。但丁与库妮札·达·罗马诺、马塞的佛尔凯托的谈话。妓女喇合。教廷的贪婪。

第 十 章：升到日球天。学识渊博的灵魂在学习神学。圣托马斯·阿奎那在众人中认出但丁。

第 十 一 章：贪婪带来的世界性灾难。圣托马斯替但丁解决了两个疑惑。他说出圣方济的故事。

第 十 二 章：第二圈学识渊博的宗教人物的灵魂：包括老师与教堂的医生。圣伯纳文图拉讲圣多米尼克的故事，并叫出身边的人的名字。

第 十 三 章：圣托马斯·阿奎那再度开口，他比较所罗门王、亚当与耶稣的智慧，并说出世人判断的虚浮。

第 十 四 章：贝雅特丽齐在祈祷时，所罗门王说出在最后的审判之后，享天福的光芒。升到火星天。基督在一个十字架里光芒四射。灵魂唱着颂歌。

第 十 五 章：但丁的祖先卡恰贵达来迎接他。卡恰贵达告诉他家族的故事，及佛罗伦萨过去的单纯生活。

第 十 六 章：家族血统的颂扬。卡恰贵达继续谈到佛罗伦萨的新与旧。

第 十 七 章：但丁向卡恰贵达问到他的未来。卡恰贵达的回答预言了但丁被放逐，他的诗名显天下。

第 十 八 章：火星的十字架灵魂。升到木星天。不同星球的灵魂所说出的话有不同的光泽。谴责教皇的贪婪。

第 十 九 章：老鹰的声音，谈到上帝的正义、得救之说，以及一些国王的罪恶。

第 二 十 章：正义之歌。在老鹰眼中，喜爱正义的那些君主。有些灵魂，曾经是异教徒，现在受到了祝福。信仰与救赎。天命。

第二十一章：升到土星天。这些灵魂让自己虔诚地冥想。金梯。圣彼特罗·达米亚尼。天命。现代高级教士的奢侈。一个灵魂惊叫着警告但丁。

第二十二章：贝雅特丽齐安慰但丁。圣本笃出现。他说出他如何组织起信徒，又如何分崩离析。贝雅特丽齐与但丁飞升到恒星天。双子星座出现。看到地球。

第二十三章：基督的胜利。

第二十四章：圣彼得检验但丁的信仰，对他的回答很满意。

第二十五章：圣雅各检验但丁的希望。圣约翰出现了，闪亮的光芒让但丁的双眼一时看不见东西。

第二十六章：圣约翰检验但丁的爱。但丁的双眼又恢复了视力。亚当出现，回答但丁所提出来关于他的问题。

第二十七章：圣彼得斥责他的后继者的堕落。但丁遥望地球。但丁与贝雅特丽齐登上原动天。原动天的本质。贝雅特丽齐指责凡人的贪求。

第二十八章：天使的等级。

第二十九章：贝雅特丽齐谈到天使的产生与特质。她谴责传教士的傲慢与愚蠢。

第 三 十 章：飞升到净火天。光之河。天国的玫瑰。亨利七世的座位。贝雅特丽齐最后的话。

第三十一章：天堂的玫瑰。圣贝纳尔多。感谢贝雅特丽齐。圣母玛丽亚的荣耀。

第三十二章：圣贝纳尔多解释天国玫瑰中的秩序安排，并指出了许多圣者。天国中的孩童。天使的节庆。天国中的贵族。

第三十三章：向圣母玛丽亚祈祷。喜悦的景象。最终的救赎。

## 测验三：但丁《神曲》的第一组问题

（1）但丁将他的作品分成（a）三（b）四（c）六个主要部分。

（2）主要部分的名称为（a）地球、月亮、天堂、天使圈（b）地狱、炼狱、天堂（c）似地狱、似炼狱、似天堂。

（3）主要部分的段落是用什么做区分的（a）篇（Canto）（b）章（Chapter）（c）节（Section）。

（4）每个主要部分区分出来的段落数目是（a）大致相同（b）33或34（c）从23到44。

（5）整本书的段落总和为（a）99（b）100（c）101。

（6）在地狱中进入的主要区域称作（a）层（circle）（b）崖（c）囊（pouch）。

（7）在炼狱中进入的主要区域称作（a）层（b）崖（c）囊。

（8）天堂的主要区域是用什么来划分的（a）依据美德与恶行（b）依据天使的等级（c）依据太阳系的行星秩序。

（9）在地狱，前进时是（a）往下走（b）往上走。在炼狱中，前进时是（a）往下走（b）往上走。

（10）但丁创造的伊甸园是在（a）在炼狱这一部中（b）在天堂这一部中。

——————答案请见本书第414页"测验三"答案栏。

现在你已经浏览完《神曲》的目录了，也回答了第一部分的问题，再花二十分钟将目录再看一遍。

**测验四：但丁《神曲》的第二组问题**

（1）但丁在地狱中是由谁来引导的（a）贝雅特丽齐（b）维吉尔（c）路丝佛。

（2）维吉尔被谁派来帮助但丁（a）贝雅特丽齐（b）上帝（c）圣伯纳德。

（3）但丁主要关心的是（a）人死后的生活（b）人活着的时

候过着什么样的生活。

（4）《神曲》是（a）基本上是喜剧的诗（b）处理道德神学的一种诗意的态度（c）一个全宇宙的想象架构。

（5）这首诗主要的思想体系与教诲来自（a）人道主义（b）希腊与拉丁文化（c）基督教。

（6）在炼狱篇的第四章，怠惰要受到惩罚。在离开这一崖之前，但丁睡着了，是否有特殊的意义？（是或否）

（7）在地狱篇的三十四章，但丁与维吉尔抵达了宇宙的中心，为什么？

（8）在炼狱篇的第九章，但丁的前额被写上了七死罪。他每爬升一崖，就会被擦掉一个死罪。这些死罪有什么特殊的意义？

（9）维吉尔陪但丁到达伊甸园（炼狱的第二十八到三十三章），却在三十章时与他分开了，没有跟他进入天堂，为什么？

（10）天堂篇的十一及十二章，圣托马斯·阿奎那说圣方济的故事，圣伯纳文图拉说圣多米尼克的故事，这些有什么特殊的意义？

最后五个问题，与但丁的《神曲》所象征的意义有很大的关系。只读这个目录，可能很难甚至无法回答这些问题。如果只是这个原因，我们在后面有详尽的回答。我们提这些问题有两个理由。第一，我们并不确定由目录中能否回答这些问题。第二，这些问题是用来传达但丁作品中的主要特质：彻底的象征手法。几乎但丁所有的说明，他所形容的每一个人，至少都有两种意义，甚至三或四种。我们想光是读目录就可以相当清楚了，虽然其中并没有包括太多的细节。因此不论你以前读没读过但丁，试着不用其他帮助就来回答第六到第十个问题，应该是很有意思的事。

换句话说，就算你是猜的，也要看看你猜得有多准。

————————————答案请见本书第414页"测验四"答案栏

接下来达尔文的传记及他的《物种起源》目录都取材自《西方世界的经典名著》第49册。这一册除了《物种起源》之外，还包括了《人类的由来》（The Descent of Man），达尔文用他在《物种起源》中阐述的一般理论，说明人类进化的过程。

跟读但丁一样，很快地读过达尔文的传记——五、六分钟——然后浏览《物种起源》的目录，时间不要超过十分钟。

## 达尔文（Charles Darwin, 1809—1882）

达尔文写了他谦虚的自传。他在自传里就自己为什么会有一个"科学人的成就"而分析原因的时候，他说是"因为那可能会让我的孩子感兴趣"而写的。追溯他早年的记忆，不论他看到什么，他都会"有很强的好奇心想要去了解与解释"。他的童年过得精彩，尽情发现自然的历史。他对同学吹嘘说，只要向花朵浇一些不同色彩的液体，同一棵花就会开出不同颜色的花朵。

他的父亲，一位非常成功的内科医生，对于二儿子奇怪的兴趣有点困惑，而且也担心他在巴特尔博士的学校里成绩平平，便决定送他到爱丁堡去学医。在爱丁堡，达尔文在池塘中收集动物，与纽海文的渔夫一起捞蚵蛎，以取得标本。他把自己两个小发现写成了文章，在普林尼学会（plinian Society）中报告出来。他并没有真正很努力学医。

无意之中，达尔文博士建议儿子参加一个传教士的旅程，当作是改变一下环境。乡间传教的生活让年轻的达尔文觉得很有趣，也打消了他对"教堂的教条"的疑虑，之后，他开始在剑桥展开了新生活。然而，他发现无法压抑自己对科学的兴趣，而且慢慢变成了一个热心的昆虫学家，尤其喜欢收藏甲虫，他很高兴看到自己收集的珍贵标本刊登在斯蒂芬的《英国昆虫图鉴》(Illustrations of British Insects)中。跟在爱丁堡一样，他很热心参与许多科学家很有启发性的活动。后来剑桥一位植物学教授亨斯洛（J.S.Henslow）安排他以博物学家身份加入政府的舰队"比格尔号"。

从1831年到1836年，"比格尔号"航行在南半球的海域。莱尔（Lyell）研究自然演进的改变而写成的《地质学原理》(Principles of Geology)，给了达尔文一个方向，让他在观察维尔德角群岛的地质架构时，有了一些概念。他还对珊瑚礁作了广泛的研究，注意到大陆与离岛之间的生物的关系，也注意到同一种类活着的生物与化石之间的关系。

达尔文形容"比格尔号"的航行是"至今我一生中最重要的一件事"。除了让他成为当代首屈一指的博物学家外，还让他养成"活力充沛的勤奋与专心一致的态度"。在他远航归来，达尔文博士第一次见到他时，立刻注意到儿子充满了意志。这位父亲写道："奇怪！他的头型完全改变了！"

达尔文回来之后，便开始在伦敦将他的观察作整理与记录。他变成莱尔亲近的朋友，莱尔是英国地质学界的领导人物。后来又成为非常出色的植物学家胡克（Hooker）的好友。1839年，他娶了表妹艾玛·威吉伍德。到了1842年年底，因为达尔文的慢性病，他们搬到唐恩，余生都在与世隔离中度过。在伦敦的六年当中，他将旅行时的笔记整理出来，出版了一本严谨的研究报告《珊瑚礁脉》。

接下来的八年，他把时间花在费力地分类整理甲壳动物，那是他针对自己所记录的四大册资料作的研究。"我真的被吓到了。"他写给胡克说，"每一个种类都有一些不同的细微变化。"经过这一段针对单一物种的细节研究之后，达尔文准备好要开始修正有关物种的问题了，那是他深思熟虑了很多年的结论。

在"比格尔号"的旅程中，达尔文看到的一些事情让他觉得"唯一可能的解释就是物种在慢慢地调整转化的推测。"回到英国之后，他收集了所有能找到的资料，"深掘各种家养的动物与植物的资料"。但他很快意识到虽然"那样的收集是一个人成功的基石，但是这些收集要如何组织应用在活着的自然生物上，却是持续不解的谜题。"后来有一天，当他阅读马尔萨斯的《人口论》的时候，突然想到，在为生存而挣扎的过程中，"物种有利的变异会保留下来，不利的部分会被摧毁。结果则会产生新的品种。这时我才终于有了一个可以据以工作的理论了。"

他跟胡克及莱尔确认他的理论之后，他们鼓励他把这些发现写出来公开发表。达尔文写得字斟句酌，结果，在1858年的夏天，他的书才写到一半的时候，收到由东印度摩鹿加群岛的特尔纳特，一个叫华莱士（A.R. Wallace）的人写来的一篇文章，其中的概念正好跟他不谋而合。达尔文将他的窘境告诉了胡克与莱尔，他写道："你们的话就像是预言成真——我该抢先行动的。"后来他们决定将他前一年所写的一封信，加上这位华莱士的文章，合作出版了一份报告：《关于物种变形、永远变形与自然天择的倾向》(*On the Tendency of Species to form Varieties and on the Perpetuation of Varieties and Species by*

*Natural Means of Selection*)。

一年后，1859年11月24日，《物种起源》问世了。第一版的1250本在出版当天就销售一空。围绕这本书展开了猛烈的论战，最高层次拉到了牛津的不列颠学会（British Association），赫胥黎与威尔伯福斯主教展开口头论战。达尔文在回应严苛的敌手的挑战之后，无法入睡，于是他接受了莱尔的建议，远离战火，以节省"时间与精力"。

然而，他在工作中仍然集中于自己的主题。他将《物种起源》第一章有关物种的资料又延伸为一本书，《家养动物与植物的变异》（*Variation of Plants and Animals under Domestication, 1968*）。在《人类的由来及性选择》（*The Descent of Man and Selection in Relation to Sex,* 1871）中，达尔文将《物种起源》论述进一步丰富起来，"将对人类与历史的起源提供一些新的解释"。另一本书《人与动物的情感表达》（*Expression of the Emotions,* 1872）则就进化的观点很难解释的一种现象，作了自然的解释。他最后的作品则与植物的形状、演变、受粉有关。

达尔文在唐恩的生活，完全是为了适应他的需要，以保持他的精力，直接支配所有的活动。因为他长期的病痛，他的妻子小心翼翼地"保护他避免任何的干扰"。大约四十年间，他都保持同样的生活模式。他的一天时间被仔细地区隔出一块块运动和轻松的阅读时间，以便他能集中精力四个小时来投入他的工作。他的科学阅读与实验，被安排得极其精简有效。基本上与他主要工作无关的智力活动，都成了他所谓的"萎缩"状态，让他觉得"失去了快乐"。这些非科学的阅读对他来说，纯粹只是为了放松自己，因此他认为"应该立法"禁止悲剧结尾的小说。

　　对于他的妻子与七个孩子，他的态度是异常的"热情与愉悦"。他的儿子法兰西斯很惊讶他能保持这样的态度"跟我们这些没有示范性的人种在一起"。他1882年4月19日去世时，他的家族希望把他葬在唐恩，大众却觉得他应该葬在西敏寺大教堂，结果他就葬在艾萨克·牛顿爵士的旁边。

## 《物种起源》的目录[*]

绪　　　论

第 一 章：家养状况下的变异。变异性的诸原因/习性和器官的使用和不使用的效果/相关变异/遗传/家养变种的性状/区别物种和变种的困难/家养变种起源于一个或一个以上的物种/家鸽的种类，它们的差异和起源/古代所依据的选择原理及其效果/家养生的未知的起源/有计划的选择和无意识的选择/人工选择的有利条件。

第 二 章：自然状况下的变异。变异性/个体差异/可疑的物种/分布广的、分散大的和普遍的物种变异最多/各地大属的物种比小属的物种变异更频繁/大属里许多物种，正如变种那样，有很密切的、但不均等的相互关系，并且有受到限制的分布区域。

第 三 章：生存斗争。生存斗争和自然选择的关系/当作广义用的生存斗争这一名词/按几何比率的增加/归化的动物和植物的迅速增加/抑制个体增加的性质/斗争的普遍性/气候的影响/个体数目的保护/一切动物和植物在自然界里的复杂关系/同种的个体间和变种间生存斗争最剧烈；同属的物种间的斗争也往往剧烈/生物和生物的关系是一切关系中最重

---

[*] 以下目录引用叶笃庄、周建人、方宗熙译本。——译者

要的。

第四章：自然选择；即最适者生存。自然选择/它的力量和人工选择力量的比较/它对于不重要性状的力量/它对于各年龄和雌雄两性的力量/性选择/论同体间杂交的普遍性/对自然选择的结果有利和不利的诸条件，即杂交、隔离、个体数目/缓慢的作用/自然选择所引起的绝灭/性状的分歧，与任何小地区生物的分歧的关联以及与归化的关联/自然选择，通过性状的分歧和绝灭，对于一个共同祖先的后代的作用/一切生物分类的解释/生物体制的进步/下等类型的保存/性状的趋同/物种的无限繁生/提要。

第五章：变异的法则。改变了的外界条件的效果/与自然选择相结合的使用和不使用；飞翔器官和视觉器官/气候驯化/相关变异/生长的补偿和节约/假相关/重复的、残迹的及低等体制的构造易生变异/发育异常的部分易于高度变异；物种的性状比属的性状更易变异；次级性征易生变异/同属的物种以类似的方式发生变异/长久亡失的性状的重现/提要。

第六章：学说的难点。伴随着变异的生物由来学说的难点/过渡变种的不存在或稀有/生活习性的过渡/同一物种中的分歧习性/具有与近似物种极其不同习性的物种/极端完善的器官/过渡的方式/难点的事例/自然界没有飞跃/重要性小的器官/器官并不在一切情形下都是绝对完善的/自然选择学说所包括的模式统一法则和生存条件法则。

第 七 章：对于自然选择学说的种种异议。长寿/变异不一定同时发生/表面上没有直接用处的变异/进步的发展/机能上不大重要的性状最稳定/关于所想象的自然选择无力说明有用构造的初期阶段/干涉通过自然选择获得有用构造的原因/伴随着机能变化的构造诸级/同纲成员的大不相同的器官由一个相同的根源发展而来/巨大而突然的变异之不可信的理由。

第 八 章：本能。本能可以与习性比较，但它们的起源不同/本能的级进/蚜虫和蚁/本能是变异的/家养的本能，它们的起源/杜鹃、牛鸟、鸵鸟以及寄生蜂的自然本能/养奴隶的蚁/蜜蜂，它营造蜂房的本能/本能和构造的变化不必同时发生/自然选择学说应用于本能的难点/中性的或不育的昆虫/提要。

第 九 章：杂种性质。第一次杂交不育性和杂种不育性的区别/不育性具有种种不同的程度，它不是普遍的，近亲交配对于它的影响，家养把它消除/支配杂种不育性的法则/不育性不是一种特别的禀赋，而是伴随不受自然选择累积作用的其他差异而起的/第一次杂交不育性和杂种不育性的原因/变化了的生活条件的效果和杂交的效果之间的平行现象/二型性和三型性/变种杂交的能育性及混种后代的能育性不是普遍的/除了能育性以外，杂种和混种的比较/提要。

398　第　十　章：论地质纪录的不完全。今日中间变种的不存在/绝灭的中间变种的性质以及它们的数量/从剥蚀的速率和沉积的速率来推算时间的经过/从年代来估计时间的经过/古生物标本的贫乏/地质层的间断/花岗岩地域的剥蚀/在任何一个地质层中中间变种的缺乏/物种群的突然出现/物种群在已知的最下化石层中的突然出现/生物可居住的地球的远古时代。

　　第　十一　章：论生物在地质上的演替。新种慢慢地陆续出现/它们的变化的不同速率/物种一旦灭亡即不再出现/在出现和消灭上物种群所遵循的一般规律与单一物种相同/论绝灭/全世界生物类型同时发生变化/绝灭物种相互间以及绝灭物种与现存物种相互间的亲缘/古代类型的发展状况/同一区域内同一模式的演替/前章与本章提要。

　　第　十二　章：地理分布。今日的分布不能用物理条件的差别来解释/障碍物的重要性/同一大陆上的生物的亲缘/创造的中心/由于气候的变化、土地高低的变化以及偶然原因的散布方法/在冰期中的散布/南方北方的冰期交替。

　　第　十三　章：地理分布（续前）。淡水生物的分布/论海洋岛上的生物/两栖类和陆栖哺乳类的不存在/岛屿生物与最近大陆上生物的关系/从最近原产地移来的生物及其以后的变化/前章与本章提要。

　　第　十四　章：生物的相互亲缘关系：形态学、胚胎学、残迹器官。分类，群下有群/自然系统/分类中的规则和难点，依据伴随着变异的生物由来学说来解释/变种的分类/生物系统常用于分类/同功的或适应的性状/一般的、复杂的、放射状的亲缘关系/绝灭把生物群分开并决定它们的界限/同纲中诸成员之间的形态学，同一个体各部分之间的形态学/胚胎学的法则，依据不在幼小年龄发生的、而在相应年龄遗传的变异来解释/残迹器官；它们的起源的解释/提要。

第 十 五 章：复述和结论。对自然选择学说的异议的复述/支持自然选择学说的一般情况和特殊情况的复述/一般相信物种不变的原因/自然选择学说可以引申到什么程度/自然选择学说的采用对于博物学研究的影响/结束语。

## 测验五：达尔文的《物种起源》的问题

（1）达尔文在《物种起源》中主要描述的是人类的原始与进化？（是或否）

（2）这本书区分为（a）12（b）15（c）19章。

（3）这本书强调在自然选择中，家养的角色很重要？（是与否）

（4）达尔文坚持在同一种类之间的个体为生存挣扎，比起不同种类之间的个体为生存挣扎是（a）更困难（b）比较不困难。

（5）达尔文并没有说明自己的困难，也没有回答别人对他理论的反驳。（是或否）

（6）达尔文没有完成《物种起源》这本书，所以本书缺乏对全书理论的总结与结论？（是或否）

（7）达尔文喜欢争辩，争论最后便成为他的作品。（是或否）

（8）在牛津那场有名的论争中，赫胥黎与威尔伯福斯主义，谁在为达尔文的理论作辩论？

（9）达尔文形容那是"一生中最重要的事件"，指的是（a）他在阅读马尔萨斯的《人口论》（b）年轻时研读医学（c）"比格尔号"之旅。

（10）达尔文认为应该"立法禁止"（a）小说（b）色情小说（c）以科学家为主角的小说（d）以悲剧结尾的小说。

——————答案请见本书第415页"测验五"答案栏

这些问题都很简单。现在再花二十分钟重新浏览一次《物种起源》的目录。然后我们要问一些比较困难的问题。

## 测验六：达尔文《物种起源》进一步的问题

（1）达尔文尽量采用地质记录，他认为那些资料是（a）完整又令人满意的（b）并不完整，但却是物种原始的珍贵资料。

（2）动植物的"种"（Species）比"属"（genus）要（a）低（b）高。

（3）分享相同的特质的同一物种，可以互相杂交，生育出同类的后代？（是或否）

（4）有相同特质的同一属的生物，并不必然能杂交，生育出相同的后代？（是或否）

（5）以下的因素中，哪一个在自然选择中占有重要角色，哪一个只扮演不重要的角色？

（a）生存竞争　　　　重要　　　　不重要

（b）个体的变异　　　重要　　　　不重要

（c）遗传的特征　　　重要　　　　不重要

（6）达尔文比较自然选择与人类的选择。他认为哪一个比较

（7）第六章"自然界没有飞跃"（Natura non facit saltum）这句话，你能解释意义吗？你能说明这句话对达尔文的理论有何意义？

（8）地理的分布与自然的障碍如海洋，对物种的进化有何特殊意义？

（9）在《物种起源》的引言中，达尔文谈到物种的起源"曾被我们最伟大的哲学家之一称为神秘而又神秘"你能清楚说明他的作品想要解决的是什么问题吗？你可以用一两句话来回答。

（10）达尔文的理论是什么—简要说明？你能用一百字以内的篇幅作说明吗？

——————答案请见本书第415页"测验五"答案栏

你已经完成了第二层次阅读中的两部分测验了。跟以前一样，你可能也注意到了，这些问题不只是从你读过的文章中出的，也是从历史或其他资料中出的。事实上，你可能觉得有些问题非常不公平。如果真的是重要的判断都得靠你自己的能力来下，那是不公平的。不过当然并非如此。我们希望你不要为那些你不能回答、或是很难回答的问题而恼怒，相反地应该借此对全书作进一步的研究，那里的资料会比我们提供的资料更能回答这些问题。最好的答案就在书的本身。书还能回答更多更有趣的问题，或是我们没有时间与空间或智慧提出的问题。

## 第三层次阅读的练习与测验：分析阅读

这一部分的练习所使用的文章是本书。我们情愿不用本书做例子。有很多书更好也更成功，更可以拿来作分析阅读之用。

但是比起我们的情愿，还有一个更重要的考虑：那就是只有本书是所有参加测验的人一定都读过的书。唯一的变更方法是再印一本书，跟着这本书一起发行，不过这用不着谈了。

你应该记得一个分析阅读的读者不论读什么书都要回答的四个问题：（1）整本书在谈些什么？（2）细节是些什么？如何说明的？（3）这本书讲的有没有道理？是整本都有，还是部分有？（4）这本书与我何干？本书第十一章结尾附近的分析阅读十五个规则就是要帮助读者回答这些问题。你能针对本书回答这些问题吗？

你自己能判断自己能不能回答这些问题。对这四个问题，我们在答案栏没有附上解答。答案在书的本身。

不只是因为我们已经尽力在书中将这些声明说清楚了，而且更重要的是，我们已经做得够多了，如果现在还要替你回答这些问题就不太恰当了。这不只是因为分析阅读是个工作，而且是个很孤独的工作。读者是一个人在阅读一本书，基本上，除了他自己的思想外，没有其他的帮助资源。除了他自己的头脑外，他没有办法到别处去寻找洞察与理解。

我们已经解释过为什么一定要回答这些问题，以及这些规则如何运用在不同种类的书本上。但我们没法说明这些规则如何运用在某一本书上，那是读者本身要做的工作。

除此之外，还有些事要作说明，这些说明都还算合情合理，不会太过分。我们并没有隐瞒说这是一本实用的书，所以应用结构分析的第一条规则应该是很简单的事。我们认为我们也都把这整本书在谈些什么讲得很明白了，现在你应该用比我们简要许多的话说明一遍。我们希望我们之所以把本书分成四部二十一章的道理，是很清楚的。然而，在你整理本书纲要的时候，应该针对本书不同阅读层次的不平均页数分配，发表一些看法。第一层次的阅读——基础阅读——毫无疑问是很重要的，在本书中谈得却较少。为什么？第三层次的阅读——分析阅读——比任何其他层次都占篇幅，解释也更详尽。还是同样的问题，为什么？

就结构分析的第四个规则而言，我们要强调的是，我们设定要解决的问题，并不能单纯地定义为教别人如何阅读。譬如说这本书中的建议，对小学一年级或二年级的老师来说就帮助不大。我们所关注的是某种特定的阅读，有一定目标的阅读。为了要能实际应用第四个阅读规则，这些方法与目标必须说明得格外清楚。

分析阅读的第二阶段——诠释阅读——也是一样的问题。在这个阶段中，前三个规则必须要读者自己去运用，不用我们的帮忙。那就是：要找出作者的关键词义，找出主旨，架构出论述。现在要我们再把我们认为这本书的关键词义列一个表是没有意义的——如果这本书整体而言是要沟通知识或教导技能的话，我们双方都必须共同了解那些重要词义。我们也不会将主旨说出来，因为一个做分析阅读的人可以用自己的话将主旨说明出来。我们更不会将论述再说一次，如果要这么做，我们就得把书重写一次了。

然而，我们还是可以谈一下我们解决或未解决的问题。我们相信我们解决了一开始时面对的问题——也就是运用结构分析第四个规则时要认知的问题。我们相信我们并没有解决今天所有学生或老师所面对的阅读问题。每个人所面对的问题都各不相同。没有任何一本一般性的主题书能解决所有这些问题。

你应该还记得,要评论一本传达知识的书时,要用上七个规则,其中三个是一般的智慧程式,另外四个是在作评论时需要的特殊条件。我们已经尽量说明有关智慧程式的事了(在第十章中的讨论),因此对这前三个规则我们不再多说。但是对后面的四个规则还有一些必要的提醒——也表示本书的某些分析还不够完整。

我们要说的是,我们的分析或说明有两个地方不够完整。第一个和第一个阅读层次有关。关于基础阅读确实还有很多要谈的,但我们想要强调的是这并非我们的首要目标。我们也不会号称我们在这个题目上所谈的就是什么定论——基础阅读也可以用许多十分不同的方式来讨论。

另一个不够完整的地方则更重要一些。关于主题阅读,我们说的还不够——甚至可能我们自己的话都还没全部说完。原因有两个。

第一,如果没有不同作者的书籍摆在面前,要说明主题阅读是非常困难的事。幸好,在附录的最后一部分,我们有这个机会做有关主题阅读的练习。不过我们也只能提供两位作者的两小段文字。完整的练习牵涉到许多书及作者,还有许多复杂的问题。有限的篇幅不容许我们这么做。

第二,如果没有共同分享过做主题阅读的经验,真的很难形容那种心智上的兴奋与满足,或是一个人终于达到目标的那种体会。要解开一个重要观点纠缠讨论的话题——很可能纠缠了几百年——可能需要好几个月或好几年的时间。在你真正了解这个主题之前,要走很多冤枉路,要对各种讨论作出许多很模糊的分析与架构。我们在这些问题上吃过很多苦头,知道要作这样的努力是多么让人灰心丧志的事。然而,我们也知道当我们终于解决一个问题时,那种愉快满足的奇妙感觉。

还有其他我们没有说明完整的地方吗?我们还想到了几个可能的地方。譬如,我们是否可能没有将第一种企图的读者(阅读一本书),与第二种企图的读者(阅读一本书的导读)作相当的区分。或者,相对于"经书"之类的作品,如何阅读相反论点的书,我们谈得够了吗?或者,就如何超越经书与异端,从一个疏离的立场来阅读,我们谈得够了吗?或者,对于一些特殊用词,尤其科学或数学用词所引发的问题,我们讨论得够了吗?(这方面的一般问题在阅读社会科学作品时谈到了一些。)再者,谈阅读抒情诗的篇幅也不够多。除此之外,我们也不知道对这最后一部分会获得什么样的评价。不过,如果说有什么缺失是我们浑然不觉,而读者你却看得一清二楚,那也是毫不足为奇的。

## 第四层次阅读的练习与测验:主题阅读

在附录的最后一部分,要用上两本书中的文章。其中一部分是由亚里士多德的《政治学》第一卷前两章中摘要出来的,其他则是从卢梭的《社会契约论》第一卷中摘要出来——其中有一些句子是从引言中摘出来,其他则是由第一、二、四、六章摘取的段落。

亚里士多德的《政治学》收在《西方世界的经典名著》第九册。第八、九两册谈的全是亚里士多德的作品,除了《政治学》之外,第九册中还包括了《伦理学》、《修辞学》(*Rhetoric*)与

《诗学》，另外还包括了一些生物学的论述。卢梭的《社会契约论》出现在第三十八册，其中也包括了卢梭其他的作品——《论人类不平等的起源》(*On the Origin of Inequality*)及《论政治经济学》(*On Political Economy*)——另外还有一本重要的18世纪法国政治作品，孟德斯鸠的《论法的精神》(*The Spirit of Laws*)。

你该记得，主题阅读有两个步骤。其中一个是准备阶段，另一个是恰当地进行主题阅读。以这个练习来说，我们假定你已经完成了第一个步骤——也就是已经准备好要讨论的主题是什么，也决定要阅读的是哪些文章了。在这里，这个主题可以定义为"自然与原始的国家"——这是许许多多人思考过也讨论过的问题。要读的两篇文章则如上面所述。

我们还要进一步假设，如果不是因为篇幅的限制，我们不得不将题目缩小，只能引用两本书的文章，我们要讨论的主题很可能应该陈述如下：国家是一种**自然的**安排，意含着所有的善意与需要——还是一种**约定俗成**或人为的安排？

这就是我们的问题。现在仔细读这两段文字，你需要多少时间就用多少时间。主题阅读的速度并不重要。如果需要，就做些笔记，或划线，将段落圈出来等等。在思考这些问题时，也可以不时地重新再读一次。

## 亚里士多德《政治学》第一卷\*

第一章：　　我们看到，所有城邦都是某种共同体，所有共同

---

\*　以下节文引用颜一、秦典华译本/知书房出版社。——译者

体都是为着某种善而建立的（因为人的一切行为都是为着他们所认为的善），很显然，既然所有共同体都在追求某种善，所有共同体中最高的并且包含了一切其他共同体的共同体，所追求的就一定是最高的善。那就是所谓的城邦或政治共同体。……

第二章：家庭是为了满足人们日常生活需要自然形成的共同体，加隆达斯将家庭成员称为"食橱伴侣"，克里特的埃比门尼德则称其为"食槽伴侣"。当多个家庭为着比生活必需品更多的东西而联合起来时村落便产生了。村落最自然的形式似乎是由一个家庭繁衍而来，其中包括孩子和孩子的孩子，所以有人说他们是同乳所哺。所以最早的城邦由君王治理，其原因就在于此，现在有些未开化的民族仍然如此。……

当多个村落为了满足生活需要，以及为了生活得美好结合成一个完全的共同体，大到足以自足或近于自足时，城邦就产生了。如果早期的共同体形式是自然的，那么城邦也是自然的。因为这就是它们的目的，事物的本性就是目的；每一个事物是什么，只有当完全生成时，我们才能说出它们每一个的本性，譬如人的、马的以及家庭的本性。终极因和目的是至善，自足便是目的和至善。

由此可见，城邦显然是自然的产物，人天生

是一种政治动物……

很显然，和蜜蜂以及所有其他群居动物比较起来，人更是一种政治动物。自然，就像我们常说的那样，不会做徒劳无益之事，人是惟一具有语言的动物。声音可以表达苦乐，其他动物也有声音（因为动物的本性就是感觉苦乐并相互表达苦乐），而语言则能表达利和弊以及诸如公正或不公正等；和其他动物比较起来，人的独特之处就在于，他具有善与恶、公正与不公正以及诸如此类的感觉；家庭和城邦乃是这类生物共同体。

城邦在本性上先于家庭和个人。因为整体必然优先于部分。例如，如果整个身体被毁伤，那么脚或手也就不复存在了，除非是在同音异义的意义上说，犹如我们说石头手（因为躯体被毁伤则手足也同样被毁伤），一切事物均从其功能与能力而得名，事物一旦不再具有自身特有的性质，我们就不能说它仍然是同一事物。除非是在同音异义的意义上说。城邦作为自然的产物，并且先于个人，其证据就在此，当个人被隔离开时他就不再是自足的，就像部分之于整体一样。不能共同生活或因为自足而无此需要者，就不是城邦的一个部分，它要么是只野兽，要么是个神。所有人天性之中就有趋于这种共同生活的本能，最先缔造城邦的人乃是给人们最大恩泽的人。人若趋于完善就是最优良的动物，而一旦脱离了法律和公正就会变成最恶劣的动物。

　　我想就人性所然，法律所能，研究在国家秩序方面，究竟能否订立些公正确定的政治原则。……

## 卢梭《社会契约论》第一编[*]

第一章：　　第一编的问题。人是生而自由的，但到处都受着束缚。好些人自以为是别人的主人，其实比起别人来，还是更大的奴隶。怎么会变成这样呢？我不知道。什么能使之合法呢？这问题，我想我能回答。

第二章：　　原始的社会。最原始的社会，唯一自然的社会，便是家庭；但儿子依附父亲，亦只限于需要他保护的时候。一旦不复有这需要，天然的结合便分解了。儿子不再要服从他们的父亲，父亲也不再要照料他的儿子；彼此便变成同等独立的。如果他们仍然结合在一起，这结合也不复是出于天然的，而只是出于同意的；那时家庭本身的维持，全依赖契约。……

　　家庭可以说是政治社会的雏形：统治者相当于父亲，人民相当于儿子；大家都是生而自由平等的，只是为着自己的利益，才让与自由。……

---

[*] 以下节文引用徐百齐译本／台湾商务印书馆。——译者

第四章： 奴隶。既然人没有支配他人的天然权力，既然强力不能产生权利，那么契约便是人与人间合法权力的基础了。……

第六章： 社约（社会契约）。我认定人们曾达到这样的地步：在自然状态下，危及他们生存的阻力，比个人为维持生存而作的努力，还要厉害。这样，这种原始的情况不能继续存在；人们必须改变其生存的方式，否则便要危亡。

但因人们不能创生新的力，只能结合及引导原有的力，故他们除了集结足以克制阻力的力，使受一原动力发动，而一致动作之外，再没有别的自存的方法。

这种众力之结合，要好些人合在一起才能办到。但各人的力和自由既然是他自己求生存的唯一的工具，那他怎么能把它们提供出来，同时又不致碍及他自己，不致忽略对他自己的关心呢？这种困难应用于我这论题上，可用下面的话来表明："问题是在找出一种团结，能以社会的全力保护每个分子的生命财产，同时每个分子一方面与全体相结合，一方面仍然可以只服从他自己并仍然和从前一样自由。"这是社会契约所给予解决的根本问题。……

如果我们删去了那些不是社会契约要素的各点，我们便可知道社会契约可简述如下："我们每个人都把自身和一切权力交给公共，受公意之最高的指挥,我们对于每个分子都作为全体之不可分的部分看待。"

这种订约的行为,立即把订约的个体结成一种精神的集体。这集体是由所有到会的有发言权的分子组成的,并由是获得统一性、共同性,及其生命和意志。这种集体,古代称为城市国家(polis),现在称为共和国(republic)或政治社会(body politic)。这种共和国或政治社会,又由它的分子加以种种的称号:从其被动方面称之为"国家";(state)从其主动方面称之为"主权"(sovereign);和类似的团体比较时,又称之为列强的"强"(power)。至于结合的分子,集合地说来,称为"人民",个别地说来,就参加主权言,称为"公民",就受治于国家的法律言,称为"国民"。但这些名词常相混杂、误用。唯加以精确应用时,知道怎么区别它们便够了。

请你先根据上面两篇文章回答两组问题。

## 测验七:关于亚里士多德与卢梭的第一组问题

(1)亚里士多德定义出三种不同的人类组织,是哪三种?

(2)这三种组织有相同之处,却也有完全不同之处。他们相同的地方是什么?不同的又是什么?

(3)这三种组织因为包含的成员不同而有所差别。你能由少到多,列出先后顺序吗?

(4)这三种组织都在满足某种自然的需求——也就是追求某种善。一个家庭追求的善——也就是保护成员的安全与子孙的繁衍——也是村落追求的，只是层次更高一些。那么，一个城邦想要追求的善，是同样的善只是层次更高一些呢，还是包容了各种不同的善？

（5）另一个想要区分其中差异的方法是提出另一个问题。对亚里士多德来说，所有这三种组织都是自然形成的，那么他们都是由同样的方式自然形成的吗？

（6）在进入卢梭的问题之前，我们必须要提出一个由亚里士多德所提出的问题。亚里士多德对第一个创造城邦的人十分称颂，他对第一个创造家庭与村落的人，是否也用了相同的语调？

（7）卢梭谈到国家的主要问题是什么？

（8）卢梭认为家庭也有同样的问题吗？

（9）对卢梭而言，什么与"自然"相对的？

（10）对卢梭而言，让国家合法的基本协议是些什么？

——————答案请见本书第416页"测验七"答案栏

在做完第一组题目之后，我们似乎得到一个看法：这两位作者对我们所谈的主题，意见并不一致。你应该记得，我们的问题是：国家是自然形成的，还是约定或人为的？卢梭似乎认为国家是约定或人为的，而亚里士多德似乎认为是自然形成的。

现在花几分钟想一想这个看法正确与否。我们对亚里士多德论点的解说是否有些疑点？卢梭所提出来的问题，有些我们还没有讨论过，这会不会让我们怀疑这样的解说是否正确？

如果你认为这样的解说是不正确的，你可能已经知道我们接下来要问的是什么问题了。

## 测验八：第二组问题

（1）对卢梭而言，自然形成的国家，是否也是约定而成的国家？

（2）亚里士多德会同意这一点吗？

（3）亚里士多德与卢梭基本上相同的论点，能作更进一步的引申吗？

（4）在回答上一个问题时，我们谈到一个国家追求的"善"，是如果没有国家的本身就无法完成的目标。这个"善"对卢梭来说，也是像对亚里士多德同样的意义吗？

（5）最后一个问题。我们就最重要的那个问题发现两个作者相同的观点，是否表示我们所节录的这两篇文章中（虽然短了一点），所有的观点都意见一致？

——————————答案请见本书第418页"测验八"答案栏

在这个测验一开始的时候，我们就说过，只有细心读过这两篇重要的政治论文，就可以从中得出一些结论。其中之一是：基本上人是政治的动物——如果你想的话也可以用其他的形容词来代替——这也是人与其他群居的动物不同之处。这也就是说，人是一种理性的社会动物，可以建立一个社会来服务他人，而不只是传宗接代。从这一点来看，国家既是自然形成的，也是约定而成的——换句话说，比家庭的组成也算自然也算不自然。同时，国家必须要正式地共同结合（Constituted），否则其他形式的社会都不算真正的国家。其次，我们可以合理地得出一个结论：国家只是手段，并非目标。目标，是人类共同的善：一种美好的生活。因此人并非为国家而生，国家却是为人而设立的。

对我们来说，这样的结论很合理。我们也相信我们的回答是正确的。但是比感觉或相信更重要的是：真正做一次主题阅读。我们提过,在这个层次的阅读中,读者自己从作者的文字中取得答案或结论永远是最有意思的。我们在这里没法这样做。你可以试着自己做做看。如果你对我们提供的任何答案有疑问,试试看能不能从亚里士多德或卢梭中,找到我们提供答案的来源。如果你对任何一种答案或结论觉得有不同意见,试试看能不能由作者自己的文字中找到你需要的答案。

## 答案栏

### 测验一(见第370页)

(1)(c),(2)(b)。如果你选(a)与(d)。并非真的全错。(3)(a)与(b)。(4)(b)。(5)(c),这一题说(b)不正确是否太老学究了?如果没有(c)这个答案,情况是否又不同?(6)(b)。(7)(a)与(c)及(d)。文中已经提到边沁对他的影响力了。(8)(d)。(9)(a)与(b)可能,(c)与(d)是不可能。(10)(a)、(b)及(d)。

### 测验二(见第376页)

(1)(c)。(2)(c)。(3)否。(4)(b)。(5)(a)与(b)。(6)(b)。(7)(b),如果第一个答案的说法是"苹果是如何落下的?"而不是"苹果为什么掉下来",选第一个答案可能是正确的。——虽然《自然哲学的数学原理》中并没有提及苹果。重点在这本书描述并说明了万有引力的运作,却并没有说明**为什么**会有万有引力。(8)(a)。(9)(b)与(c)。(10)这份饶有兴味的说明,吸引了好几代的牛顿迷的兴趣。要评论这段文字,你可能会谈到牛顿的谦虚。你是否也注意到牛顿所引用的

附录二　四种层次阅读的练习与测验 | 441

隐喻？这是值得记下的一段话。
### 测验三（见第389页）
（1）（a）。（2）（b），但丁自己取的书名是（c），所以如果你选（c），我们也算你是对的。（3）（a）。（4）（a）与（b）。（5）（b），当然，这并非偶然，每一个主要的部分包括三十三章，地狱篇第一章是全书的引言。（6）（a），只有第八层是再区分出"囊"的。（7）（b），选（a）也并非全错。（8）（c）但（b）也对。在但丁的世界里，天使的九个等级和九个星球是相呼应的。（9）（a）、（b）。（10）（a）。

### 测验四（见第390页）
（1）（b）。（2）（a），贝雅特丽齐为上帝所做的事，所以（b）也不算错。（3）（b）。（4）（b）与（c），但丁没有读过亚里士多德的《诗学》，但他读过纲要，知道亚里士多德对喜剧的定义是结尾要幸福。但丁的诗终结在天堂，是一种幸福，所以他的诗原名为《喜剧》（The Comedy），但是当然这不是一部滑稽好笑的诗。（5）（c），这部诗三者的观念都用上了，但以基督教的最重要。（6）是。但丁觉得怠惰是他主要的罪恶，在这里他用入睡作比喻。（7）在但丁的宇宙中，地球是宇宙的中心，地狱是地球的中心点。（8）七死罪代表人类的七种罪恶，每免除一种罪恶时，在炼狱中就上升了一级。（9）在这部诗中，维吉尔代表了所有人类的智慧与美德。但因为他是在基督出世以前就死了的非基督徒，所以不能陪着但丁上天堂。（10）圣方济教派与圣多明我教派是中世纪最重要的两个教派。前者是冥想派，后者是学者及老师。但丁要在天堂中为两派的不同之处想出解决方案，因此他由圣托马斯，圣多明我教派的伟大代表，来讲述圣方济教派的创始者的生活。而圣方济教派的代表人物,圣伯纳文图拉,来说明圣多明我教派创始者圣多明我的生活。

**测验五(见第399页)**

(1)否。(2)(b)。(3)否。事实上,这个说法毫无意义。(4)(a)。(5)否。(6)否。(7)否。(8)赫胥黎为达尔文辩护。(9)(c)。(10)(d),对达尔文迷来说,这是这个人最迷人之处。

**测验六(见第400页)**

(1)(b)。(2)(a)。(3)是。事实上,这是对物种的一个很接近的定义。(4)是。只有当他们是同一种时,同一属的成员才能杂交与产生同一类的后代。(5)(a)、(b)与(c)在自然选择中都占有重要的角色。(6)自然选择。如果达尔文活在今天,看到人类对自然环境的破坏,他会不会改变自己的观点?或许。但他可能还是会坚持,长期来说,自然比人类更有力量。而人是自然的一部分。(7)自然选择并非跳跃前进的,意思是在自然中,并不会发生突然之间的巨大变异,而是慢慢地小型地变化。就算你原来不懂这句拉丁文,从目录中是否也能看出其中的意义?这个想法很重要,因为达尔文相信这一点,而且用来解释这是物种之间大不相同的主要原因。达尔文不是基于上帝创造不同物种之间差异的假设,而是由地质记录(也就是所谓"失去的连结")的假设来说明这一点,是很了不起的。(8)根据达尔文的说法,如果同一个物种的变异,经过一段相当长的时间分隔而无法彼此杂交,那么其后代就会变成两种完全不同的物种——也就是没有能力再杂交。这是他在"比格尔号"之旅中,观察各个海岛上完全不同的鸟类时,引发他第一次产生这个重要的观点。(9)可能有许多方法可以用来说明这个问题。有一个方法是提出两个看来简单的问题：第一，为什么世上有这么多种的生物，而不是只有一两种，第二，一个物种如何开始生存，又如何消灭——达尔文和他同代的人从地质学上的记录看出这种情况发生过很多。这个问题值得我们花上时间仔细想一想，以了解这个问题为什么如此困难又如此神秘——但的确值得想一想。(10)我们并不确定只阅读简短的《物种起源》的目录，就能恰当地回答这个问题。如果你能以一百字回答这个问题，而且没有参考其他的书，表示你是一个成功的阅读者。事实上，这个问题不容易作简短的回答，就算我们读过这本书仍然这么觉得。你可以用第七章的理论来作总结。达尔文本人在他全书的绪论中有一小段话，可以当作是他自己对这个问题的答案。这段话值得我们全部摘录下来：

> 每一物种所产生的个体，远远超过其可能生存的个体，因而便反复引起生存斗争，于是任何生物所发生的变异，无论多么微小，只要在复杂而时常变化的生活条件下以任何方式有利于自身，就会有较好的生存机会，这样便被自然选择了。根据强有力的遗传原理，任何被选择下来的变种都会有繁殖其变异了的新类型的倾向。

## 测验七（见第410页）

（1）家庭、村落、国家\*。

---

\* 国家与"城邦"是同一字 State。——译者

（2）他们相同之处在于都是人类社会的模式，都是自然形成的。亚里士多德对后一个重点说得很清楚："由此可见，城邦是自然的产物。"无论如何，区分出不同社会之间的差异性是很重要的。如果你还不清楚其间的差异性，也就是还不清楚亚里士多德的描述，下面的问题能帮助你厘清真相。

（3）家庭是最小的范围。村落包括了许多家庭，它的范围便大过家庭。国家包含得更广，因为国家的存在是由于"当多个村落……结合成一个完全的共同体"。

（4）亚里士多德说国家的起源是为了"满足生活需要"，但能持续存在下去则是为了"生活得美好"。"生活得美好"与仅仅"生活"似乎是不同的。事实上，这似乎也是国家与其他两种形态的社会不同之处。

（5）虽然各种社会的形态是自然形成的，但他们形成的方式并不相同。亚里士多德观察到许多动物与人一样生活在家庭中，他提到蜜蜂的组织就跟人的村落一样。但是人却不同，人虽然与其他动物一样是**社会的**动物，却也是**政治的**动物。他讨论到人类独有的说话能力，因此只有人是政治的动物。人自然而然就是个政治的动物，因此国家也是自然形成的——因为它满足人类在这方面的需要。但是，在人类经历的各种形态的社会中，只有国家能满足这一点独特的需求。

（6）显然亚里士多德不会像称颂创造国家的人那样称颂创造家庭或村落的人。他的说法造成了一个难题。如果国家是被某个人创造出来的，就可以说国家是被发明出来的，如果是一种发明，岂不就是人为的？而我们却已经得出国家是自然形成的结论。

(7)卢梭所提出的主要问题是关于国家的合法性。如果这个国家不合法,卢梭认为,这个国家的法律就不值得遵循。

(8)他并没有对家庭提出相同的问题。他说得很清楚,自然的需要是一个家庭的基础——这也是亚里士多德所说的同样的需要。

(9)约定。对卢梭而言,国家是约定而成的,如果国家跟家庭一样,就会把父亲在家庭里的那一套规则合法化——一个仁民爱物的专制君主,相当于一个父亲在家庭中扮演的角色。权力——这也是父亲的力量——不能让一个国家合法化。只有在相互理解下的同意——共同的约定——才能如此。

(10)对卢梭而言,社会契约就是约定的基石,当一个国家所有成员在意见一致下愿意也作出选择时,这个社会契约就成立了。也是这个契约使国家这个机构合法化的。

**测验八(见第412页)**

(1)是!他说得很清楚:人对国家的需要是自然形成的。国家之所以成立,是因为人类自然生活的状态受到了威胁,没有国家,人类就无法继续存活。因此,我们必须要下结论说:在卢梭的观点里,国家既是自然形成的,也是约定而成的。说它是自然的,因为它满足了自然的需求;但是它的合法化却需要约定而成的基础——社会契约。

(2)是。亚里士多德与卢梭都同意国家既是自然形成,也是约定而成的。

(3)亚里士多德与卢梭都同意,国家的自然形成,与其他动物社会的自然形成不同。国家的自然形成来自人类的需要,所追求的"善"是没有国家就无法达成的。但是虽然国家就一种自然寻求的手段而言是自然形成的——也就是必要的——但国家也是一种理性与意愿所形成的结果，要进一步引申这两位作者之间的共同观点，是"共同结合"（Constitute）这个关键字上。对亚里士多德来说，第一个让大家共同结合成一个社会的人，就是"创造"了一个国家。对卢梭而言，当大家达成成立一个政府的约定，或是社会契约的时候，也就是"共同结合"了一个国家。

（4）不同。对卢梭而言，国家所要达到的"善"，与亚里士多德所说的"善"是不同的。理由很复杂，这里提供的文章也没有真正解说这个问题。但是亚里士多德的"美好生活"，是一个国家的终极目标，这与卢梭观念中的"公民的生活"是不同的，而他认为那才是国家最终目标。要完全了解这些问题，最好是进一步阅读《政治学》与《社会契约论》这两本书。

（5）很显然，这两本书的论点并不完全相同。就算在这短短的摘要中，每个作者所提出的观点都不是对方在讨论的问题。譬如在卢梭的文章中，就没有提到对亚里士多德来说显然很重要的观点——也就是基本上人是政治的动物，也是社会的动物。"正义"这样的字眼也没有出现在卢梭的书中，而对亚里士多德来说却是十分重要的关键字。从另一个角度来看，在亚里士多德的书中也没有社会契约、个人自由、异化的自由、共同意志等这些基本概念或关键用语，而对卢梭而言，这些才是最主要的议题。

# 索 引

本索引所标页码为英文版页码，参见中译本边码

*Aeneid*（Virgil），埃涅阿斯纪（维吉尔），222
Aeschylus，埃斯库罗斯，226
*Andromeda Strain, The*,（Crichton），《安珠玛特病毒》（克赖顿），60
*Animal Farm*（Orwell），《动物农庄》（奥威尔），216—217
*Apology*（Plato），《申辩篇》（柏拉图），286
Appolonius，阿波罗尼乌斯，265
Aquinas, Thomas，托马斯·阿奎那，86，122，157，247，282
Archimedes，阿基米德，265
Aristophanes，阿里斯托芬，225
*Arithmetic of Infinities*（Wallis），《无穷大算术》（沃利斯），373
Aristotle，亚里士多德，64，71，78，79，81，86，88，145，146，161，172，199，240，247，252，280，281，282，284，287，292，406—408
*Art of Fiction, The*（Henry James），《小说的艺术》（亨利·詹姆斯），213
Articles of Confederation，邦联条例，172，366
*As You Like It*（Shakespeare），《皆大欢喜》（莎士比亚），37
Augustine，奥古斯丁，64，247
*Autobiography*（J.S.Mill），《自传》（J.S.密尔），367

Bacon, Francis，弗兰西斯·培根，139
Barnett, Lincoln，林肯·巴内特，268
Berkeley, George，乔治·贝克莱，280

Bhagavad-Gita,《薄伽梵歌》,349

Bible,《圣经》,223,293

Boethius,波爱修斯,380—381

Boswell, James,詹姆斯·鲍斯韦尔,244

*Brave New World*(Huxley),《美丽新世界》(赫胥黎),217

Burke, Edmund,埃德蒙·柏克,197

Byron, George Gordon, Lord,乔治·戈登·拜伦爵士,222

*Capital*(Marx),《资本论》(马克思),68,81,145

Cervantes, Miguel de,塞万提斯,139

*Charterhouse of Parma*, *The*(Stendhal),《帕马修道院》(司汤达),309

Chaucer, Geoffrey,杰弗里·乔叟,179

Cicero, Marcus Tullius,西塞罗,280,380

*City of God*, *The*(Augustine),《上帝之城》(奥古斯丁),64

*Civil Government*, *Second Treatise on*(Locke),《政府论》下篇(洛克),68,172

Clarke, Arthur C.,阿瑟·C.克拉克,60

*Closing Circle*, *The*(Commoner),《封闭的循环》(康孟纳),268

Collier, Jeremy,杰里米·科利尔,79

Commoner, Barry,巴瑞·康孟纳,268

*Communist Manifesto*(Marx and Engels),《共产党宣言》(马克思和恩格斯),68,145,197

*Compleat Angler*, *The*(Walton),《钓客清话》(沃顿),246

*Confessions*(Augustine),《忏悔录》(奥古斯丁),247

*Confessions*(Rousseau),《忏悔录》(卢梭),247

*Consolatio Philosophiae*(Boethius),《哲学的慰藉》(波爱修斯),380

*Convivio*(Dante),《飨宴》(但丁),380

*Coral Reefs*(Darwin),《珊瑚礁旅》(达尔文),393

*Crime and Punishment*(Dostoevsky),《罪与罚》(陀思妥耶夫斯基),79

*Critique of Judgment*(Kant),《判断力批判》(康德),288

索引 | 449

Critique of Practical Reason（Kant），《实践理性批判》（康德），67，145

Critique of Pure Reason（Kant），《纯粹理性批判》（康德），67，86，145，288

Dante Alighieri，但丁，206，222，223，252，363，378—392

Darwin, Charles，查尔斯·达尔文，62，72，82，92，104，130，157，255，344，363，392—401

De Amicitia（Cicero），《论友谊》（西塞罗），380

De Monarchia（Dante），《论世界帝国》（但丁），381

De Vulgari Eloquentia（Dante），《论俗语》（但丁），381

Declaration of Independence，独立宣言，42，366

Decline and Fall of the Roman Empire（Gibbon），《罗马帝国衰亡论》（吉朋），33，62

Descartes, René，勒内·笛卡尔，64，283

Descent of Man, The（Darwin），《人类的由来》（达尔文），62，392，394

Dewey, John，约翰·杜威，161

Divine Comedy（Dante），《神曲》（但丁），206，222，363，378，381—392

Don Juan（Byron），《唐璜》（拜伦），222

Donne, John，约翰·多恩，246

Dostoevsky, Fyodor，费多尔·陀思妥耶夫斯基，79

Eddington, A. S.，A. S. 爱丁顿，101

Einstein, Albert，阿尔伯特·爱因斯坦，63，255

Elements of Chemistry（Lavoisier），《化学原理》（拉瓦锡），259，260

Elements of Geometry（Euclid），《几何原理》（欧几里得），64，161，210，262，264

Elements of Law（Hobbes），《法律的原理》（霍布斯），159

Elements of Political Economy（J. S. Mill），《政治经济学原理》（J.S.密尔），368

Eliot, T. S.，T.S.艾略特，229

Emerson, Ralph Waldo，拉尔夫·华多·爱默生，217，288

Encyclopaedia Britannica,《大英百科全书》,184,367
Epictetus,埃比克泰德,162
Essay Concerning Human Understanding, An (Locke),《人类理解论》(洛克),68,72,73,82
Essay on the Principle of Population (Malthus),《人口论》(马尔萨斯),394
Essays (Montaigne),《随笔》(蒙田),247
Ethics, Nicomachean (Aristotle),《尼各马可伦理学》(亚里士多德),81,88—89,92,146,172,281,287,406
Ethics (Spinoza),《伦理学》(斯宾诺莎),70,284
Euclid,欧几里得,64,103,107,122,130,134,161,210,262,264,283,373
Euripides,欧里庇得斯,226
Evolution of Physics, The (Einstein and Infeld),《物理之演进》(爱因斯坦和英费尔德),63
Expression of Emotions in Man and Animals, The (Darwin),《人与动物的情感表达》(达尔文),395

Faraday, Michael,迈克尔·法拉第,246
Faraday the Discoverer (Tyndall),《发明家法拉第》(丁达尔),246
Faulkner, William,威廉·福克纳,60
Faust (Goethe),《浮士德》(歌德),247
Federalist Papers,《联邦党人文集》,172,366
Freud, Sigmund,西格蒙德·弗洛伊德,72,294
Fielding, Henry,亨利·菲尔丁,79,225
First Circle, The (Solzhenitsyn),《第一圈》(索尔仁尼琴),217
Foundations of Geometry (Hilbert),《几何学基础》(希尔伯特),64

Galileo Galilei,伽利略,72,104,130,132,255,266,279,284
Gateway to the Great Books,《西方名著入门》,350
Geometry (Descartes),《几何学》(笛卡尔),64,373
Gibbon, Edward,爱德华·吉朋,33,62,157

Gilbert, William, 威廉·吉尔伯特, 267

Goethe, Johann Wolfgang, von, 歌德, 247

*Golden Treasury, The*（Palgrave）,《英诗金库》（帕尔格雷夫）, 349

*Gone With the Wind*（Mitchell）,《飘》（米切尔）, 60, 309

*Grapes of Wrath, The*（Steinbeck）,《愤怒的葡萄》（斯坦贝克）, 60

*Great Books of the Western World*,《西方世界的经典名著》, 330, 350, 363, 364, 372, 377, 409

*Hamlet*（Shakespeare）,《哈姆雷特》（莎士比亚）, 37, 93, 220, 224

Harvey, William, 威廉·哈维, 132, 267

*Heartbreak House*（Shaw）,《心碎之家》（萧伯纳）, 225

Heinlein, Robert A., 罗伯特·A.海莱因, 60

Herbert, George, 乔治·赫伯特, 246

Herodotus, 希罗多德, 80, 370

Hilbert, David, 戴维·希尔伯特, 64

Hippocrates, 希波克拉底, 266

*Historical Account of Two Notable Corruptions of the Scriptures*（Newton）,《圣经中两位显要人物堕落的历史文献》（牛顿）, 375

*History of India*（J. Mill）,《印度史》（J.密尔）, 367

Hobbes, Thomas, 托马斯·霍布斯, 64, 159, 166, 199

Holy Bible,《圣经》, 223, 293

Homer, 荷马, 78, 178, 222, 223

*How We Think*（Dewey）,《如何思考》（杜威）, 161

Hume, David, 大卫·休谟, 157

Huxley, Aldous, 阿尔道斯·赫胥黎, 217

Huxley, T. H., T.H.赫胥黎, 394

Huygens, Christiaan, 克里斯蒂安·惠更斯, 372

*I Ching*,《易经》, 349

*Idea of Progress*（C. Van Doren）,《进步论》（C.范多伦）, 326

*Iliad*（Homer）,《伊利亚特》（荷马）, 178, 222

*Illustrations of British Insects*（Stephen）,《英国昆虫图鉴》（斯蒂芬）, 393

Infeld, Leopold, 列奥波德·英费

尔德，63

*Introduction to Poetry*（M. Van Doren），《诗歌入门》（M.范多伦），350

*Introduction to Mathematics*（Whitehead），《数学入门》（怀特海），268，269

James, Henry，亨利·詹姆斯，213

James, William，威廉·詹姆斯，64，72

Jefferson, Thomas，托马斯·杰斐逊，42

*Journal*（Darwin），《日记》（达尔文），393

Joyce, James，詹姆斯·乔伊斯，79

*Julius Caesar*（Shakespeare），《裘利斯·恺撒》（莎士比亚），37

Kant, Immanuel，伊曼努尔·康德67，86，145，282，284，285，287

Kepler, Johannes，约翰尼斯·开普勒，279，373

*Koran*，《古兰经》，293，334

Latini, Brunetto，布鲁内托·拉提尼，379

Lavoisier, Antoine Laurent，拉瓦锡，259，260

*Leaves of Grass*（Whitman），《草叶集》（惠特曼），248

*Leviathan*（Hobbes），《利维坦》（霍布斯），64，199

*Life of Johnson*（Boswell），《约翰逊传》（鲍斯韦尔），244

*Lives*（Walton），《传记》（沃顿），246

*Lives of the Noble Grecians and Romans*（Plutarch），《希腊罗马名人传》（普鲁塔克），246

Locke, John，约翰·洛克，68，72，82，129，134，172

Lucretius，卢克莱修，285

Lyell, Charles，查尔斯·莱尔，393

Machiavelli, Niccolò，尼科洛·马基雅维里，118，119，129，159，199

MacLeish, Archibald，阿奇博尔德·克莱西，232

*Magic Mountain*（Mann），《魔山》（曼），326

*Main Street*（Lewis），《大街》（刘

易斯），60

Malthus, Thomas Robert，托马斯·罗伯特·马尔萨斯，394

Mann, Horace，霍拉斯·曼，22

Mann, Thomas，托马斯·曼，326

Mao Tse-tung，毛泽东，293

Marcus Aurelius，马可·奥勒留，162

Marvell, Andrew，安德鲁·马维尔，232，233

Marx, Karl，卡尔·马克思，68，81，145，196，293

*Mathematical Principles of Natural Philosophy*［*Principia*］（Newton），《自然哲学的数学基础》（牛顿），71，257，372，374，375

*Mémoires*（Marmontel），《回忆录》（马蒙特尔），368

Mendel, Gregor Johann，孟德尔，157

*Metaphysics*（Aristotle），《形而上学》（亚里士多德），281

*Middletown*（Lynd），《中城》（林德），60

Mill, James，詹姆斯·密尔，367，368

Mill, John Stuart，约翰·斯图尔特·密尔，363，367—371

Milton, John，约翰·弥尔顿，33，222，223，247

Molière（Jean-Baptiste Poquelin），莫里哀，226

Montaigne, Michel de，蒙田，11，129，247，248，253，274

Montesquieu, Charles de Secondat, Baron de，孟德斯鸠，172

*Naked Lunch*（Burroughs），《赤裸的午餐》（巴勒斯），60

*Nature of the Physical World*, *The*（Eddington），《物理世界的本质》（爱丁顿），101

Newton, Isaac，艾萨克·牛顿，71，72，73，104，130，255，257，260，265，266，284，344，363，371—377，395

*Nicomachean Ethics*（Aristotle），《尼各马可伦理学》（亚里士多德），81，88—89，92，146，172，281，287，406

Nicomachus，尼各马可，265

Nietzsche, Friedrich，弗里德里希·尼采，284

*1984*（Orwell），《1984》（奥威尔），217

Norton, Charles Eliot，查尔斯·艾

略特·诺顿，382

Observations on the Prophecies of Daniel and the Apocalypse（Newton），《评但以理书与启示录的预言》（牛顿），375

Odyssey（Homer），《奥德赛》（荷马），78，178，222

Oedipus Rex（Sophocles），《俄狄浦斯王》（索福克勒斯），226

On Liberty（J. S. Mill），《论自由》（J.S.密尔），367，369

On Political Economy（Rousseau），《论政治经济学》（卢梭），409

On the Motion of the Heart（Harvey），《心血运动论》（哈维），132

On the Nature of Things（Lucretius），《物性论》（卢克莱修），285

On the Origin of Inequality（Rousseau），《论人类不平等起源和基础》（卢梭），409

On the Soul（Aristotle），《灵魂论》（亚里士多德），281

On the Tendency of Species to form Varieties and on the Perpetuation of Varieties and Spheres by Natural Means of Selection（Darwin and Wallace），《关于物种变形、永远变形与自然天择的倾向》（达尔文和华莱士），394

One Hundred Modern Poems（Rodman），《现代诗一百首》（罗德曼），350

O'Neill, Eugene，尤金·奥尼尔，227

Optics（Newton），《光学》（牛顿），72，265，372

Oresteia（Aeschylus），《俄瑞斯底亚》（埃斯库罗斯），226

Organon（Aristotle），《工具论》（亚里士多德），287，368

Origin of Species, The（Darwin），《物种起源》（达尔文），62，72，82，92，130，157，363，392，394—401

Orwell, George，乔治·奥威尔，216

Othello（Shakespeare），《奥赛罗》（莎士比亚），208

Oxford Book of English Verse，《牛津英诗选》，350

Oxford English Dictionary，《牛津英语词典》，179

Palgrave, Francis Turner，弗兰西斯·特纳·帕尔格雷夫，349

*Paradise Lost*（Milton），《失乐园》（弥尔顿），32，222，247

*Pensées*（Pascal），《思想录》（帕斯卡尔），284

*Physics*（Aristotle），《物理学》（亚里士多德），71，281，287

Plato，柏拉图，79，145，146，247，266，277，280，281，282，286，287

Pliny，普林尼，182

Plutarch，普鲁塔克，246

*Poetics*（Aristotle），《诗学》（亚里士多德），78，145，406

*Politics*（Aristotle），《政治学》（亚里士多德），64，161，199，281，364，406，407—408

Pope, Alexander，亚历山大·蒲伯，12

*Portnoy's Complaint*（Roth），《波特诺的牢骚》（罗斯），60

*Prelude, The*（Wordsworth），《序曲》（华兹华斯），222

*Prince, The*（Machiavelli），《君主论》（马基雅维里），118，159，199

*Principia*［*Mathematical Principles of Natural Philosophy*］（Newton），《自然哲学的数学原理》（牛顿），71，73，257，265，372，374，375，376

*Principles of Geology, The*（Lyell），《地质学原理》（莱尔），393

*Principles of Political Economy*（J. S. Mill），《政治经济学原理》（J.S.密尔），369

*Principles of Psychology*（James），《心理学原理》（詹姆斯），64，72

*Protagoras*（Plato），《普罗泰戈拉斯篇》（柏拉图），286

Proust, Marcel，马塞尔·普鲁斯特，129

Racine, Jean，让·拉辛，227

*Rationale of Judicial Evidence*（Bentham），《司法审判证据的原理》（边沁），369

*Reader's Digest*，《读者文摘》，253

*Representative Government*（J.S. Mill），《代议制政府》（J.S.密尔），367，369

*Republic*（Plato），《理想国》（柏拉图），247，286

*Rhetoric*（Aristotle），《修辞学》（亚里士多德），406

Rodman, Selden，塞尔登·罗德曼，

350

Rousseau, Jean-Jacques, 让·雅克·卢梭, 64, 172, 247, 406, 408—410

*Science*,《科学》, 267

*Scientific American*,《科学美国人》, 267

Scott, Walter, 瓦尔特·司各特, 139

*Selection in Relation to Sex*（Darwin）,《人类的由来及性选择》（达尔文）, 394

*Seventeenth Century Background, The*（Willey）,《17世纪背景》（威利）, 251

*Seventh Letter*（Plato）, 第七封信（柏拉图）, 286

Shakespeare, William, 威廉·莎士比亚, 37, 93, 179, 224, 225, 226, 230, 231, 252, 344

Shaw, George Bernard, 萧伯纳, 225, 257

*Short View of the Immorality and Profaneness of the English Stage, Together With the Sense of Antiquity Upon This Argument*（Collier）,《英国戏剧的不道德与亵渎之一瞥：从古典的观点来探讨》（科利尔）, 79

Smith, Adam, 亚当·斯密, 38, 64, 81, 104, 145

*Social Contract, The*（Rousseau）,《社会契约论》（卢梭）, 64, 172, 364, 406, 408—410

Solzhenitsyn, Alexander, 亚历山大·索尔仁尼琴, 217

Sophocles, 索福克勒斯, 226

Spinoza, Baruch, 斯宾诺莎, 70, 158, 283, 284

*Spirit of Laws, The*（Montesquieu）,《论法的精神》（孟德斯鸠）, 172, 406

Stendhal（Marie Henri Beyle）, 司汤达（玛丽·亨利·贝尔）, 309, 310

*Subjection of Women, The*（J. S. Mill）,《妇女的屈从地位》（J.S.密尔）, 367

*Summa Theologica*（Aquinas）,《神学大全》（阿奎那）, 122, 247, 282, 283

*Symposium*（Plato）,《会饮篇》（柏拉图）, 146

*System of Logic, A*（J. S. Mill）,《逻辑体系》（J.S.密尔）, 369

*Theory of Moral Sentiments*, *A*（Adam Smith），《道德情操论》（亚当·斯密），145

Thomas, Dylan，狄兰·托马斯，229

*Thoughts on Parliamentary Reform*（J.S. Mill），《关于议会重组的思考》（J.S.密尔），369

Thucydides，修昔底德，240，241

*Thus Spake Zarathustra*（Nietzsche），《查拉图斯特拉如是说》（尼采），284

"To His Coy Mistress"（Marvell），《致害羞的女主人》（马维尔），232

Tolstoy, Leo，列夫·托尔斯泰，129，177，219，232，238，239，309

*Tom Jones*（Fielding），《汤姆·琼斯》（菲尔丁），79，225

*Treatise on Light*（Huygens），《光论》（惠更斯），372

*Two New Sciences*（Galileo），《两种新科学》（伽利略），72，132，266

Tyndall, John，约翰·丁达尔，246

*Ulysses*（Joyce），《尤利西斯》（乔伊斯），79

U.S. Constitution，《美国宪法》，86，88，89，172，366

*Universe and Dr. Einstein*, *The*（Barnett），《宇宙和爱因斯坦博士》（巴内特），60，268

*Utilitarianism*（J.S. Mill），《功利主义》（J.S.密尔），367，369

Van Doren, Mark，马克·范多伦，206

*Variation in Plants and Animals under Domestication*（Darwin），《家养动物与植物的变异》（达尔文），394

Virgil，维吉尔，223

*Vita Nuova*（Dante），《新生》（但丁），379

Wallace, A. R.，A. R.华莱士，394

Walton, Izaak，艾萨克·沃顿，246

*War and Peace*（Tolstoy），《战争与和平》（托尔斯泰），218，219，220，309

*Wealth of Nations*（Adam Smith），《国富论》（亚当·斯密），38，64，81，145

*Westminster Review*，《西敏寺评论》，

369

*What Men Live By*（Tolstoy），《人类的生活》（托尔斯泰），177

White，E. B.，E. B.怀特，217

Whitehead，Alfred North，阿尔弗雷德·诺思·怀特海，268，269

Whitman，Walt，沃尔特·惠特曼，248

Willey，Basil，巴兹尔·威利，251

Wordsworth，William，威廉·华兹华斯，222

Wren，Christopher，克里斯托弗·雷恩，374

"You，Andrew Marvell"（MacLeisch），《你，安德鲁·马维尔》（麦克莱西），232

图书在版编目(CIP)数据

如何阅读一本书:中华人民共和国成立70周年珍藏本/(美)莫提默·J.艾德勒,(美)查尔斯·范多伦著;郝明义,朱衣译. —北京:商务印书馆,2019
ISBN 978-7-100-17818-1

Ⅰ.①如… Ⅱ.①莫…②查…③郝…④朱… Ⅲ.①读书方法 Ⅳ.①G792

中国版本图书馆CIP数据核字(2019)第263143号

**权利保留,侵权必究。**

中华人民共和国成立70周年珍藏本
## 如何阅读一本书

〔美〕莫提默·J.艾德勒 著
　　　查尔斯·范多伦

郝明义 朱衣 译

商 务 印 书 馆 出 版
(北京王府井大街36号 邮政编码100710)
商 务 印 书 馆 发 行
南京爱德印刷有限公司印刷
ISBN 978-7-100-17818-1

2019年9月第1版　　　开本660×980 1/16
2019年9月第1次印刷　　印张29½
定价:188.00元